彷徨与呐喊

1881 1936

鲁迅画传

在绍兴
1881.9-1898.5

在南京
1898.5-1902.3

在东京
1902.4-1909.8

在杭州 在绍兴 在南京
1909.8-1912.5

在北京
1912.5-1926.8

在厦门
1926.9-1927.1

在广州
1927.1-1927.9

在上海
1927.10-1936.10

李文儒 著

中国工人出版社

图书在版编目（CIP）数据

彷徨与呐喊:鲁迅画传/李文儒著.--北京:中国工人出版社,
2024.9.--ISBN 978-7-5008-8507-8

Ⅰ. I210.6

中国国家版本馆CIP数据核字第20246LD911号

彷徨与呐喊：鲁迅画传

出 版 人 董 宽
责任编辑 葛忠雨
责任校对 张 彦
责任印制 黄 丽
出版发行 中国工人出版社
地　　址 北京市东城区鼓楼外大街45号　邮编：100120
网　　址 http://www.wp-china.com
电　　话 （010）62005043（总编室）
（010）62005039（印制管理中心）
（010）62379038（社科文艺分社）
发行热线 （010）82029051　62383056
经　　销 各地书店
印　　刷 三河市万龙印装有限公司
开　　本 710毫米×1000毫米　1/16
印　　张 26.5
字　　数 360千字
版　　次 2024年10月第1版　2024年10月第1次印刷
定　　价 98.00元

本书如有破损、缺页、装订错误，请与本社印制管理中心联系更换

前言

在即将告别这个世界的时候，鲁迅在他的“遗嘱”中写道，“赶快收敛，埋掉，拉倒”“不要做任何关于纪念的事情”；在他离开这个世界的时候，人们却隆重地祭奠他，并特制一面题写着“民族魂”三个大字的旗帜，覆盖在他的灵柩上为他送行。

“民族魂”与民族同在，与人民同在。希望速朽的鲁迅最终得到的是不朽。自从鲁迅对我们的社会和人生产生影响以来，一百多年文化的筛选，完全证明了鲁迅留给我们的上千万字的宝贵文化遗产，已成为当之无愧的现代经典。渗透和流淌在字里行间的鲁迅的学识、智慧、思想、人格、精神，早已成为值得后人学习和弘扬的中国现代文化的优秀传统。

经典文化的品格在于经得起历史的检验，经典文化的意义在于对民族的成长、人类的进步有着无法估量的影响。鲁迅是中国的，也是世界的。鲁迅的著作和思想，是永远给予人们智慧和力量，永远激励人们从事新的历史创造活动的精神财富。

如果说鲁迅的出现是中华民族的骄傲，鲁迅精神的永存则是中华民族的希望。几十年来，人们以多种方式表达了对鲁迅的崇敬和爱戴。中华人民共和国成立后，在北京建立的第一批名人纪念类博物馆就有鲁迅博物馆。在绍兴，在厦门，在广州，在上海，在鲁迅生活和工作过的地方，都有纪念他的场所。

当然，阅读他的著作是纪念他、学习他、弘扬他的精神的最主要的途径，而通过他的手稿、照片等文献资料，追寻他上下求索的人生踪迹，则更容易走近他、感知他、了解他，更容易走进这位思想文化伟人的心灵世界。

北京鲁迅博物馆珍藏着数万件鲁迅文物。我们特从鲁迅的文物和文献资料中精选500多件（份）制成图片，精心撰写描述鲁迅生平、研究鲁迅业绩的文字，尽可能将两者和谐地组成一个整体，力图编纂成一部图文并茂、相得益彰的《鲁迅画传》，以此，献给热爱鲁迅、热爱中华优秀文化的人们。

目

录

在绍兴

1881.9—1898.5

在南京

1898.5—1902.3

在东京

1902.4—1909.8

在杭州　在绍兴　在南京

1909.8—1912.5

在北京

1912.5—1926.8

在绍兴

1881.9

1898.5

鉴湖越台名士乡

地以人名。

人杰地灵。

鲁迅的故乡绍兴，古称会稽。会稽最早的名气，应与大禹有关。《史记》有载："禹会诸侯江南，计功而崩，因葬焉，命曰会稽。"从过门不入的圣贤大禹到卧薪尝胆的越王勾践，从"书圣"王羲之到爱国诗人陆游，从青藤书屋主人徐文长"几间东倒西歪屋，一个南腔北调人"的狂狷孤傲到鉴湖女侠秋瑾"秋风秋雨愁煞人"的悲歌绝唱……悠久的人文历史，使风景如画的水乡绍兴充满了令人心驰神往的文化魅力。

绍兴全景

“鉴湖越台名士乡，忧忡为国痛断肠。”这句毛泽东纪念鲁迅八十诞辰的诗，是对绍兴人文精神内核的高度概括。一个民族的精神，一方地域文化的灵魂，被生于斯长于斯的志存高远者所自觉承继。而继往开来，谱写历史新篇章的历史使命亦非他们莫属。

鲁迅，正是历史文化传承悠久的稽山镜水所孕育的，屹立在古老的中华民族土地上的，在这个古老民族走向现代社会的历史转型期承担起继往开来使命的文化伟人。

不论绍兴的历史名人为绍兴赢得了多大的荣誉，然而，在现代中国人和外国人的心目中，绍兴的闻名大半与鲁迅连在一起。

生为绍兴人，鲁迅向来为家乡所具有的“忧忡为国”的人文传统而自豪。从少年时代起，他就锲而不舍地搜求会稽故书，辑录会稽先贤事迹、地理名胜，整理校勘成集。在《〈会稽郡故书杂集〉序》中，鲁迅写道：“会稽古称沃衍，珍宝所聚，海岳精液，善生俊异。”并说明辑录家乡古代逸书的目的，在于将

绍兴柯桥

“贤俊之名，言行之迹，风土之美”“用遗邦人”“供其景行，不忘于故”。在《〈越铎〉出世辞》中，鲁迅盛赞“大禹卓苦勤劳之风”“勾践坚确慷慨之志”。他多次引用明末极富民族气节的文学家王思任的名言：“吾越乃报仇雪耻之乡，非藏垢纳污之区也。”在日本留学时，他在从仙台去往东京的途中，于夜半三更时在水户下车，专程拜谒明末思想家、爱国志士朱舜水流寓日本的遗迹。辛亥革命前夕，鲁迅致信许寿裳说：“近读史数册，见会稽往往出奇士，今何不然？甚可悼叹！”自省自责的悼叹，显示着他追慕先贤，薪火承传的高度自觉。

人类的历史，民族的历史，是由个体生命历程的连续组成的。一个人的生命历程，个体生命在历史长河中由此岸到彼岸的过渡，如波光，如桥影，如水，如桥，如路。在延续的历史与历史的延续中，在历史的创造与创造的历史中，个人的价值最终定位于他在人类与民族的承前启后的过程中所起的作用，以及他的人格、思想、精神对后来者的影响程度。有的人生风平浪静，水波不兴；有的人生波澜起伏，大起大落；有的人生稍纵即逝，如过眼云烟；有的人生是一条路，一座桥——留给后世，与后人共存的希望之路，希望之桥。

鲁迅的出现与存在就是足以给稽山镜水增光添彩，足以让中华民族为之骄傲的这么一座桥，一条路。

希望是本无所谓有，无所谓无的。这正如地上的路；其实地上本没有路，走的人多了，也便成了路。

——《故乡》

鲁迅之路的意义，就在他本人的名言之中，在他本人的求索开创和后人的承继实践之中。

绍兴的石、水、船

绍兴最让人印象深刻的，最能牵扯缕缕思绪的，大约莫过于石，莫过于水，莫过于船了。

虽说城乡巨变，现代建筑和新修的道路把往昔的小桥流水人家挤到了不显眼的角落，但是早已流传极广的鲁迅的描写，老人的回忆，与尚存的依稀旧景相互印证，尚可复原鲁迅诞生时江南水乡特别的风情——

绍兴的大街小巷是大块大块的石板铺成的，绍兴的大桥小桥是石块石条砌成的，绍兴的大山小山是石头凝结成的。

绍兴的石头粗砺，绍兴的石头坚硬，绍兴的石头有棱有角。走在绍兴的石板路上，有一种格外踏实的感觉。

1881年9月25日，鲁迅降生在绍兴城内都昌坊口新台门周家大院中石板铺地的房子里。

鲁迅在厚实的石板上站立起来。

鲁迅在坚硬的石板上迈开人生的第一步。

鲁迅跨过石门槛，走出石门，走在石板路上，走向外面的世界。

绍兴的路是水，绍兴的路是船。绍兴在水上，绍兴人在船中。绍兴人的梦诞生在船里。

周家大院的后面是一条河，周家台门的前面也是一条河。河岸是石头砌起来的。河水轻轻拍击着石头。石缝中有活着的青苔和死去的荒草。水面上永远有落叶漂荡。水中永远有乌瓦粉墙木门窗的枕水人家的参差倒影。河水托起了乌篷船、白篷船。船系在石岸石阶的石桩上、石洞里。

1881 年 9 月 25 日，鲁迅诞生在都昌坊口新台门周家大院的这所房子里

鲁迅一次次走过石板路，走下石台阶，跨入船舱中。鲁迅一次次离乡远行，一次次去寻求自己的梦。绍兴城内无数的石板、石条、石块、石柱、石础，统统来自城外的石山。至少从大禹时代开始，千秋百世，绍兴人祖祖辈辈开山凿坑取石。绍兴的山小了，绍兴的城大了。一座座石山分解成无穷无尽的石板、石条，随着绍兴的水，源源不绝地流动变化着。鬼斧神工，人与自然的较量与合作，不仅建成了城镇村落、河堤地堰，也造就了巧夺天工的石景奇观。

凿痕累累的石湖石洞，崚峻峭拔的石山石峰，深不可测的石潭石凼，拔地而起的云骨石，横空出世的棋盘石，都是绍兴人一锤一锤开凿出来的，是他们建造自己家园时无意间创造出来的艺术品。这使每一个绍兴人引以为豪，使每一个外来人叹为观止。绍兴的每一块石头上，都蕴含着比石头还坚硬、还刚强的意志的力量——人的伟大力量。绍兴的石与水，最普通也最耐人寻味。石与水相生相依，是大自然最坚硬与最柔韧的完美组合。石为骨骼，水为血脉。骨骼挺立，血脉贯通，就有了灵性，有了生命。水有石的围护，水格外的清冽、纯净、深沉、丰盈、饱满，独具生命活力的涌动和流畅。石有水的环绕，石格外的冷峻、峭拔、孤傲、雄健、强硬、狂放，独具生命意志的坚定和刚正。

鲁迅诞生、成长在绍兴的石与水之中，鲁迅的足迹、身影留在绍兴的石与水之中。后来鲁迅虽然离开了绍兴，但他的生命之源在绍兴的石与水之中。孕育鲁迅的稽山镜水，赋予了他石与水的秉性。

翰林梦的破灭

鲁迅说过："我的祖父是做官的。""我的父亲是读书的。"科举时代，除了造反起家，想做官必得读书，读书好才能做官。

鲁迅出生在官宦读书之家。周家在绍兴城里是大户。六世祖考中举人，做了知县，进入士大夫阶层。鲁迅祖父排第十二世，名福清，字震生，又字介孚。鲁迅出生前十年，祖父中进士，"钦点"翰林院庶吉士，入庶常馆学习。三年后选授江西省金溪县知县，在任四年。1878 年改选教官，第二年遵例捐升内阁中书，在京城"候补"。1888 年鲁迅八岁时，祖父实授内阁中书。

周家自迁居绍兴建立门户以来，用周福清的话说，累世耕读，至乾隆年间发展到有田万余亩、当铺十余所，堪称大族，大约是最兴盛的时候了；到嘉庆、道光年间，各房中落者多；再到周福清"钦点"翰林，做了京官，学历与官职在绍兴周家历史上最高，可谓周家的中兴，周家的荣耀。周福清一支本居新台门，但鲜亮的"钦点"翰林金字匾额高悬在周家祭祖议事的老台门上。

做了十几年京官的周福清，1893 年为参加乡试的儿子和亲友子弟贿赂主考官，事发自首，被光绪皇帝判为死刑，缓期执行，这年鲁迅十三岁。到 1901 年，周福清才获释回乡。周家主要因此而败落。真是兴也祖父，败也祖父。

据亲近者回忆，周福清恃才傲物，性格耿直，不媚上，不逢迎，喜议论，好批评。平日除赞许他的父亲一人之外，上自昏太后（慈禧）、呆皇帝（光绪），下至族中子侄辈，凡不顺眼之处，无不斥骂。周福清自然希望儿孙读书做官，最理想的是在家门口高挂三代翰林的匾牌；但也主张，倘若读不成书，

“翰林”匾

倒不如去卖豆腐，也能谋生自立。

可惜的是，他的儿子，鲁迅的父亲周凤仪既没读成书，又不肯也不会卖豆腐。周凤仪考取秀才后，数次乡试，屡考不中，最后一次因父亲案发遭到“斥革”，彻底断了读书做官的路，生命之火大约也就此熄灭。不会做事也不会赚钱的父亲只会生病，只好押田、借债度日。鲁迅说，他们家到父亲时才穷下来。生病的父亲到头来只会生气了。父亲生气的时候，常会把碗筷从窗户扔出去。病气穷交加，便以酒浇愁，以鸦片止痛，结果是更深更大的精神苦痛。鲁迅十六岁时，还不到三十七岁的父亲便抛下妻子和四个儿子撒手而去。

鲁迅的母亲姓鲁，叫鲁瑞，乡下人，她以自修得到能够看书的学力。鲁迅的“鲁”来自母姓，足见母亲的影响大于父亲。鲁瑞出生在离绍兴城三十多里的乡下，她的父亲，鲁迅的外公鲁晴轩在京城做户部主事，与鲁迅祖父同为京官，门当户对。也许因为来自乡间，鲁迅的母亲格外和善通达，刚毅坚强。清末有“天足”运动，鲁瑞起而响应，把裹着的脚放了。有人讽刺说：“放大脚，要去嫁外国鬼子了。”鲁瑞冷冷地回答：“可不是吗，那倒真是很难说的呀。”媳妇们生了气不吃饭，鲁瑞说：“这怎么行呢？这时候正需要多吃

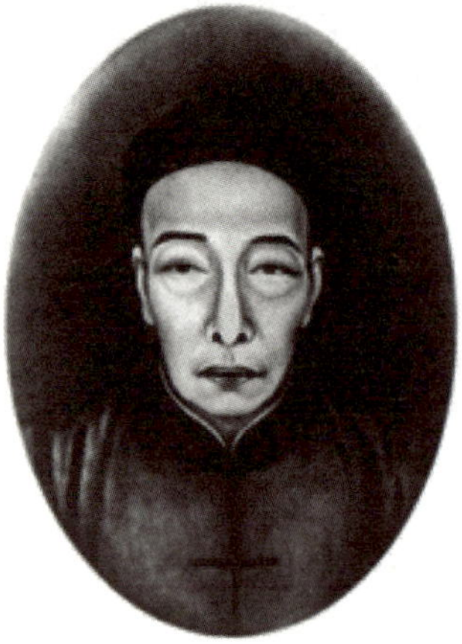

鲁迅父亲周凤仪
（1861—1896）

鲁迅母亲鲁瑞
（1858—1943）

饭才好呢，我从前和你们爷爷（指鲁迅父亲。笔者注）吵架，便要多吃两碗，这样才有气力说话呀。”鲁瑞不仅以中国农村女性的乐观，坚强地支撑起丈夫死后的家庭，也影响着她的孩子们；并且，由于她来自乡下，使鲁迅从小就和中国农村、中国农民建立起密切的联系。

中国传统以孝治家，以忠孝治天下。祖父自然希望父亲做孝子，父亲自然希望鲁迅做孝子。《二十四孝图》，大概是从小就必读的，其中的故事大概是从小就必听的。可是，走向极端的中国的“孝”的虚伪，在儿童的纯真里立刻暴露无遗，鲁迅“做孝子的计划，完全绝望了”。比如看了《郭巨埋儿》，鲁迅写道：“不但自己不敢再想做孝子，并且怕我父亲去做孝子了。家景正在坏下去，常听到父母愁柴米；祖母又老了，倘使我的父亲竟学了郭巨，那么，该埋的不正是我么？”

事实上，不用说如《二十四孝图》中的孝子做不成做不得，一般意义上的孝道也难做到。祖父获罪，父亲败家，鲁迅叛逆，均是大悖于孝道的。人生在世，富裕是一种资本，贫穷也是一种资本，由富到贫、由甜到苦更是一种资本。鲁迅还小，这资本不是鲁迅所能选择的。这是命运的安排。

书香子孙

一岁到十三岁，是一个人一生当中最无忧无虑的时期，而命运安排给鲁迅的又格外灿烂。

祖父正在遥远的北京城里，在皇帝脚下做京官。在古老的绍兴水乡，在狭窄的都昌坊口石板路边，在乌黑的竹丝老台门上，高悬着老大的“钦点”翰林蓝底金字横匾，异常醒目。出入新老台门，往来于石板路上的少年鲁迅有意无意地享受着光宗耀祖的荣耀，也有意无意地承受着光宗耀祖的职责。

父亲考中了秀才。之后一次又一次地参加乡试和为参加乡试做准备。

祖父时常捎书寄信，指点儿孙们如何读书，如何应试，如何圆自己的三世翰林之梦。

少年鲁迅，是中国封建社会末期再典型不过的书香子孙。

当鲁迅出生的消息报到京城，正好一位张姓大官在祖父处做客，周福清即借光为长孙取小名阿张，又取同音异义的“豫章”一词的含义，取名樟寿，取字豫山。后因私塾同窗以“雨伞”开豫山的玩笑，遂改字豫才，合成“豫章之才”。

这位为鲁迅起了名字，但远在京都，极难见面的祖父，很自然地成了少年鲁迅的精神偶像。祖父字震生，鲁迅自取号震孙。祖父对鲁迅的影响，显然超过了父亲。我们现在尚能看到，父亲病逝之后，鲁迅是多么恭敬，多么认真地抄录了祖父的诗作《桐华阁诗钞》和祖父撰写的治家格言《恒训》。

书香子孙以读书为第一要事。父亲读了一辈子书，少年鲁迅到青年鲁迅，也是读书读书再读书。父亲的要求是相当严厉的，严厉到鲁迅中年之后，还

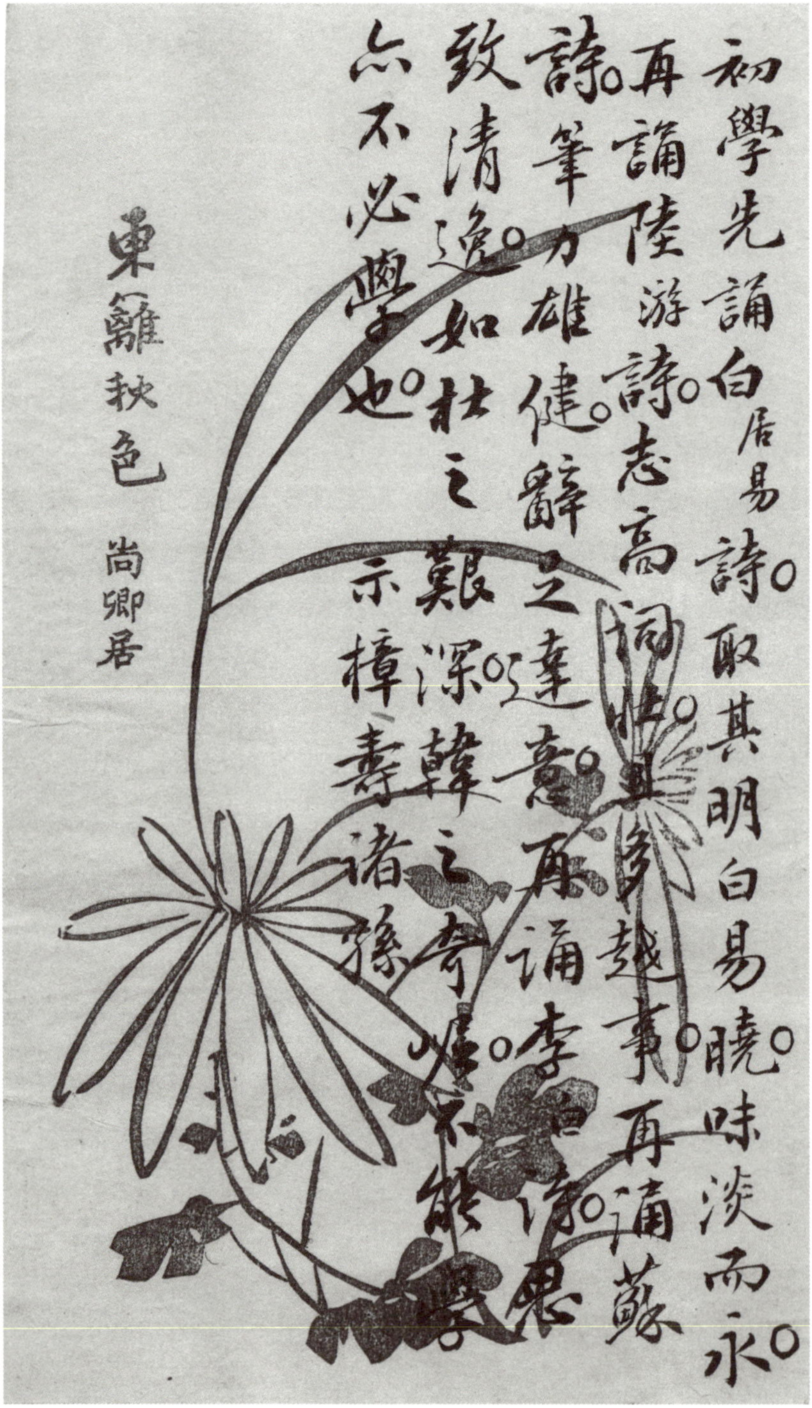
初學先誦白居易詩。取其明白易曉。味淡而永。再誦陸游詩。志高詞壯。且多越事。再誦蘇詩。筆力雄健。辭足達意。再誦李白詩。思致清逸。如杜之艱深。韓之奇崛。不能學亦不必學也。示樟壽諸孫

祖父致鲁迅等信。21cm×13cm。鲁迅藏。现存北京鲁迅博物馆

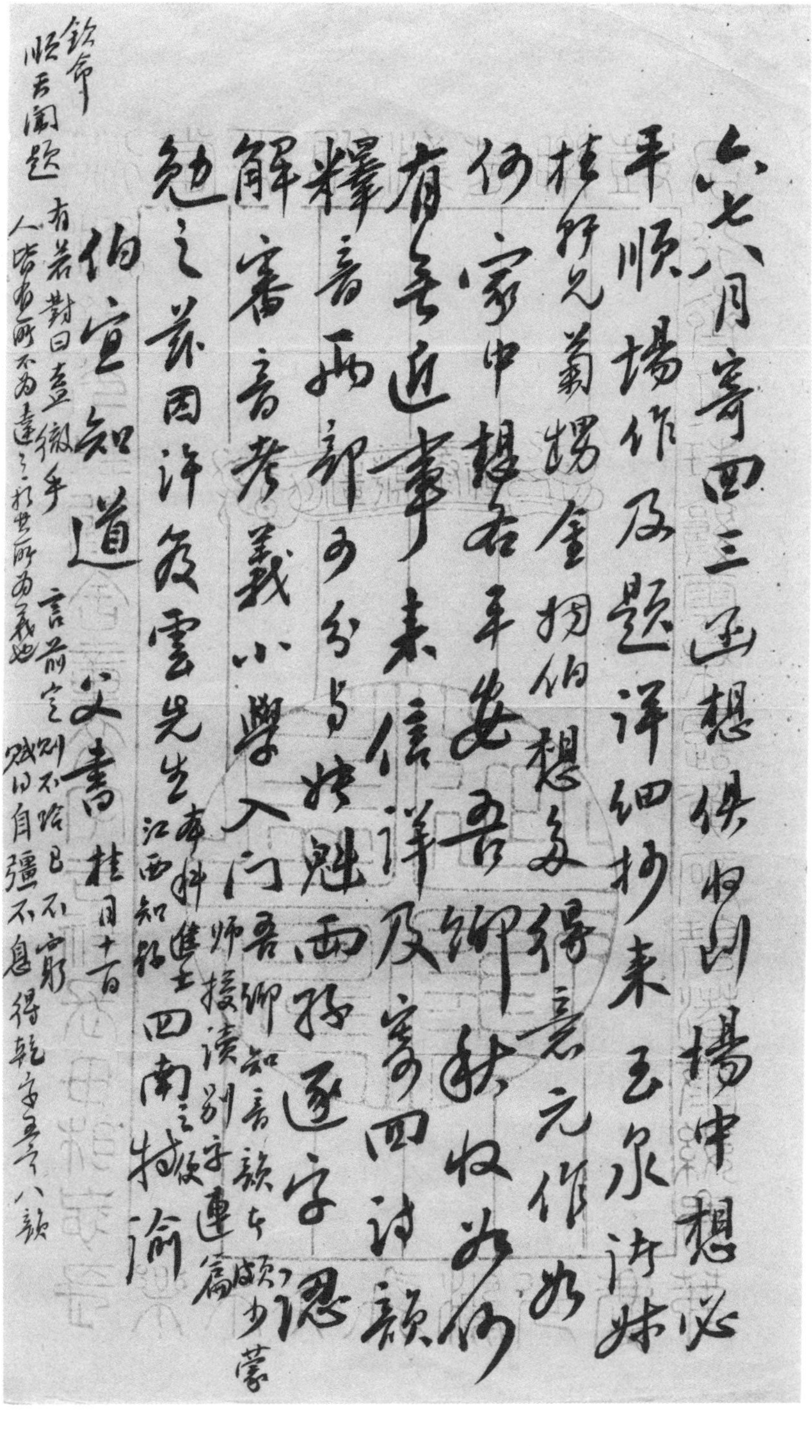
六七月寄西三函想俱收到場中想必
平順場作及題詳細抄來玉泉許姝
桂軒兄蘭賜金搨伯想多得意元作如
何家中想各平安吾鄉秋收如何
有無近事來信詳及寄西詩詞
釋音兩部可分與姪魁西孫達字認
解審音考義小學入門吾鄉知音頗少 師授讀別字連篇頗少蒙
勉之蒙因許叔雲先生本科進士江西知縣四南之指諭
伯宜知道 父書 桂月十日
欽命順天闈題 有若對曰盍徹乎 人皆有所不為達之於其所為義也 言前定則不跲 自強不息 得乾字五言八韻

诧异小时候正要高高兴兴地跟着母亲去赶会，在临上船的刹那间，父亲却要他笔直地站在面前，指定一段文字要他背，背过才准走。

祖父的要求更加严厉，对长孙的要求大大超过了对儿子的要求。鲁迅与小叔父一起在南京江南水师学堂读书的时候，鲁迅考了第二，小叔父考了倒数第二，祖父批评鲁迅不知用功，说若肯用功，本可以考第一；说他的小儿子尚知用功，若不用功，是倒数第一的。

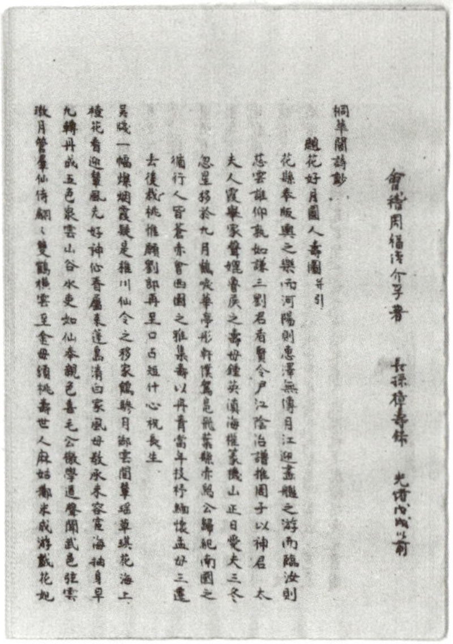

鲁迅手录祖父诗作《桐华阁诗钞》

正是在这样的家庭氛围中，从读《启蒙鉴略》开始，从家塾到本城最有名的私塾三味书屋，一个翰林长孙应当读的书，一个走科举之路者应该读的书，鲁迅都读了。渊源的家学、系统的读书法、传统的读书法，构成鲁迅中国传统文化的扎实功底，也成为他后来反思中国正统文化的雄厚基础：“因为从旧垒中来，情形看得较为分明，反戈一击，易制强敌的死命。”

鲁迅的蒙学读物《鉴略四字书》

书香人家对子孙的教育，一方面是读书，另一方面是做人。从鲁迅手抄的祖父的《恒训》中可以看到，祖父对子孙们郑重地提出“有恒心、有恒业、有恒产、有良心、有恒善”的要求。在立身、治家、处世方面，要“力戒昏惰”“力戒烟酒”“力戒损友”，还要学会保养身体。在“力戒昏惰”条款中，将胡思乱想、讲究吃喝穿着玩乐、一事无成，列入“昏”类，明确指出“昏者必惰，惰者必昏”，“去错之法，在事事认真。看书写字，用静细功夫，心不二用，神气自清”。还要求“立一日记簿，写出所见所闻，关学问者，关家务者，一一记簿，时时细看，切勿怠惰”。祖父言传身教现身说法，教育子孙戒烟戒酒，逢歌戏筵席，即托故速归。

从家庭教育，从家乡先贤，从传统文化中，鲁迅无疑获得了关于学养，关于修身立志，关于人格道德的丰富营养。自强不息、有所作为、崇尚气节、忧国忧民，成为鲁迅毕生的精神动力和孜孜不倦的人生追求。

桂树下

鲁迅藏品中有几幅意境相似、造型各异的《老鼠娶亲》图。

老鼠，这凡有人在就有它们在的可憎可恶的小精灵，在老百姓宽容的心目中，却自有它们的世界，它们的情趣，它们的喜乐，它们的并不逊于人的聪明、活泼、可爱。也许这正是博得少年鲁迅喜爱，并珍藏这类民间绘画的缘故。

民间故事、神话传说、民间艺术是普通老百姓的精神创造与精神食粮。在鲁迅诞生的那间屋子的前院，在被称为桂花明堂的门口，有一株苍老而蓬勃的桂树。闷热的夏夜，年幼的鲁迅躺在大桂树下的小板桌上，一边乘凉，一边听摇着芭蕉扇的祖母讲述一个又一个故事。

一只猫从桂树上跳了下来，祖母就讲："猫是老虎的师父……"听完了，鲁迅就想，幸而老虎性急，否则它学会了上树的本领，把师父吃掉了，那么，从桂树上就会跳下一只老虎来。

祖母讲得最多的是白蛇娘娘被压在塔底下的故事，那时，鲁迅唯一的希望，就是这雷峰塔倒掉。

还有鲁迅的保姆长妈妈，给鲁迅讲人首蛇身的"美女蛇"如何在墙头上喊读书人的名字，弄得鲁迅不敢去看墙上，走到百草园的草丛旁边时，也常常想到这美女蛇的诱人的可怕。

就是这位长妈妈——鲁迅憎恨的谋死了他的小隐鼠的长妈妈，鲁迅讨厌的喜欢嘁嘁喳喳的长妈妈，夏天伸开两脚两手在床中间摆成一个"大"字挤鲁迅、用体温烤鲁迅而又推不动叫不醒的长妈妈，虽然不识字，虽然把《山海经》叫作"三哼经"，却做成了一件别人不肯做，或不能做的事——买来了鲁

鲁迅收藏的民间版画《老鼠娶亲》。26.7cm×50.5cm。现存北京鲁迅博物馆

迅昼思夜想的绘图本《山海经》。这一伟大的行动极大地震撼了鲁迅，以至于多年之后，鲁迅还深情地为长妈妈祈求：“仁厚黑暗的地母呵，愿在你怀里永安她的魂灵！”因为——

> 这四本书，乃是我最初得到，最为心爱的宝书。
>
> 书的模样，到现在还在眼前。可是从还在眼前的模样来说，却是一部刻印都十分粗拙的本子。纸张很黄；图像也很坏，甚至于几乎全用直线凑合，连动物的眼睛也都是长方形的。但那是我最为心爱的宝书，看起来，确是人面的兽；九头的蛇；一脚的牛；袋子似的帝江；没有头而“以乳为目，以脐为口”，还要“执干戚而舞”的刑天。
>
> ——《阿长与〈山海经〉》

鲁迅小时候常在院中的四季桂树下听祖母讲故事

鲁迅收藏的民间剪纸《盗灵芝》。19.4cm × 37.2cm。现存北京鲁迅博物馆

人类的想象力在创造故事、神话、传说中得到了无限的发挥；而神话故事又成为激发人类，特别是激发儿童想象力的天使。本就敏感多思的鲁迅，文学创作的素质、文学创作需要的超乎常人的想象力，从少年时代起，就在民间艺术的熏陶下得到了极大的开发。否则，我们大概很难读到《朝花夕拾》中那些百读不厌的篇章，很难读到想象奇绝的《野草》，很难读到《故事新编》中那些新编的故事。即使是长于议论的杂文，也得益于丰富的想象，有些篇章就直接从故事与传说中生发出来，如与白蛇娘娘故事有关的就有《论雷峰塔的倒掉》《再论雷峰塔的倒掉》。

“女吊”与“无常”

对于关闭在深宅大院中的书香子孙，最具诱惑力的，莫过于一年一度演出于街市上的迎神赛会和演唱于临河戏台上的社戏了。这不仅可以使鲁迅和他的小伙伴们呼吸到高墙外的新鲜空气，更可以吸收到充满活力与血性的精神补养。在快要离开这个世界的前一个月，十余岁时怎样在演戏时自愿充当义勇鬼的壮举反倒在鲁迅的脑海里格外清晰起来：

> 在薄暮中，十几匹马，站在台下了；戏子扮好一个鬼王，蓝面鳞纹，手执钢叉，还得有十几名鬼卒，则普通的孩子都可以应募。我在十余岁时候，就曾经充过这样的义勇鬼，爬上台去，说明志愿，他们就给在脸上涂上几笔彩色，交付一柄钢叉。待到有十多人了，即一拥上马，疾驰到野外的许多无主孤坟之处，环绕三匝，下马大叫，将钢叉用力的连连刺在坟墓上，然后拔叉驰回，上了前台，一同大叫一声，将钢叉一掷，钉在台板上。
>
> ——《女吊》

这实在让人神往。扮演这样的角色，父母知道了是要打屁股的，“一以罚其带着鬼气，二以贺其没有跌死”，但鲁迅幸而从来没有被发现过；虽然没有挨竹条打，但因此思想上竟沾了“鬼气”——鲁迅所指的那种“鬼气”。

中国民间戏剧中的绍兴地方戏给鲁迅留下深刻印象的，固然包括《社戏》中月夜看戏的浓浓乡野味道和迷人的幻境般的缥缈景致，而对鲁迅影响更大的却是劳动者创造并扮演的两种戏剧形象——两种特色的“鬼”：一种是“女吊”，“一个带复仇性的，比别的一切鬼魂更美、更强的鬼魂”；另一种是活泼而诙谐，老百姓与他最为熟稔也最为亲密的“无常鬼”。

当十来岁的鲁迅和城乡的看客们听到悲凉的喇叭声，屏住气的时候，“女吊”出场了：“大红衫子，黑色长背心，长发蓬松……”“她将披着的头发向后一抖”，鲁迅才看清她的脸：“石灰一样白的圆脸，漆黑的浓眉，乌黑的眼眶，猩红的嘴唇。”正当鲁迅惊异于她的相貌和她的“四顾，倾听，似惊，似喜，似怒”的神情时，突然听到惊心动魄的悲哀凄厉的声音：“奴奴本是良家女，呵呀，苦呀，天哪！……”这声音，长久地在鲁迅心头回荡。

鲁迅第一次看到勾摄生魂的使者“无常鬼”的出场，是深夜坐在戏台下的船上：“雪白的一

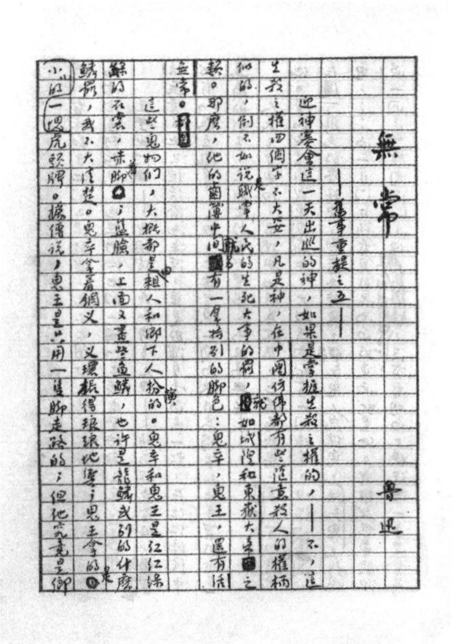

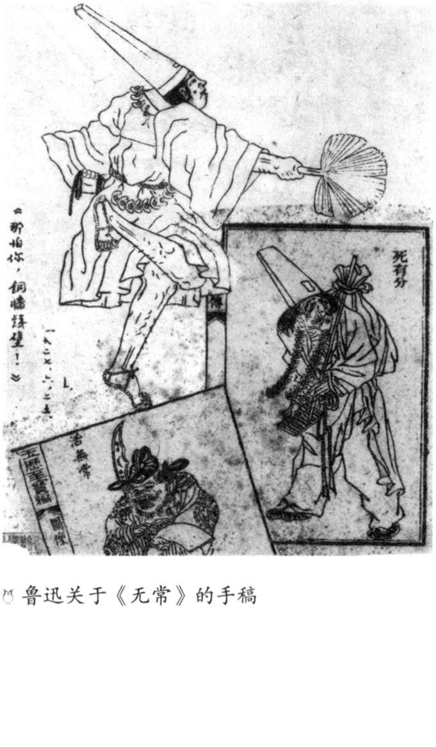

鲁迅关于《无常》的手稿

条莽汉，粉面朱唇，眉黑如漆，蹙着，不知道是在笑还是在哭。”“他一出台就须打一百零八个嚏，同时也放一百零八个屁”，这才自述他的履历，说是因为同情一个鬼魂，暂放还阳半日，不料被阎罗责罚，从此不再宽纵了——

> 那怕你，铜墙铁壁！那怕你，皇亲国戚！
> ……

和最普通的劳动者一起，鲁迅不止一次高兴地正视这“鬼而人，理而情，可怖而可爱的无常；而且欣赏他脸上的哭或笑，口头的硬语与谐谈”。鲁迅赞曰：“何等有人情，又何等知过，何等守法，又何等果决，我们的文学家做得出来么？”三十多年之后，鲁迅依着往昔的印象和记忆，依着对收集到的材料的新的研究，在《朝花夕拾》及后记中对“无常”做了生动的文字描写和线条勾画，并对不同的图像做了比较研究。显然，我们看到，鲁迅手绘的“活无常”，其神韵是其他任何刻本上的“无常”所无法比拟的。

鲁迅从小就受到了民间戏剧艺术的审美影响。他为社戏中举行请怨鬼仪式时紧张严肃的气氛，为“女吊”“无常”出场时紧张高昂的情绪所震动、所感染，这种刚烈的、紧张的情绪成为鲁迅一生中的情绪基调。而作为“女吊”与“无常”形象的白得纯净、黑得凝重、红得热烈的强烈色调，又大体上成为鲁迅一生所欣赏和追求的色彩基调。

百草园

我家的后面有一个很大的园，相传叫作百草园。

……

不必说碧绿的菜畦，光滑的石井栏，高大的皂荚树，紫红的桑椹；也不必说鸣蝉在树叶里长吟，肥胖的黄蜂伏在菜花上，轻捷的叫天子（云雀）忽然从草间直窜向云霄里去了。单是周围的短短的泥墙根一带，就有无限趣味。

——《从百草园到三味书屋》

连早已是中国最有名望的文学家鲁迅，也不知道怎样才能创造出更能充分描述和表现儿时乐园的文字了。不管生命的车轮碾过了多少沟沟坎坎，只要一回到他的百草园，即如春雨洒落，苍凉坚硬的心立刻柔和欢悦起来。

童年是人生的春天，童趣是春天里灿烂的阳光。诞生在大宅高墙之内的“少爷”，来到这个世界上之后，看到的只是乌瓦粉墙单调的黑白分明和院子里高墙上的四角的天空。当他蹒跚着走出后门来到外面世界的时候，眼前突然一亮，第一次发现了丰富的自然的色彩，发现了可触、可摸、可倾听、可交谈的自然的生命、自然的朋友，发现了自然的无限乐趣。

于是，人与自然的依恋，热爱自然，热爱生命，尤其是热爱弱小生命的种子，就这样深埋在鲁迅的心底，即使如长妈妈要他当心草丛里的赤链蛇和墙头上的美女蛇的告诫，也丝毫阻止不了他对自然的贴近与向往。

于是，百草园成了鲁迅童年的乐园，成为他永远的精神家园，成为他生命

鲁迅家后面的百草园

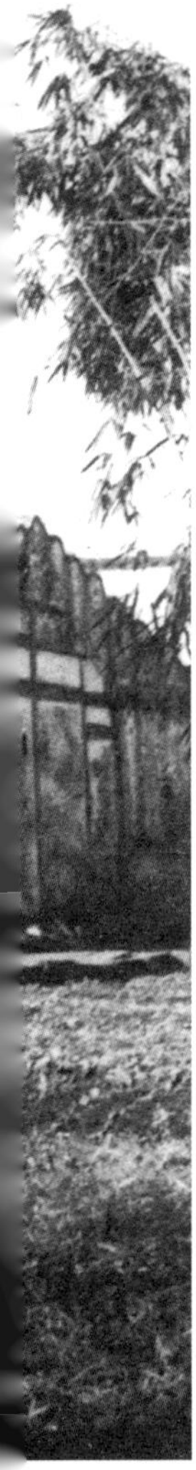

中一个重要的情结。后来，他选中北京八道湾那处大院落，一个重要原因是那儿有不算小的园地；再后来，鲁迅亲手设计、改造北京阜成门内西三条那处小院落，特意在“老虎尾巴”后面开辟了一个小小的后园。他总想把家园中的绿色带一些给沙漠般的北国，他更渴望留住童年的生机以充实孤独寂寞的中年。

随着年龄的增长，当鲁迅不得已必须告别他的百草园中的鸣蝉、黄蜂、蜈蚣、斑蝥、蟋蟀朋友们的时候，必须告别他的石井栏、皂荚树、桑葚、何首乌、木莲房、覆盆子朋友们的时候，他带走了多少留恋、无奈与惆怅！

鲁迅的百草园情结，鲁迅对自然的情意，对生命的热爱，与对民间故事、神话传说、民间戏剧的喜欢融合在一起，不仅培养了他善良的心性，丰富的情感，也培养了他对艺术的敏感，对绘画艺术最初的浓厚兴趣。鲁迅小时候最心爱的宝书是常相伴的保姆长妈妈给他找来的《山海经》（后因此木刻本刻印十分粗拙，又另买一部石印的，每卷都有图赞，绿画红字，精致得很）；最爱看的书是自己花了二百文钱买来的有许多图的《花镜》（以后多次批校）；最爱收集的是绘画的书。少年鲁迅过年时得到的压岁钱，大多用来买了心爱的画谱，并由此大开买书之风。少年鲁迅收集的画谱，至少可以开出如下的目录：《尔雅音图》《毛诗品物图考》《海仙画谱》《海上名人画稿》《阜长画谱》《椒石画谱》《百将图》《点石斋丛画》《诗画舫》《古今名人画谱》《天下名山图咏》《梅岭百鸟画谱》《晚笑堂画传》《芥子园画谱》等。

由爱看而影描。鲁迅用很薄的纸影描，描画出来的至少有：《荡寇志》，有百余页，订成一册；《西游记》，一本，“因为要钱用，卖给一个有钱的同窗了”；《野菜谱》，灾民度荒充饥的野菜标本，每幅图配一首通俗歌谣般的图赞，鲁迅特别喜爱。由影描而创作。鲁迅曾给小弟弟周建人画过一个扇面，纯墨画：一块石头，旁生天荷叶，一只蜗牛在石上爬，另有杂草数丛。由此，不能不想到鲁迅的《野草》，不能不想到鲁迅与美术美育，鲁迅与中国现代书籍装帧，特别是鲁迅与中外版画，鲁迅所开创的中国现代版画的过去和现在。

三味书屋

十二岁至十七岁，鲁迅在绍兴城中最严厉的书塾——三味书屋读书。老师是须发花白、高而瘦、戴着大眼镜的寿镜吾先生。他是绍兴城中极方正、质朴、博学的人。鲁迅就读的时间不算短，相当于现时的初中、高中阶段。这书塾，自然可以算是“重点中学”了。有一回，鲁迅迟到了，受到批评，他便在自己的书桌上刻下一个“早”字，决意以后早到书屋。可见先生要求严格，学生也很自觉。

据说，书屋正中悬挂的“三味书屋”匾额中的“味”字，原本为“余”字，意思是“为学当以三余，冬者岁之余，夜者日之余，阴雨者时之余”，其中有抓紧时间读书和业余读书的意思，这大概是对劳动者或“中产阶级”而言的；后改作“味”，意思也变为“读经味如稻粱，读史味如肴馔，读诸子百家味如醯醢”，这大概是对以读书为业的书香子孙们而言的，意在提醒他们一定要把读书当作事关身家性命的大事来对待，并一定要读出各自的味道来才行。其实，读书远没有品尝美味那般轻松。

由于家教家学的原因，鲁迅的读书之法和大多数同窗不一样——他曾自制一个书签，两端花纹图案，中间工笔小楷——读书三到：心到，眼到，口到。自觉地用心读书，读起来自然并不费力，因而也就读得格外多，鲁迅说他小时候几乎读过十三经。然而，这种正统的读法并没有使鲁迅读出多少味道，他说：“孔孟的书我读得最早，最熟，然而倒似乎和我不相干。”

事情往往是这样，对硬性规定的正课没多大兴趣，而旁逸斜出地读，倒能读出莫大的味道来。塾师寿镜吾的儿子回忆说：“鲁迅往往置正课不理，其抽

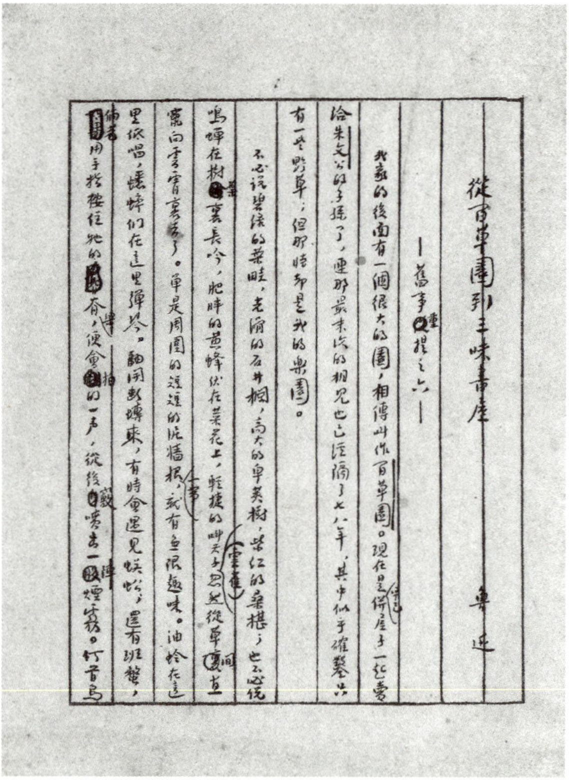
從百草園到三味書屋

——舊事重提之六——

魯迅

我家的後面有一個很大的園，相傳叫作百草園。現在是早已併屋子一起賣給朱文公的子孫了，連那最末次的相見也已經隔了七八年，其中似乎確鑿只有一些野草；但那時卻是我的樂園。

不必說碧綠的菜畦，光滑的石井欄，高大的皂莢樹，紫紅的桑椹；也不必說鳴蟬在樹葉裏長吟，肥胖的黃蜂伏在菜花上，輕捷的叫天子（雲雀）忽然從草間直竄向雲霄裏去了。單是周圍的短短的泥牆根一帶，就有無限趣味。油蛉在這裏低唱，蟋蟀們在這裏彈琴。翻開斷磚來，有時會遇見蜈蚣；還有斑蝥，倘若用手指按住牠的脊梁，便會拍的一聲，從後竅噴出一陣煙霧。何首烏

鲁迅的《从百草园到三味书屋》手稿

三味书屋的大门

屉中小说杂书，古典文学，无所不有。”归纳起来，一是鲁迅津津有味地读了不少不登大雅之堂的、一般书香人家不轻易让子孙读的小说，如《镜花缘》《儒林外史》《西游记》《三国演义》《水浒传》《封神榜》《聊斋志异》《绿野仙踪》《天雨花》《义妖传》等；二是读了不少野史、杂说，如《曲洧旧闻》《窃愤录》《玉芝堂谈荟》《鸡肋编》《明季稗史汇编》《明史纪事本末》《南烬纪闻》《板桥全集》《酉阳杂俎》《容斋随笔》《辍耕

录》《池北偶谈》《金石录》《二酉堂丛书》等。鲁迅的体会是，这些书帮助他认识了中国的历史和社会，而不至于受“涂饰太厚，废话太多”的“正史”的诓骗。鲁迅的创作中，尤其是大量杂文中涉及的无比丰富的知识，与他少年时期的这种杂览绝对分不开。

鲁迅读书，也抄书。他的先生寿镜吾就常常手抄汉魏六朝古典文学。鲁迅最早抄的大概是《康熙字典》中的古文奇字，《唐诗叩弹集》中的百花诗。后又从《唐人说荟》中选抄了陆羽《茶经》三卷，陆龟蒙《五木经》《耒耜经》各一篇，从此鲁迅开始着力抄书，养成了抄书的习惯。鲁迅后来回忆说：“余少喜披览古说，或见讹敚，则取证类书，偶会逸文，辄亦写出。”鲁迅的抄书从一开始就不是为抄书而抄书，而是鉴别，是挑选，是比较，是校勘，是寻觅，是钩沉。从小练就的严谨的治学态度与治学方法，是鲁迅后来下大力气整理古代文化遗产的最初源头。

从小康坠入困顿

如果要让一个人真正了解世道人心，最有效的法子是让他急速地走过由富到穷的路；如果要让一个人尽早尽快地敏感起来、成熟起来的话，那么最好是让他在未成年之前，在最具可塑性的阶段，就亲身体验世间的辛酸，甚至品尝苦难与死亡的苦味。

或许这是命里注定，无论如何也要在鲁迅身上去验证“天将降大任于是人也，必先苦其心志”的古训吧——

到我十三岁时，我家忽而遭了一场很大的变故，几乎什么也没有了；我寄住在一个亲戚家里，有时还被称为乞食者。

——俄文译本《阿Q正传》序及著者自叙传略

我有四年多，曾经常常——几乎是每天，出入于质铺和药店里，年纪可是忘却了，总之是药店的柜台正和我一样高，质铺的是比我高一倍，我从一倍高的柜台外送上衣服或首饰去，在侮蔑里接了钱，再到一样高的柜台上给我久病的父亲去买药。回家之后，又须忙别的事了，因为开方的医生是最有名的，以此所用的药引也奇特：冬天的芦根，经霜三年的甘蔗，蟋蟀要原对的，结子的平地木……多不是容易办到的东西。然而我的父亲终于日重一日的亡故了。

有谁从小康人家而坠入困顿的么，我以为在这途路中，大概可以看见世人的真面目……

——《〈呐喊〉自序》

没有切肤之痛，是不会有如此深入骨髓的苦涩和沉郁的。这路途是这样的：

十三岁，曾祖母去世，祖父奔丧，从京城回绍兴。9月，祖父为参加乡试的儿子和亲友马、顾、陈、孙、章五姓子弟赴苏州贿赂主考官，事泄，祖父投案自首，被押往杭州监狱；父亲被取消乡试资格；鲁迅兄弟为避株连，到亲戚家避难，被称为“乞食者”。

十四岁，年初，祖父一案被光绪皇帝谕旨判为“死缓”，“俟秋后处决”。后虽免斩，却也饱受八年监狱之苦。为设法营救祖父，不断变卖家产。这年的秋天，待鲁迅甚好的小姑母在其婆母折磨下病逝，鲁迅哀伤不尽，写祭文质问神明为何使好人早逝。到了冬天，彻底绝了功名之路的父亲突然大吐血，不得不经常典当衣物，延医疗治。从此，典卖家产，营救祖父，疗治父亲，支撑家庭，慰藉母亲，

少年鲁迅经常去的“恒济当”当铺（质铺）

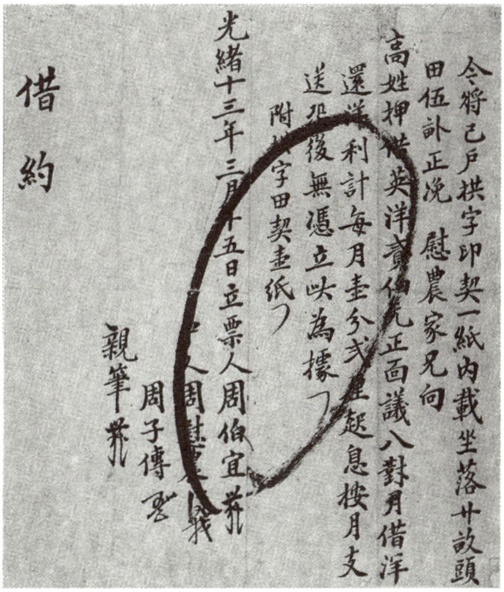
借約

今將己戶拱字印契一紙內載坐落廿畝頭
田伍畝正浼 慰農家兄向
高姓押借英洋貳佰元正面議八對月借洋
還洋利計每月圭分式生息按月支
送恐後無憑立此為據
附拱字田契圭紙
光緒十三年三月十五日立票人周伯宜 押
中人周[illegible] 押
周子傳 押
親筆 押

父亲周凤仪写的“借约”

呵护小弟，自寻出路，重重重压集于长子长孙鲁迅一身。

十五岁，父病日重，家务更甚，压力更大。

十六岁，在精神与肉体双重折磨下，年仅三十六岁的父亲病逝。在狱中的祖父老年丧子，操持家务的母亲中年丧夫，挑起家庭重担的鲁迅少年丧父。鲁迅于哀痛中主持了父亲的丧事。祖父在押，父亲病逝，使鲁迅家庭的经济彻底破产。

十七岁，代表家庭出席家族会议，会议做出损害他家利益的决定，强迫鲁迅签字，鲁迅拒绝，遭长辈斥骂而终不屈服。

十八岁，鲁迅赴杭州探监，为狱中的祖父筹借资金。祸不单行，年仅六岁的四弟又夭折，鲁迅再一次料理丧事。

在与生存抗争和精神挤压的夹缝中，鲁迅仍须读书、作文，定时将诗文寄祖父阅批。双重的压力，使他过早地成熟起来。

短短五年光阴，真如漫漫长夜。困苦与死亡的阴影一直笼罩在鲁迅的四周。在此之前，他一直以有位在京城里做官的祖父为荣；在此之后，他一直为成为囚犯的祖父担惊受怕，并难以消除由此而来的内心深处的羞愧。在心灵的煎熬中，又眼看着三位亲人在病苦中死去，他过早地面对了死亡，过早地承受了失去亲人的悲伤，过早地懂得抑制自己的悲伤，为的是安慰更为悲伤的母亲。

接二连三的打击，即便是成年人也难以承受，何况落在未成年的鲁迅头上呢？母子兄弟虽然不至于沦落街头，缺吃少喝，但从温馨家庭中的“少爷”，到无依无靠的孤苦“乞儿”，精神上的落差何异于天堂与地狱！

在这人生的路途中，鲁迅的哀伤，苦痛，悲愤，怎么估量都不过分。与此同时，传统的教育使他格外清楚长子长孙的

为治父病常去买药的“光裕堂”药店

义务与职责，再柔弱的肩膀也必须承受千斤重担。由此磨炼出与他年龄并不相符的责任感、独立意识、男子汉的刚强，以及洞达世事人心的敏锐眼光，怎么估量也不过分。

当晚年回顾少年这段生活与情感经历时，功成名就的鲁迅感谢生活的赐予。他在致萧军的信中说：“我很感谢我父亲的穷下来（他不会赚钱），使我因此明白了许多事情。”虽然没有一个人盼望得到此种人生经历，但如果他是一位强者，他有能力把苦痛的经历转化为精神财富和物质财富的话，他的确应当感谢生活曾经给予他的磨难。

在乡下的外婆家

由于母亲的娘家在农村，使得鲁迅从小就与中国社会中最广阔的区域，最广大的农村，生活在社会底层的最大多数的农民，有了从母体带来的脐带般的联系。但由于鲁迅的“少爷”身份，外公家的乡绅地位，这种最初的联系必定是很肤浅的。

虽然鲁迅每年总要跟着母亲到离绍兴城三十多里的乡下住几天，虽然他在自家的大厨房里和真正的农民儿子运水（《故乡》中的闰土）交了朋友，而且是很要好的朋友，但他对农村的最初观察与了解毕竟是居高临下、隔岸观火、浮光掠影，他所获得的最初印象只是引人入胜的田园风光，诗情画意：

距绍兴城三十多里的安桥头村

深蓝的天空中挂着一轮金黄的圆月，下面是海边的沙地，都种着一望无际的碧绿的西瓜，其间有一个十一二岁的少年，项带银圈，手捏一柄钢叉，向一匹猹尽力的刺去，那猹却将身一扭，反从他的胯下逃走了。

"……我们沙地上，下了雪，我扫出一块空地来，用短棒支起一个大竹匾，撒下秕谷，看鸟雀来吃时，我远远地将缚在棒上的绳子只一拉，那鸟雀就罩在竹匾下了。什么都有：稻鸡，角鸡，鹁鸪，蓝背……"

"现在太冷，你夏天到我们这里来。我们日里到海边捡贝壳去，红的绿的都有，鬼见怕也有，观音手也有，晚上我和爹管西瓜去，你也去。"

——《故乡》

安桥头村外祖母家

安桥头村外景

社戏

这时我便每年跟了我的母亲住在外祖母的家里。那地方叫平桥村，是一个离海边不远，极偏僻的，临河的小村庄……

我们每天的事情大概是掘蚯蚓，掘来穿在铜丝做的小钩上，伏在河沿上去钓虾。虾是水世界里的呆子，决不惮用了自己的两个钳捧着钩尖送到嘴里去的，所以不半天便可以钓到一大碗。这虾照例是归我吃的。其次便是一同去放牛……

至于我在那里所第一盼望的，却在到赵庄去看戏……

两岸的豆麦和河底的水草所发散出来的清香，夹杂在水气中扑面的吹来；月色便朦胧在这水气里。淡黑的起伏的连山，仿佛是踊跃的铁的兽脊似的，都远远地向船尾跑去了，但我却还以为船慢。

——《社戏》

在少年鲁迅的直观印象和感受中，本来就山清水秀的江南农村，简直是无比的乐土，加以城市文人的描写，即鲁迅所说的从小所受的“古书和师傅的教训”，所以也看得“劳苦大众和花鸟一样”了，“有时感到所谓上流社会的虚伪和腐败时”，鲁迅“还羡慕他们的安乐”。

假若不去认真思考和研究中国农村社会和农民问题，保留这样的感觉倒也并不是一件不好的事情；可是，假若要用笔真实描写中国农村和中国农民，特别是要承担起开创中国农村题材小说之路的历史责任的话，停留在这样的观察层面就未免太肤浅了。

少年鲁迅并没有就此结束自己的观察与思考，随着年龄和阅历的增长，随着一次又一次来到乡下，随着对农村朋友家庭和生活由表及里的逐渐了解，随着他们之间日益增多的交流和沟通，随着和许多农民的亲近，特别是当他的家庭遭到变故，由富裕走向破产之后，当他由受到特别优待的“少爷”变为有时被称为“乞食者”之后，他观察农村的视角，感受农民生活的心境，就发生了很大的变化，就有可能由隔岸观火走向感同身受。并且有可能以农民之苦与自己之苦相比较，使自己喘不过气来的精神重压获得某种程度的转化。只有这时候，他才有可能真正进入农村与农民生活之中，才有可能较为真切、较为全面地了解中国农村与农民的真实生活状态，才有可能“逐渐知道他们是毕生受着压迫，很多苦痛，和花鸟并不一样了”，也才有可能以此成为他日后开创中国农村题材小说道路的出发地。

走异路　逃异地

现存鲁迅少年时代最早的两枚印章，完全可以作为祖父入狱、父亲病逝后，鲁迅迅速成熟起来的标志。

一枚所刻“绿杉野屋”，是鲁迅、周作人、周建人三人共有的斋名。这名号，无疑是鲁迅取的。隐含在其中的不只是读书人的雅兴和传统文人的隐逸情调，更多的是借助常绿高大的杉树，张扬生机盎然、蓬勃向上、挺拔独立的生命意志。不只他自己，也期望两位弟弟，共同以顽强的生机抗拒不幸的命运和世俗冷眼冷面的包围。另一枚刻“只有梅花是知己”，更是恶劣的生存环境中自在自恃的心态直白，要以梅花的风骨，傲霜雪，驱严寒，迎春光。其中包含着已经成人的鲁迅将会独立自主不落俗套地选择未来之路的鲜明意向。

绍兴人的脸，鲁迅早已经看熟，如此而已，连心肝也似乎有些了然。所以，鲁迅坚决拒绝了绍兴衰落的读书人家的子弟常走的两条路——学做幕友或商人。他一定要摆脱周围的环境，他“总得寻别一类人们去，去寻为S城人所诟病的人们，无论其为畜生或魔鬼”。鲁迅下定决心要离开绍兴了。如此决绝的态度，是养育了他的绍兴给他的。家乡曾经带给他的欢乐早已无法寻到了，取而代之的是世道人心的冷漠险恶。怀疑与厌恶塞满了他的心胸，他被他的家园放逐了。

但是，到哪里去呢?

鲁迅说：“我要到N进K学堂去了，仿佛是想走异路，逃异地，去寻求别样的人们。”父亲已逝，祖父在狱中，弟弟尚小，“我的母亲没有法”，“说是由我的自便；然而伊哭了，这正是情理中的事，因为那时读书应试是正路，所

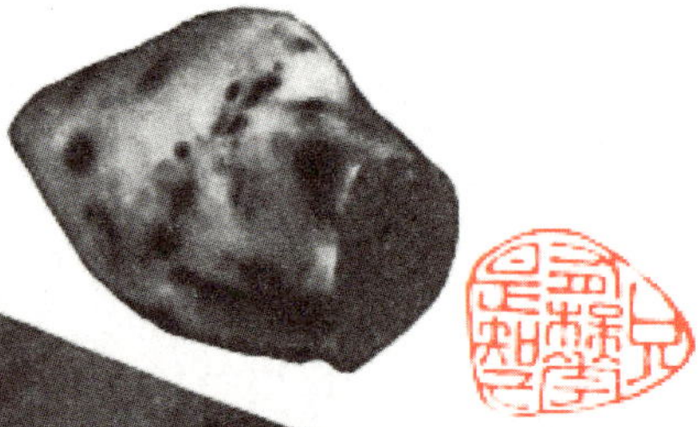

叔祖周芹侯为鲁迅刻的“只有梅花是知己”印章。高 4.9cm。刻于 1896 年前后。鲁迅藏。现存北京鲁迅博物馆

叔祖周芹侯为鲁迅刻的“绿杉野屋”印章。7.2cm × 2cm × 2cm。刻于 1896 年前后。鲁迅藏。现存北京鲁迅博物馆

谓学洋务，社会上便以为是一种走投无路的人，只得将灵魂卖给鬼子，要加倍的奚落而且排斥的，而况伊又看不见自己的儿子了。然而我也顾不得这些事”。显然，鲁迅要自己寻找自己的路。

他远离家乡到南京投考新学堂，是他自己的选择。但又不完全是他自己的选择。这选择，也是由当时的家庭经济状况，以及社会的时代变革所决定的。

第一，最直接的原因，这时家里已经连极少的学费也无法可想了。鲁迅离家的时候，母亲只能筹到八元的路费给他。“无须学费的学校在南京，自然只好往南京去。”堂叔祖周椒生正在南京水师学堂教汉文兼管轮堂监督。这学校是公费，每月尚发极少的赡银。

第二，1840 年鸦片战争以来，外强入侵，中国逐渐沦为半殖民地社会。1860 年英法联军攻入北京，火烧圆明园，此后列强纷纷瓜分中国。清政府中一部分身居要职的当权派，倡导学习西方的洋务运动、洋务教育。鲁迅祖父的中进士、点翰林、做京官，正在这个时期。祖父对当时的国内外大势是清

楚的，不同于绍兴普通人的排斥与奚落，他至少对洋务教育是认同的。鲁迅赴南京前抄录的祖父诗作中，就有《洋场杂咏》十首和对声、光、电、化的奇异描述。1897年，早鲁迅一年，祖父让他的小儿子，比鲁迅还小一岁的伯升考入南京水师学堂。鲁迅祖父的见解自然会影响到父亲。1894年爆发的中日甲午海战，北洋海军几乎全军覆没，消息传到绍兴，鲁迅的父亲对妻子说："我们有四个儿子，我想将来可以一个往西洋去，一个往东洋去留学。"鲁迅虽然年少，也感到了国家失败给自己带来的苦痛，也曾想到应该有些抵抗，国家应当有些改革。他那时求购到的新书中，有英国人编辑的，介绍各国时事、科学的《格致汇编》，这本书震惊了鲁迅，被鲁迅当作宝贝看待。

有智慧者毕竟容易接受时代的最新信息，最新思潮。这些因素，无疑都在促使鲁迅"走异路，逃异地，去寻求别样的人们"。

若干年后，中国五四运动前夕，鲁迅对清末的洋务运动，对"中学为体，西学为用"做出了最精练、最透彻的分析："用这学来的新，打出外来的新，关上大门，再来守旧。""学了外国本领，保存中国旧习。本领要新，思想要旧。要新本领旧思想的新人物，驼了旧本领旧思想的旧人物，请他发挥多年经验的老本领。"

但是，正是鲁迅后来批评的洋务运动，在那个时代却为鲁迅人生道路的选择，为鲁迅走在时代的前面开辟了一条前行的路。

在南京

1898.5

1902.3

从子曰诗云到 ABCD

正当康有为进京再次上书并倡设保国会、光绪皇帝接受变法主张、戊戌变法开始的时候，洋务派首领张之洞明确提出“中学为体，西学为用”的时候，1898 年 5 月，鲁迅接过母亲筹集的八元路费，在慈母泪眼凝望中，默默地离开了绍兴。鲁迅先抵杭州看望了狱中的祖父及陪在祖父身边的二弟周作人，然后经上海去南京。

鲁迅投考的江南水师学堂于 1890 年由湘军名将、两江总督曾国荃（曾国藩之弟）奏设于南京城北旧仪凤门内，是洋务运动中兴办最早的学堂之一。

1884 年中法战争中，福建水师覆没，1890 年创办江南水师学堂，大概有振兴中国海军之意。但是，远水不解近渴，四年之后的中日甲午海战中，北洋水师又覆没。中国海军连遭重创，肯定给水师学堂不小的刺激。可是，在这种情况下，传统守旧的大户人家仍觉得自家子弟考入这样的学校，等于“当兵”（鲁迅的小叔父 1904 年在该校毕业后，一直在兵船上服务，任至“联鲸兵轮轮机正海军上尉”），很丢面子，所以，堂叔祖周椒生接待鲁迅投考的同时，要求其改名。于是，周樟寿改名为周树人。

新学堂新在课程设置以外语与自然科学为主，除每周一天读《左传》，一天做古文外，其余课程均用英语进行教学，教

1898年5月，鲁迅考入免费的南京江南水师学堂

员大多为英国人。

在一片洋腔、洋调、洋面孔中，鲁迅用从绍兴带来的纤细柔软的“金不换”毛笔，流利工整地记录着英语、几何、代数、三角等从未接触过的语言及运算符号。中国大地上出现的这种最古老与最新式的奇异结合，演变着旧中有新、新中有旧的时代影像。

列强用洋枪洋炮打开中国闭锁的大门，当权的有识之士不得不思考如何从敌人那里获取自强自富的本领以维护自己的尊严。

毫无疑问，鲁迅是得风气之先中的一个。但是，插入层层淤积的陈旧板结土壤中的新苗是很脆弱的，游移摇晃在表层的，甚至是非常虚假的。

学海军自然不能不学游泳，这是最简单的常识，然而，因为泳池里淹死

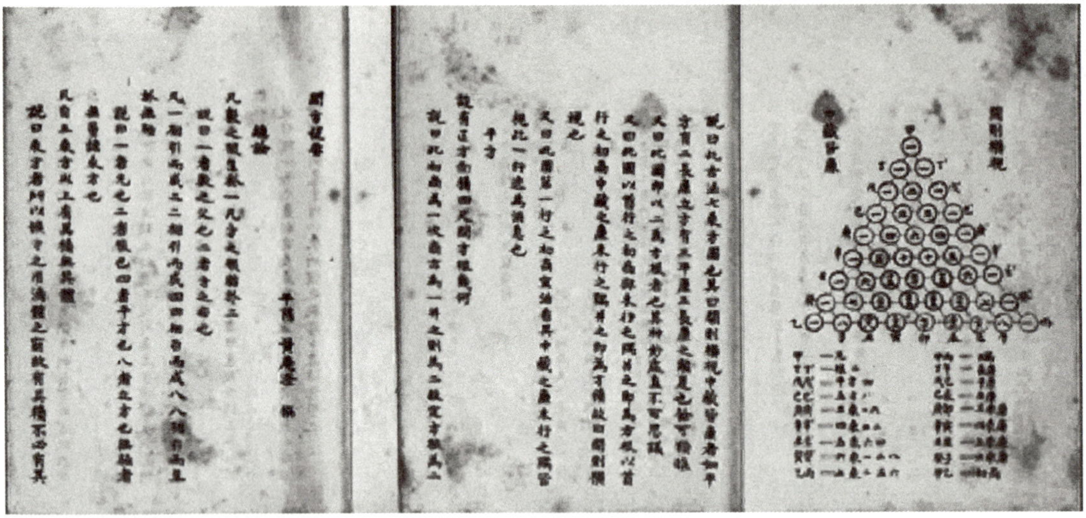

鲁迅在南京读书时抄写的部分讲义——“开方”之一页

了两个年幼的学生，便填平了，不但填平，上面还造了一座小小的关帝庙。庙旁是一座焚化字纸的砖炉，炉口上方横写着四个大字：敬惜字纸。而且，每年农历七月十五日，总要请一些和尚诵经念咒，以驱邪避秽。鲁迅只能找出四个字来形容：乌烟瘴气。

水师学堂由此略见一斑。这不是鲁迅要走的异路，要寻找的别样的人们，他必须继续寻找。

约半年之后，鲁迅改考入江南陆师学堂附设的矿务铁路学堂。这学堂也是洋务派官僚创办的。陆师学堂为两江总督张之洞于 1895 年奏请创办，矿务铁路学堂为继任总督刘坤一创办。刘坤一听说南京郊外青龙山有煤可采，即呈奏申办矿务铁路学堂，戊戌政变后的慈禧太后很快就准奏了，当年即开办，招收学生二十四名。鲁迅年龄最小。这二十四名学生既是首批，又是末批，因为学堂只招了这一届便停办了。

洋务教育很不景气，但对于鲁迅来说，却是人生之路的一个新的里程碑。水师学堂仿英国体制，英国人教英语；矿务铁路学堂仿德国体制，德国人教德语。在新的学堂里，鲁迅才知道这个世界上除了“粤自盘古，生于太荒”，还有A、B、C、D；除了《诗经》《史记》《论语》《孟子》，还有物理、化学、算学、地理、体操、矿学、地质学、熔炼学、绘图学等。所用课本，多为翻译的西方书籍。因书少，须抄。鲁迅少年时影写画谱的功夫有了用武之地，全班数他抄得最快、最好，且在课余常帮助同学绘图。除《几何》《开方》《八线》等，鲁迅还工工整整地抄写了英国人赖耶耳的名著《地质学纲要》两大册。该书图解精密，抄录影写实属不易。还有六册美国人代那撰写的矿物学课本《金石识别》，鲁迅做了不少批注，如在许多矿物名称外文译音处，注明此种矿物的中国名称；又如书上只有焦炭的西洋炼法，鲁迅就在批注中介绍了中国炼法。鲁迅还细心地订正了书中的一些错误。除课堂学习外，鲁迅还到郊外实地考察，采集矿石标本。

新鲜的科学知识，新鲜的学习方式，为鲁迅日后研究中国地质矿产打下了良好的基础，更重要的是他接受了科学思维、科学方法的基本训练。

吃辣椒看《天演论》

虽然不用交纳学杂费，但对于家境已经陷入穷困的鲁迅来说，在矿务铁路学堂的学习生活无疑相当艰苦。

南京的冬天还是很冷很冷的。鲁迅的棉袍破旧得两肩处已经没有一点棉花了。因为没有余钱置买衣服，不得已穿夹裤过冬；因为穿夹裤过冬，不得已大吃辣椒以御寒气，以致渐渐成为嗜好而害及肠胃。

清苦的生活往往激励学习的意志，何况令人耳目一新的知识是那么津津有味！

为鼓励学生用功学习，校方规定，每星期作文一次，凡获得第一名者赏三等银牌一个；每月月考一次，名列第一名者赏三等银牌一个。四个三等银牌可以换一个二等银牌，四个二等银牌可以换一个三等金牌。同学中只有年龄最小的鲁迅得到过金牌。金牌到手之后，鲁迅总是拿了去换钱买书看，买点心请大家吃。

课本上的知识已经够大开眼界了，课外的新书新报更让鲁迅兴奋，让鲁迅陶醉。

看新书的风气便流行起来，我也知道了中国有一部书叫《天演论》。星期日跑到城南去买了来，白纸石印的一厚本，价五百文正。翻开一看，是写得很好的字，开首便道：

“赫胥黎独处一室之中，在英伦之南，背山而面野，槛外诸境，历历如在机下。乃悬想二千年前，当罗马大将恺彻未到时，此间有

1898年10月，鲁迅改考入南京江南陆师学堂附设的矿务铁路学堂。
图为该校宿舍，鲁迅住右起第四室

何景物？计惟有天造草昧……”

哦！原来世界上竟还有一个赫胥黎坐在书房里那么想，而且想得那么新鲜？一口气读下去，“物竞”“天择”也出来了，苏格拉底，柏拉图也出来了，斯多噶也出来了。学堂里又设立了一个阅报处，《时务报》不待言，还有《译学汇编》，那书面上的张廉卿一流的四个字，就蓝得很可爱。

——《琐记》

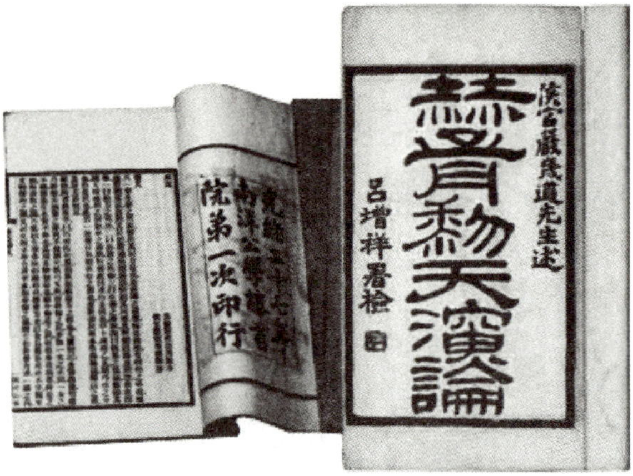

鲁迅在南京阅读的部分译作。《天演论》，英国生物学家赫胥黎（1825—1895）著，严复译。《原富》，英国经济学家斯密·亚丹（1723—1790，通译亚当·斯密）著，严复译。1901年南洋公学译书院铅印本。鲁迅藏。现存北京鲁迅博物馆。《巴黎茶花女遗事》，法国作家小仲马（1824—1895）著，林纾译

尽管本家的老辈，那位在水师学堂当监督的堂叔祖周椒生，指责鲁迅看新书不对，不让他看新书新报，可是鲁迅“仍然自己不觉得有什么‘不对’，一有闲空，就照例地吃侉饼，花生米，辣椒，看《天演论》”。

达尔文的进化学说为19世纪自然科学的重大发现之一。进化理论强有力的支持者，英国著名科学家赫胥黎在宣传达尔文“物竞天择，适者生存”的生物进化规律的同时，进一步阐述了人类历史的普遍进化的观点，并著有《进化论与伦理学》一书。致力于介绍西方自然科学、经济学等的中国近代启蒙思想家严复，于赫胥黎发表《进化论与伦理学》的第二年，就着手将赫胥黎的名著译述为《天演论》，于1898年在中国出版。严复在译述中特别强调此书于“自强保种之事，反复三致意焉”。“优胜劣汰，适者生存”的理论直接冲击了中国传统守旧派的“天不变，道亦不变”的保守思想，向全国民众敲响民族危亡的警钟。可以想见，鲁迅在八国联军侵略中国的第二年，在丧权辱国的清政府与十一个帝国主义国家签订了空前不平等的《辛丑条约》之时，读到《天演论》，该会在心胸中引起多大的震荡！其中的重要篇章，鲁迅在数年后仍能背诵。

自从读了《天演论》之后，严复每出一书，鲁迅必设法买来。严复译的

英国古典政治经济学经典亚当·斯密所著的《原富》（通译《国富论》）甲、乙、丙三册，也是在这个时候购读的。在南京，继《天演论》之后，鲁迅又购阅了致力于进化论传播的日本思想家加藤弘之的《物竞论》。进化论由此成为鲁迅早期考察社会问题的重要思想之一。

在课外阅读的文学作品方面，这一时期鲁迅爱看的是《红楼梦》《西厢记》，而特别感兴趣的是林纾翻译的外国小说。这兴趣缘于阅读林纾翻译的法国作家小仲马的《巴黎茶花女遗事》（1899年夏出版）。这部被称为西方的《红楼梦》中的故事，大概因其集中于贫苦者、被侮辱者、被损害者的恋爱悲剧，又佐以更为坦率、更为细腻的描写，更能激荡鲁迅的心吧！从此以后，鲁迅与周作人一直很注意林纾翻译的小说，随出随买，陆续买有二三十种。

自然科学的发展和社会科学、文学的发展，一般情况下是互相促进的。可是，在中国的传统社会里似乎是一个例外。然而，在世界科学文化的交流、沟通已经成为事实的时代，中国传统社会的森严壁垒即被打破，传统社会体制抑制人类最新科学发现与最新思潮产生的功能开始失效。

从小浸泡在之乎者也中的鲁迅，进入并不理想的新学堂之后，还是迅速睁开了眺望世界的眼睛，他看到的不仅仅是世界上先进的自然科学知识和社会科学理论，更重要的是由此获得了建立科学思维、科学思想的基础。在中国人之间，鲁迅从此获得了作为可能代表中华民族的种子选手的资格，站在了参与世界文化交流与竞争的起跑线上。

文章得失不由天

辛亥革命之后，1912 年 2 月的一天，夕阳西下，刚刚到南京中华民国临时政府教育部任职的鲁迅，与同事兼好友许寿裳等，去寻访清朝时驻防旗人的兵营废址。只见落日余晖下，当年的旗营一片焦土。一大片瓦砾堆中，有几个年老的满洲妇女，住在没有门窗的破屋里，蠕蠕而动，见人惊惧如鼠，鲁迅不胜感慨。

在矿务铁路学堂读书的时候，鲁迅非常喜爱的一项运动是骑马，“每天总要跑它一两点钟的”，这大概与鲁迅小时候扮演义勇鬼时策马奔驰所激发的豪情有关吧。旗营驻地离学校不算太远，鲁迅骑马经过时，每每受到善于骑射的旗人子弟的辱骂。不惧不服的鲁迅敢于向他们挑战，一次策马疾跑时，鲁迅从马上跌落，碰断了牙齿，而鲁迅的感受是：落马一次，进步一次。

也就是在这个时候，鲁迅自号“戎马书生”，刻章；别号“戛剑生”，刻章；再刻“文章误我”一章，其中饱含鲁迅对从小浸泡在古书中的自我的反思，也饱含着青年鲁迅戎马书剑、爱国报国的壮志豪情，以及指点江山、激扬文字的书生意气。

鲁迅的书生意气并非空言豪情。他将“戎马书生”一章钤在购得的《徐霞客游记》一书上，并于阅读之余重新装订，自拟卷目和题跋。这中间不正透露着学矿务、学地质的鲁迅，决心以明末的地理学家徐霞客为榜样，开创中国地质学的新纪元吗？

这是鲁迅情感世界的一个方面。另一方面，客寓异地思乡之情，则充分流露在他最早的作品中。

“戎马书生”印。
2.6cm×1.7cm×1.7cm。
鲁迅藏。现存北京鲁迅博物馆

《徐霞客游记》。鲁迅于1898年在杭州购得此书，“原八册重订为四册”，第一册封底钤有“戎马书生”印

鲁迅最早的作品，保留在周作人的日记中。周作人是鲁迅作品最早最忠实的读者、记录者。我们从中不仅看到了青年鲁迅的风貌才情，更能领略到母子、兄弟的分离之苦和怡怡情怀。

从父亲生病那天起，鲁迅就自觉承担起长兄的职责。由于不得已的“走异路，逃异地”，更加重、加深了他责任感驱使下的心灵重负。第一次远离家乡的那一年，他在《戛剑生杂记》四则中抒写了浓郁的离情别绪：

> 行人于斜日将堕之时，暝色逼人，四顾满目非故乡之人，细聆满耳皆异乡之语，一念及家乡万里，老亲弱弟必时时相语，谓今当至某处矣，此时真觉柔肠欲断，涕不可仰。故予有句云：日暮客愁集，烟深人语喧。皆所身历，非托诸空言也。

年年离情，年年别绪，不因时淡，反因时浓。三年之后的初春时节，周作人、周建人送别大哥，周作人在日记中记“余送大哥至舟，执手言别，心中黯然”，并作送别词。鲁迅在《别诸弟三首·辛丑二月并跋》的“跋”中写道：

> 仲弟次予去春留别元韵三章，即以送别，并索和。予每把笔，辄黯然而止。越十余日，客窗偶暇，潦草成句，即邮寄之。嗟乎！登楼陨涕，英雄未必忘家；执手消魂，兄弟竟居异地！深秋明月，照游子而更明；寒夜怨笳，遇羁人而增怨。此情此景，盖未有不悄然以悲者矣。

周作人日记中记载的鲁迅早期诗文有《戛剑生杂记》四则、《莳花杂志》二则、《别诸弟三首·庚子二月》《莲蓬人》《庚子送灶即事》《祭书神文》及序、《别诸弟三首·辛丑二月并跋》。在这些诗文中，兄弟之间自励自勉的内容，使我们真切地感受到鲁迅的高洁志趣和抗争进取的精神。

渗透着《离骚》风骨的《祭书神文》，以书生本色直追屈原的人格精神，以生命本体执着于崇高与善美，以持守自我清

《四弟像》

高排拒流俗；七律《莲蓬人》推崇的是“风定犹闻碧玉香”的境界，追求的是“扫除腻粉呈风骨，褪却红衣学淡妆”的知识分子应有的情操与修养，以及“好向濂溪称净植，莫随残叶堕寒塘”的绝不与丑恶势力同流合污的独立人格。

最能表现鲁迅不向命运低头的抗争精神、进取精神的，最能给二弟和三弟，也给我们鼓劲的，莫过于《别诸弟三首·庚子二月》中的“我有一言应记取：文章得失不由天”了。在这里，“文章”不只是文章，更是安身立命的事功，人生在世的价值。

的确，“文章得失不由天”。不靠天，不靠地，不靠他人靠自己。鲁迅是自强、自信、自立的。自强、自信、自立的精神动力，推动着青年鲁迅不懈地探寻新的人生道路。

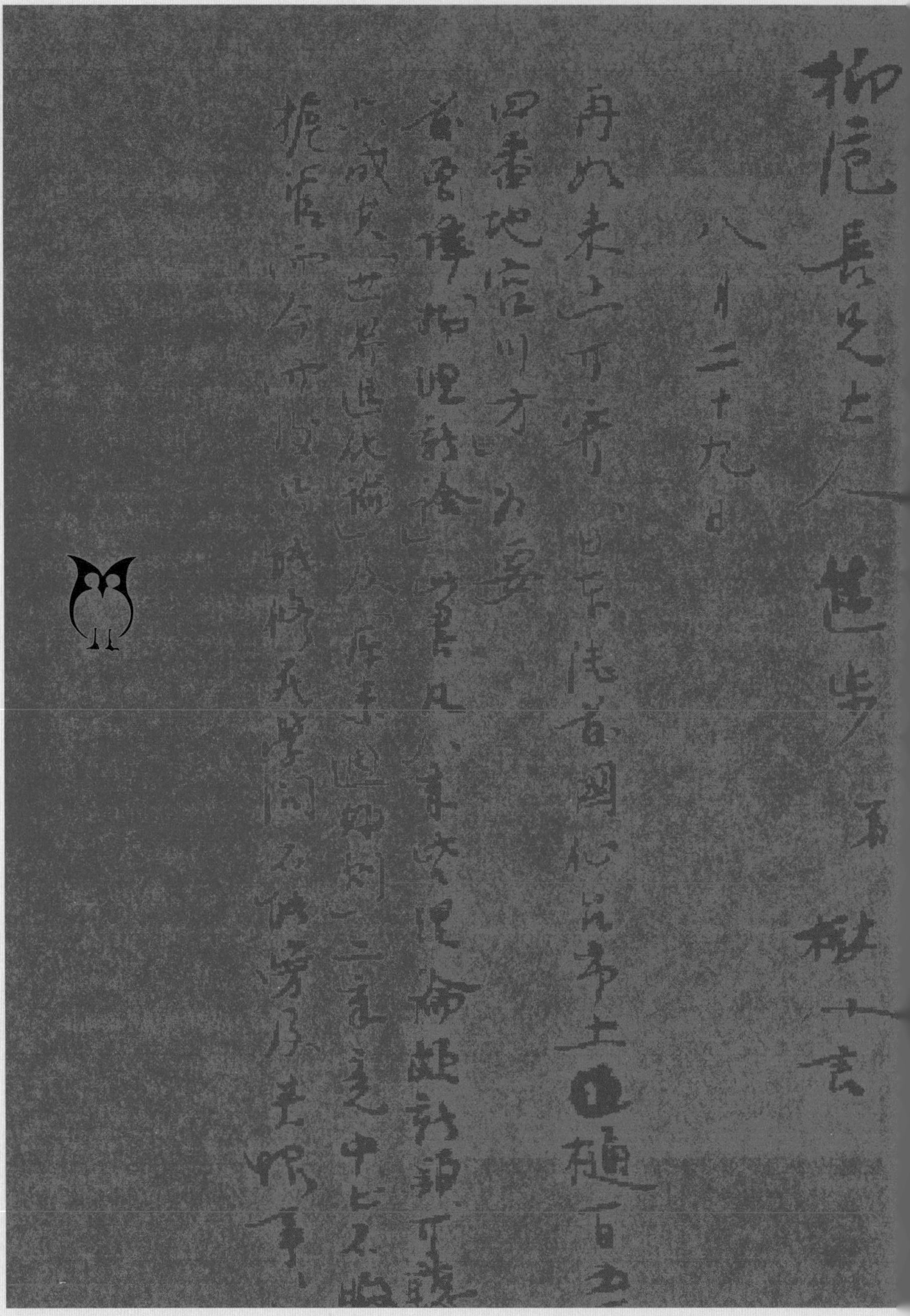
八月二十九日

在东京

1902.4

1909.8

到外国去

1902年1月，二十一岁的鲁迅以一等第三名的优秀成绩，获得矿务铁路学堂的毕业文凭，并获得官费留学资格。2月，两江总督批准鲁迅赴日本留学。

约半年前，清政府陆续颁布了一系列新的法令，其中有命各省选派留学生，学成后分别给予进士、举人等出身的条令。鲁迅等人正是在这个时候，以“南洋矿路学堂毕业奏奖五品顶戴”的资格被派往日本去的。鲁迅后来在《因太炎先生而想起的二三事》中回忆说：

清光绪中，曾有康有为者变过法，不成，作为反动，是义和团起事，而八国联军遂入京，这年代很容易记，是恰在一千九百年，十九世纪的结末。于是满

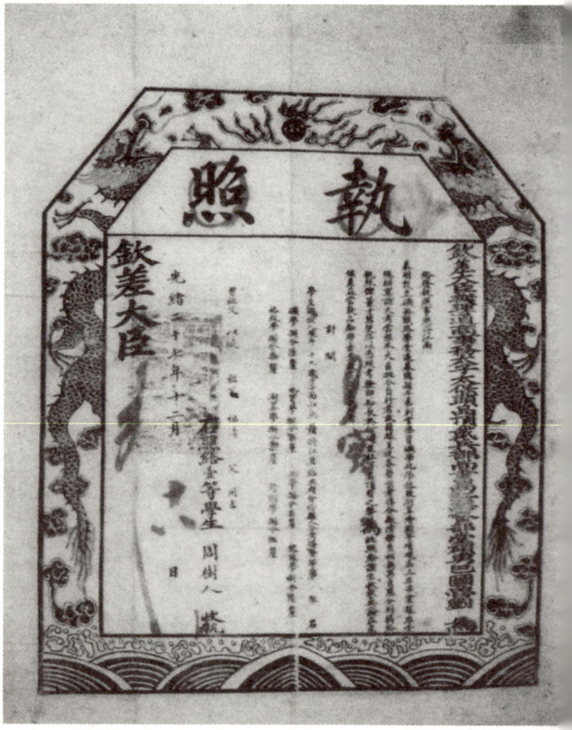

矿务铁路学堂毕业文凭。60.5cm×47.5cm。鲁迅藏。现存北京鲁迅博物馆

清国留学生会馆

清官民，又要维新了，维新有老谱，照例是派官出洋去考察，和派学生出洋去留学。我便是那时被两江总督派赴日本的人们之中的一个。

就大的时局而言，时代给鲁迅提供了机会；就个人际遇而言，鲁迅从矿务铁路学堂毕业，如五年前走出三味书屋的大门，他又面临着何去何从的选择：

毕业，自然大家都盼望的，但一到毕业，却又有些爽然若失。爬了几次桅，不消说不配做半个水兵；听了几年讲，下了几回矿洞，就能掘出金银铜铁锡来么？实在连自己也茫无把握，没有做《工欲善其事必先利其器论》的那么容易。爬上天空二十丈和钻下地面二十文，结果还是一无所能，学问是“上穷碧落下黄泉，两处茫茫皆不见”了。所余的还只有一条路：到外国去。

——《琐记》

显然，与上一次离家到南京的迷茫相比，这回的出国平添了许多理性的寻求。失望后的鲁迅得到了寻求新的希望的机会。

当年怀揣落着母亲眼泪、带着母亲手温的八元路费，在烟雨萧疏中含泪告别了家乡，然而，何处是归宿？前程茫然。孤独、忧伤、惆怅，是鲁迅心里眼里抹不去的阴影。

这一回呢？乌烟瘴气的江南水师学堂给他的失望不必再说了，三年的矿务铁路学堂好歹有了个了结，但最初为贫弱祖国开采矿藏的好梦却彻底破灭了。“不到一年，就连煤在哪里也不甚了然起来，终于是所得的煤，只能供烧那两架抽水机之用，就是抽了水掘煤，掘出煤来抽水，结一笔出入两清的账。”鲁迅下过几回这矿洞，

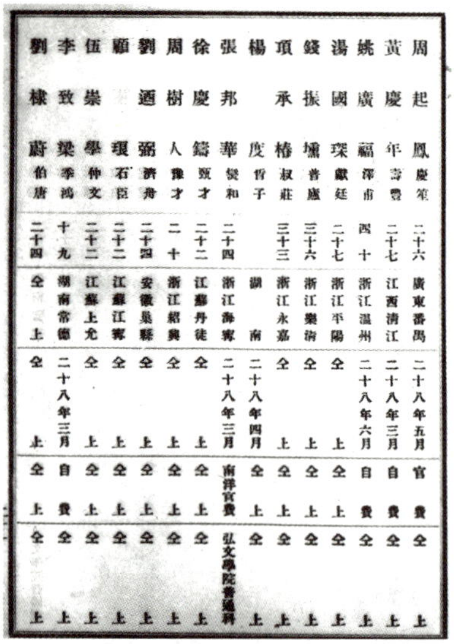

周起鳳	慶笙	二十六	廣東番禺	二十八年五月	官費	仝上
黃慶年	壽豐	二十七	江西清江	二十八年三月	自費	仝上
姚廣福	澤甫	四十	浙江溫州	二十八年六月	自費	仝上
湯國琛	獻廷	二十七	浙江平陽	仝上	仝上	仝上
錢振墉	普廬	三十六	浙江樂清	仝上	仝上	仝上
項承椿	叔莊	三十三	浙江永嘉	仝上	仝上	仝上
楊度	皙子		湖南	二十八年四月	仝上	仝上
張邦華	燮和	二十四	浙江海寧	二十八年三月	南洋官費	弘文學院普通科
徐慶鏞	頌才	二十二	江蘇丹徒	仝上	仝上	仝上
周樹人	豫才	二十	浙江紹興	仝上	仝上	仝上
劉迺弼	濟舟	二十四	安徽巢縣	仝上	仝上	仝上
顧琅	石臣	二十二	江蘇江寧	仝上	仝上	仝上
伍崇學	仲文	二十二	江蘇上允	仝上	仝上	仝上
李致梁	季鴻	十九	湖南常德	二十八年三月	自費	仝上
劉棣蔚	伯唐	二十四	仝上	仝上	仝上	仝上

清国留学生会馆名录

清國留學生會館第一次報告

自壬寅年一月起八月止

清国留学生报告

看到的是“情形实在颇凄凉，抽水机当然还在转动，矿洞里积水却有半尺深，上面也点滴而下，几个矿工便在这里面鬼一般工作着”。

鲁迅在矿务铁路学堂时，用的是外国的教材，难道产生这教材的国家也是这等模样？或者是外来的科学技术一到我们这里，就变味走样了吗？既然已经“上穷碧落下黄泉，两处茫茫皆不见”了，无论如何，应当到外边看个究竟！

数年来，课内课外的新书新刊，毕竟使鲁迅对世界大势有所了解，他的眼光已经越过了稽山镜水，越过了家园国土，随着金陵城下长江的滚滚波涛，投向遥远的大洋彼岸。

1902 年 2 月底，决定出国的鲁迅回绍兴告别了母亲。3 月 21 日，返回南京的鲁迅去往水师学堂与二弟周作人告别，他把读过的不少书留给周作人。其中有加藤弘之的《物竞论》，亚当·斯密的《原富》，谭嗣同的《仁学》及《汉魏丛书》等。自己准备带出国的书则有《科学丛书》《日本新政考》《和文汉读法》等。3 月 23 日，水师学堂那位相当守旧的堂叔祖周椒生特设便宴为鲁迅饯行。3 月 24 日，在霏霏细雨之中，鲁迅一行登上日本轮船“大贞丸”号。周作人及鲁迅的同学好友胡韵仙等人到长江边送行。胡韵仙赠别诗三首，其一曰：

乘风破浪气豪哉？上国文光异地开。旧域江山几破碎，劝君更展济时才。

汽笛鸣响，鲁迅等乘坐的“大贞丸”号徐徐离开下关码头，驶向上海，驶出长江口，驶向湛蓝的太平洋。鲁迅站在甲板上，清新湿润的阵阵海风扑面而来。

我以我血荐轩辕

1902年4月4日，“大贞丸”号漂洋过海，抵达日本横滨。鲁迅第一次踏上异国的土地。三天后他到达东京。

在近半个月的旅途中，鲁迅逐日详细记事，写成《扶桑记行》一卷，到东京后即寄给周作人。周作人抄录后，寄往绍兴，亲友们相互传阅。

一个多月后，已入弘文学院的鲁迅寄给周作人新照三张，嘱分赠家人，以释远念。给周作人的照片背面写道：“会稽山下之平民，日出国中之游子。弘文学院之制服，铃木真一之摄影。二十余龄之青年，四月中旬之吉日。走五千余里之邮筒，达星杓仲弟之英盼。兄树人顿首。”

弘文学院是日本教育家嘉纳治五郎根据中国留学生数量大增的需求，于这一年新建的专收中国留学生的速成教育学校。黄兴、陈独秀等留学日本时，首先进入的也是这所学校。在这里，学生以学习日语和普通科学知识为主，为以后升入高等专门学校打下基础。鲁迅的自然科学知识在这里得到了进一步的丰富。课余时间鲁迅自愿学习日本柔道，这位在中国南京骑马奔驰的“戎马书生”，又身着白色柔道服，摔打在日本东京的柔道场内。

由于孙中山等人的宣传，留日学生大量增加，20世纪初的日本东京成为中国民主革命的海外中心。留学生参与革命的志趣，往往远甚于对科学知识的渴求。清政府派出的留学生，大多成为它的掘墓人。鲁迅说：“凡留学生一到日本，急于寻求的大抵是新知识。除学习日文，准备进专门的学校之外，就赴会馆，跑书店，往集会，听讲演。”鲁迅初到东京，就有章太炎等筹备、孙中山等参与举行的“支那亡国二百四十二周年纪念会”，发出推翻清政府

1902 年秋，浙江籍留日学生一百零一人，在东京组织浙江同乡会。会后合影。第四排左起第十四人为鲁迅

的号召，掀起反清革命的高潮。接着有湖南籍留学生黄兴、陈天华等在东京创办《游学译编》，孙中山建立“兴中会分会”，留日学生组织打倒清王朝的“青年会”，章太炎修订出版《訄书》，邹容出版《革命军》等，反清活动风起云涌。1903 年 1 月 29 日（农历正月初一），清国留学生会馆举行新年团拜会，到会千余人，邹容、马君武等发表演说，当着清朝官员的面，历数清廷罪恶，疾呼恢复人权，拯救中国。大义凛然，给鲁迅极大鼓舞。月底，鲁迅与陶成章、许寿裳等绍兴籍学生召开同乡恳亲会，并联名发出《绍兴同乡公函》，殷切希望乡人出国留学，学习先进知识，挽救祖国危亡。信中写道：“遭世多变，刿心怵目于危亡之将及，而我檕檕五岳，灏灏江河，东南带海，西北控山之大陆一片土，将沦陷于异族。即我稽山镜水金宝玉堂，亦将销沉霸气，暗郁无色，呜呼岂不痛哉！”他们急切地呼唤家乡有志青年来日本留学，“求智识于宇内，搜学问于世界”，“惊醒我国人之鼾梦，唤起我国人之精神”。

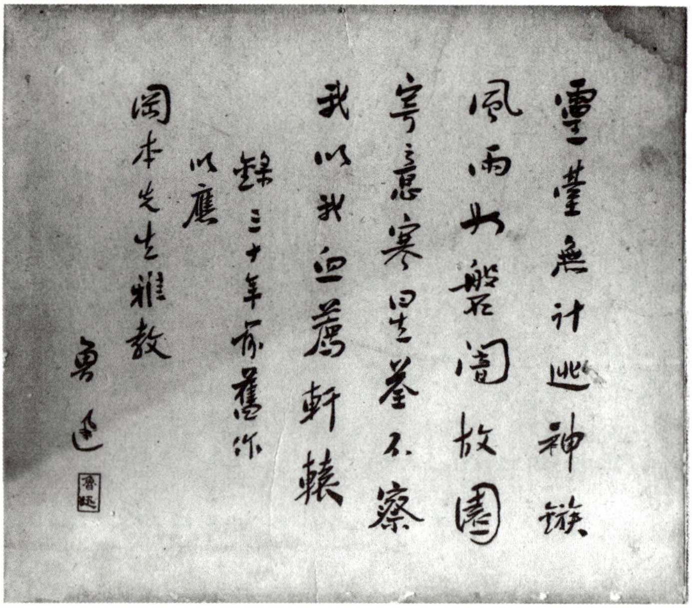

靈臺無計逃神鏃
風雨如磐闇故園
寄意寒星荃不察
我以我血薦軒轅
錄三十年前舊作
以應
岡本先生雅教
魯迅

《自题小像》诗。24cm × 27.2cm。1931 年 12 月 9 日书，赠上海筱崎医院日本医生冈本繁博士。冈本繁带回日本珍藏于家中石屋之内。继承人于 1987 年意外发现，1988 年捐赠北京鲁迅博物馆

中国留学生是拖着辫子到日本去的。鲁迅在《病后杂谈之余》中说过，“对我最初提醒了满汉的界限的不是书，是辫子。这辫子，是砍了我们古人的许多头，这才种定了的，到得我有知识的时候，大家早忘却了血史”，反以为留着辫子，“才可以算是一个正经人了”。在国内，没有辫子不行；在日本，拖着辫子便“特别”得很。留学生对待辫子有两法：一是折中法，盘在头顶上，以备需要的时候放下来；二是彻底革命法，剪掉。在明治维新后的日本，看着自己的同胞“头顶上盘着大辫子，顶得学生制帽的顶上高高耸起，形成一座富士山”，鲁迅心里就极不舒服；“也有解散辫子，盘得平的，除下帽来，油光可鉴，宛如小姑娘的发髻一般，还要将脖子扭几扭”，鲁迅看着更不舒服。他自己最初是盘起来的，深感“一不便于脱帽，二不便于体操，三盘在囟门上，令人气闷”，况且，顶着清朝种定的辫子去反清，总觉得滑稽得很。

鲁迅选择了彻底革命的办法，在江南班中第一个剪掉拖在脑后的辫子，并

鲁迅断发照。1903 年摄于日本东京

鲁迅半身照。1904 年摄于日本东京

拍断发照，寄赠亲友，纪念自己的重大革命行动，表示参加反清革命的决心。剪掉辫子的当天，鲁迅兴奋地跑到好友许寿裳的自修室，许寿裳一见，说：“啊，壁垒一新！”鲁迅摸一下自己的头顶，二人相视而笑。

剪掉辫子的鲁迅，遭到盘着辫子的同学的耻笑，受到清政府管理留学生的监督的斥责，监督并威吓鲁迅，扬言要停止他的官费，送他回国去。鲁迅虽然很紧张，但觉得“辫子究竟剪去了”，是个“胜利”。对毅然剪掉辫子这件事，鲁迅一直很得意：“假如有人要我颂革命功德，以‘舒愤懑’，那么，我首先要说的就是剪辫子。”

在赠给许寿裳的断发照背面，鲁迅写下这样一首诗：

灵台无计逃神矢，风雨如磐暗故园。寄意寒星荃不察，我以我血荐轩辕。

鲁迅相当看重自己这首剪辫纪念诗，这首表达自己将生命与热血献给祖国和人民的言志诗，在他以后三十多年的生涯中，至少手书此诗四次。“我以我血荐轩辕”，成为他毕生实践的格言，成为照亮自己也照耀着别人的精神火炬。

1903 年与施霖的合影

1903 年和留日同学合影。后排右为鲁迅，左为许寿裳

国民性问题

跑书店，找书、买书、读书，永远是鲁迅的一大乐趣。

弘文学院从收取的学杂费中，每月发还学生三元做零用。鲁迅除买些廉价的樱花牌一类的香烟外，大部分都买书了。常和鲁迅一起跑书店的许寿裳说，鲁迅："读书的趣味很浓厚，决不像多数人的专看教科书；购书的方面也很广，每从书店归来，钱袋空空，相对苦笑，说一声'又穷落了！'"他们经常跑的书店是东京神田一带的旧书铺，以及位于本乡的南江堂、日本桥的丸善书店等。鲁迅关注的仍是哲学、科学、文学类书籍。他继续收集严复的译作，并开始看翻译比较确切、完整的日译本。明治维新以来，日本译介西方科技文化书籍的范围、数量远大于中国，这使他能够据此与严复、林纾等的意译、节译、编译本做比较，从而深化阅读。

鲁迅在东京弘文学院就读时的照片

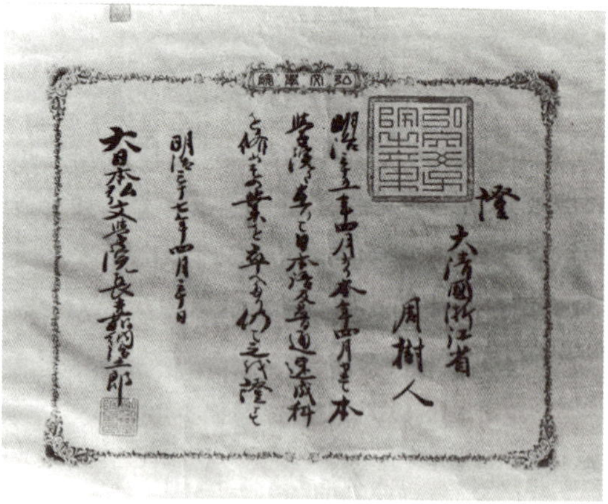

东京弘文学院毕业文凭

鲁迅虽然在南京已经阅读了一些新书刊，但正如周作人所说，更广泛地与新书报接触，乃是到了日本以后。鲁迅在弘文学院购读的新书刊，有案可查的就有：英国穆勒关于形式逻辑的名著《穆勒名学》（通译《逻辑体系》），法国孟德斯鸠的《法意》（通译《论法的精神》），英国耶林的《权利竞争论》（通译《为权利而斗争》），英国斯宾塞的《群学肄言》（通译《社会学研究》），另外还有《摩西传》《西方东侵史》《世界十女杰》，梁启超创办的《清议报》《新民丛报》《新小说》等，日文书籍中有拜伦的诗、尼采的传记、希腊神话、罗马神话等，还有一部鲁迅十分珍爱的日本版线装本《离骚》。

鲁迅到日本之后，中国各省的留日学生及在日本的革命志士宣传反清，鼓吹革命，纷纷创办各种革命刊物，如《浙江潮》《新湖南》《江苏》《湖北学生界》《汉声》《译书汇编》等。《浙江潮》是浙江同乡会的会刊，自创刊号起，鲁迅即订购保存，并鼎力为会刊撰写文章。对同胞创办的刊物，鲁迅也是格外留心的。

“赴会馆，跑书店，往集会，听讲演”的四面寻求，与勤读书多读书的多方汲取相结合，融会为年轻鲁迅的深沉思考。康有为七次上书变法维新，对鲁迅的影响很大；变法失败后，康有为逃亡日本，转而保皇，对鲁迅的震动同样很大。鲁迅分外留心革命派与保皇派的论争。章太炎发表《驳康有为论革命书》，大批康有为，文章传诵一时，鲁迅诵读后赞曰：“所向披靡，令人神旺。”

放眼世界大势，回首黯然故园，目睹国情人气，鲁迅心灵深处的回应不同凡响，中国国民性问题成为他一再思考和探讨的问题。朝夕相处的至交许寿裳回忆说：

有一天，谈到历史上中国人的生命太不值钱，尤其是做异族奴隶的时候，我们相对凄然。从此以后，我们就更加亲近，见面时每谈中国民族性的缺点。因为身在异国，刺激多端……我们又常常谈着三个相联的问题：（一）怎样才是理想的人性？（二）中国民族中最缺乏的是什么？（三）它的病根何在？对于（一），因为古今中外哲人所孜孜追求的，其说浩瀚，我们尽可择善而从，并不多说。对于（二）的探索，当时我们觉得我们民族最缺乏的东西是诚和爱，——换句话说：便是深中了诈伪无耻和猜疑相贼的毛病。口号只管很好听，标语和宣言只管很好看，书本上只管说得冠冕堂皇，天花乱坠，但按之实际，却完全不是这回事。至于（三）的症结，当然要在历史上去探究，因缘很多，而两次奴于异族，认为是最大最深的病根。做奴隶的人还有什么地方可以说诚说爱呢？……唯一的救济方法是革命。我们两人聚谈每每忘了时刻。

鲁迅就这样把他年轻的热情和睿智全部献给了祖国和人民。同时他也为他的祖国和人民把沉重的十字架背负在自己身上。胸怀忧国忧民的强烈忧患意识，又具有了开放的文化眼光，开阔的文化视野，思考问题的时候，鲁迅便立于较高的起点，思想的触角便伸向了深层，触及中国问题的根本。这种深层的严肃思考不仅仅在同代人中领先一步，更重要的是，对于他本人来说，这时候的思考已经具有了可以作为他毕生的思想命题的价值——思想家鲁迅的特质，在他刚二十岁出头的时候就凸现出来了。

科学之光

明治维新之后，也许因为科技之光过分炫目吧，置身于这样的氛围之中，科学救国成为鲁迅在日本时期形成的一个重要思想，也是他努力实践的一个重要思想。

放射性元素镭的发现，是19世纪末世界科学界的一件大事。当居里夫妇在简陋的工棚里，经过数年努力发现了这一新元素及其放射性的时候，当镭的发现改变和打破了物理学界的既定观念而引起强烈反响的时候，中国人根本不知镭为何物。就在居里夫妇获得诺贝尔物理学奖金的1903年，鲁迅以“自树”的笔名，在《浙江潮》第8期发表《说鈤》(鈤即镭)，简明扼要地叙述了居里夫人发现镭的经过，以及镭的发现的科学价值。鲁迅热情地欢呼这一科学新事物的出现，盛赞居里夫人的伟功，称由此带来的关于物质观念的变革为“吐故纳新，败果既落，新葩欲吐”。《说鈤》是中国最早介绍评价居里夫人及镭的发现的论文之一。

鲁迅倾注心力最大的是对中国地质的研究，这自然与他在南京矿务铁路学堂的学习分不开。在发表《说鈤》同期的《浙江潮》上，鲁迅以“索子”为笔名，发表了《中国地质略论》。

由于清政府出卖国家主权，致使帝国主义列强加紧了对中国矿山资源的掠夺。《浙江潮》从第6期开始，连载浙江人士揭露和谴责浙江官僚买办勾结帝国主义，攫取浙江矿路权罪行的文章，浙江同乡会为此召开了特别会议。具有地质矿务专业知识的鲁迅深感责无旁贷，在不到一个月的时间里，写成长达万余字的《中国地质略论》。文章论述了中国的地质分布，地质发育，地下矿藏，说明了“中国大陆里面之情状”，目的是“以备后日开采计”。鲁迅赞美“吾广漠美丽最可爱之中国”，“宝藏无量”。斥责清政府出卖主权，各省官吏盗卖矿权是“为外人伥”，是使我国从“矿藏之主”沦为“采掘之奴”。鲁迅的这篇论文，显示出中国人不是不懂得自己的地质，不是不清楚自家的宝藏。鲁迅非常自信、非常坚决地回击列强的掠夺行径：“中国者，中国人之中国。可容外族之研究，不容外族之探捡；可容外族之赞叹，不容外族之觊觎者也。”现在我国地质学界已经认定，《中国地质略论》是中国最早系统介绍本国矿产的科学论著，鲁迅无疑是中国近代最早的地质学学者。更具广泛意义的是，中国地质学第一文，就具有科学研究思想与爱国救国思想相结合的典范意义。

鲁迅继续研究中国矿产的结果，是和同学顾琅合著的《中国矿产志》，于1906年5月由上海普及书局出版发行，并附《中国矿产全图》。全书分述全国地质状况及矿产分布情状，再次以切实的科学著述表达了作者伟大的爱国思想。著名教育学家马良在序中称此书“罗列全国之所在，注之以图，陈之以说，使我国民深悉国产之所有，以为后日开采之计，致富之源，强国之本，不致家藏货宝为他人所攘夺，用心至深，积虑至切”，“深有裨于祖国”。本书出版后，不到半年即增订再版。清政府农工商部认为此书对中国地质源流言之甚详，绘图精审，通饬各省矿务、商务界购阅；学部批准此书为中学堂参考书。这的确是一桩令人惊喜又惊异的事，后来成为伟大文学家的鲁迅，最早产生全国性影响的却是他的一部科学论著。

其实，鲁迅文学方面的成绩这时也已不小。不过，这最初的成绩还是与科学联系在一起的。

在发表《说钼》《中国地质略论》的同一个月里，鲁迅翻译的法国著名科学幻想小说家儒勒·凡尔纳的《月界旅行》，由东京进化书社出版。两个月之后，鲁迅翻译的儒勒·凡尔纳的另一部科幻名著《地底旅行》第一、第二回发表（全书 1906 年由南京启新书局出版）。这两本书都从日译本转译。翻译科幻名著，在中国，鲁迅也是最早者之一。鲁迅在《月界旅行》的《弁言》中说明了翻译的目的："我国说部，若言情谈故刺时志怪者，架栋汗牛，而独于科学小说，乃如麟角。智识荒隘，此实一端。故苟欲弥今日译界之缺点，导中国人群以进行，必自科学小说始。"以小说形式传达科学知识，"破遗传之迷信，改良思想，补助文明"，鲁迅志向之高远，恐时人难以企及。

后来在致友人的信中，鲁迅曾提到在日本留学期间，尚有未发表的译著《世界史》《北极探险》《物理新诠》等。研究科学，用多种方式介绍宣传科学知识，除科学知识本身的实际价值外，鲁迅更深层的追求在于把研究宣传科学作为进行启蒙教育的重要手段，通过科学知识的传播推进文明的传播和社会的革新，即引进科学知识，树立科学的思想，养成科学的精神，挽救衰落的祖国。

《浙江潮》。1903 年东京浙江同乡会编辑出版的月刊。鲁迅在该刊发表了不少介绍外国文学和科学的文章。鲁迅藏。现存北京鲁迅博物馆

鲁迅根据日译本译法国儒勒·凡尔纳科幻小说《月界旅行》。1903 年 10 月东京进化书社出版

鲁迅翻译儒勒·凡尔纳的《地底旅行》，第一、第二回发表于《浙江潮》第 10 期。全书于 1906 年由启新书局出版

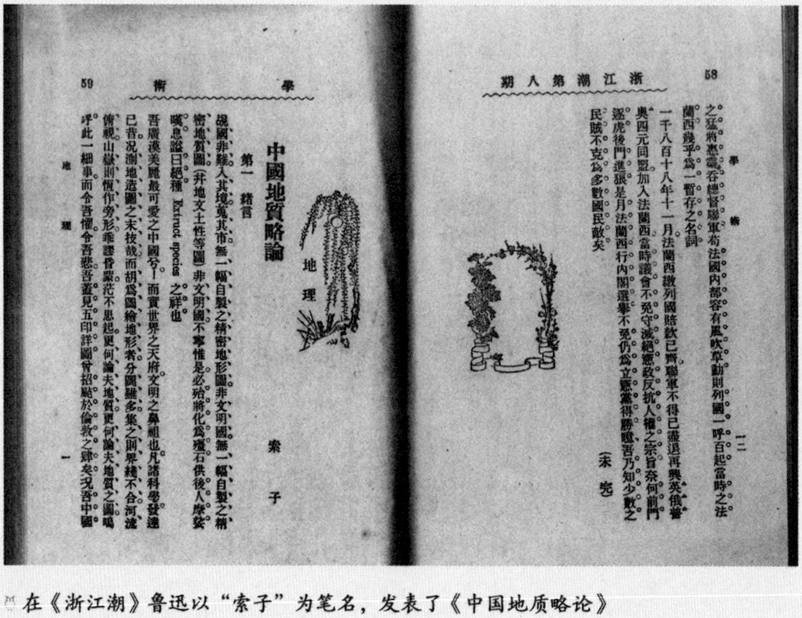

58 浙江潮第八期

學術 一二

之猛將惎震呑總督聯軍荷法國內部容有風吹草動則列國一呼百起當時之法蘭西幾乎爲一暫存之名詞

一千八百十八年十一月法蘭西撤列國賠欵已齊聯軍不得已撤退再興英俄普奧四元同盟加入法蘭西當時議會不免守滅絕憲政反抗人權之宗旨奈何前門逐虎後門進狼是月法蘭西行內閣選舉不免仍爲立憲黨得勝噫吾乃知少數之民賊不克爲多數國民敵矣

（未完）

59 學術

地理

中國地質略論 索子

第一 緒言

覘國非難入其境蒐其市無一幅自製之精密地形圖非文明國無一幅自製之精密地質圖（幷地文土性等圖）非文明國不寧惟是必殆將化爲殭石供後人摩挲嘆息謚曰絕種 Extruct species 之群也

吾廣漠美麗最可愛之中國兮！而實世界之天府文明之鼻祖也凡諸科學發達已昔況測地造圖之末技哉而胡爲圖繪地形者分圖雖多集之則界綫不合河流俯視山嶽則恆作旁形乖謬昏濛茫不思起更何論夫地質更何論夫地質之圖嗚呼此一細事而令吾懼令吾悲吾蓋見五印詳圖曾招貼於倫敦之肆矣況吾中國

地理 一

在《浙江潮》鲁迅以“索子”为笔名，发表了《中国地质略论》

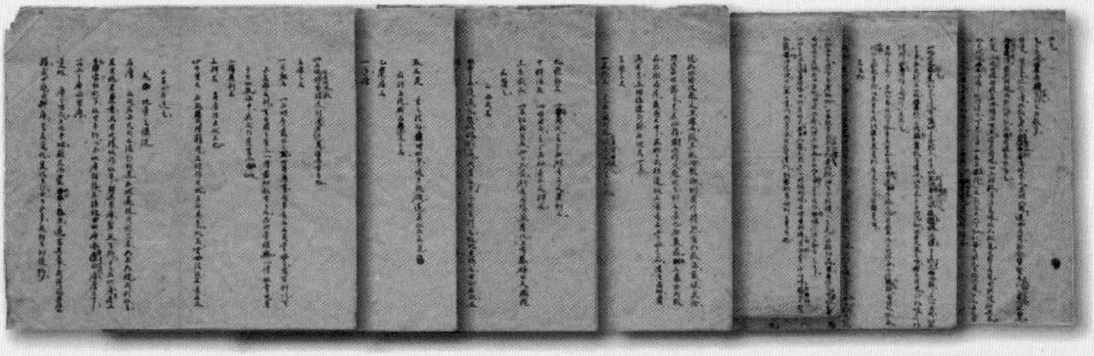

鲁迅有关地质学手稿。鲁迅藏。现存北京鲁迅博物馆

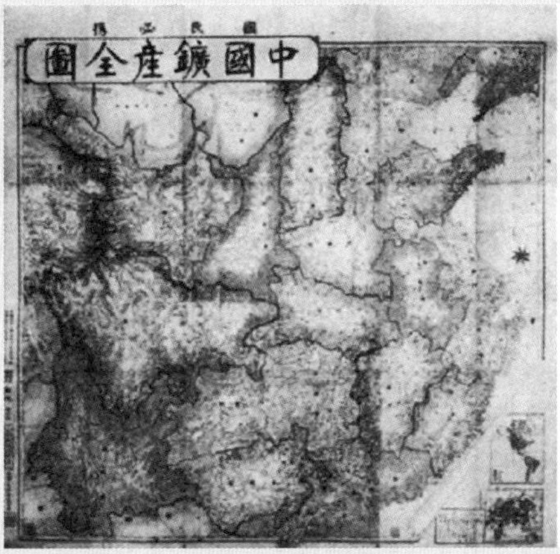

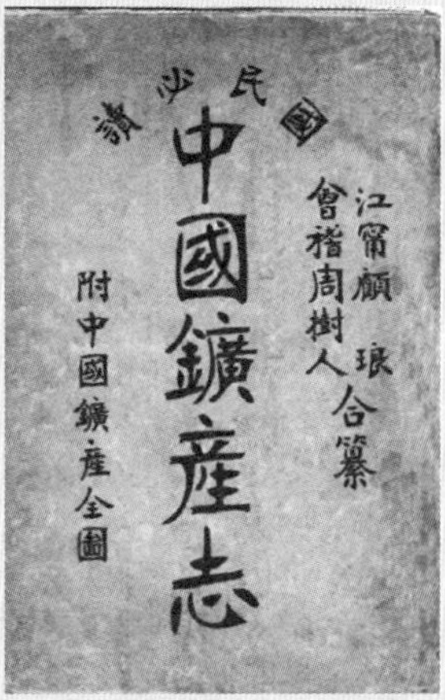

鲁迅与同学顾琅合著的《中国矿产志》，《中国矿产志》所附的《中国矿产全图》

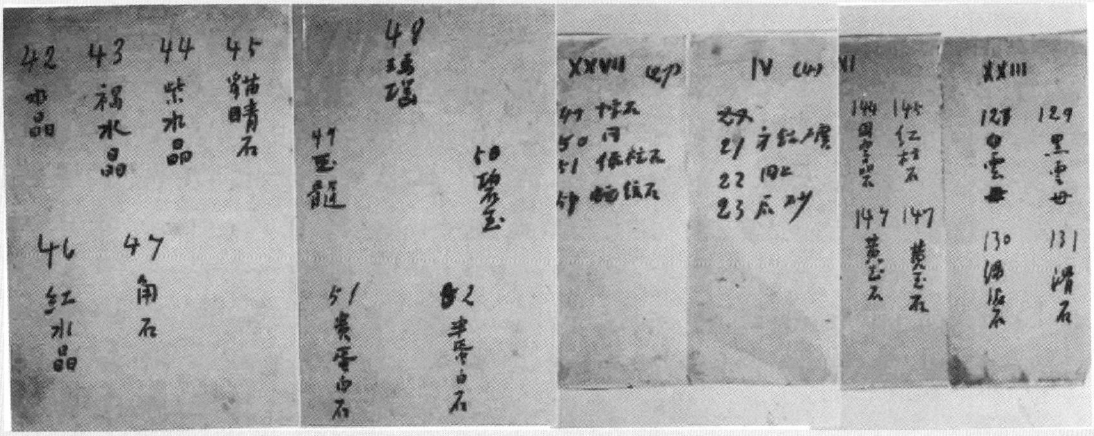

鲁迅翻译矿石名称（文物）

弃医从文

鲁迅的一篇《藤野先生》，使得日本东北偏僻小城中的藤野严九郎成为中日两国妇孺皆知的著名人物。

假如弘文学院毕业后，鲁迅不去仙台，我们也就读不到意味盎然的《藤野先生》了。按规定，弘文学院毕业后，鲁迅应该升入东京帝国大学工科所属的采矿冶金科学习，况且，他对中国矿产的研究已经相当深入，然而，他却不顾清政府的规定，毅然改学医学。继离开家乡，继水师学堂转矿务铁路学堂，继漂洋过海赴日，鲁迅再次显示出人生道路选择中强烈的自主意识。改学医学的自主之力，还是来自科学救国的思想。在鲁迅看来，虽然同是科学，比起采矿冶金来，“我确知道了新的医学对于日本的维新有很大的助力”，而且新医学不仅可以促进国人对于维新的信仰，还可以救治像他父亲一般被耽误的病人的疾苦，还可以解决自己牙齿不好用中医验方从未治愈的“切肤之痛”。

仙台医学专科学校对第一个愿意到校学习的中国留学生表现出极大的热情，给予免试、免交学费、免交入学金的优惠。在仙台这样的小城中，鲁迅的到来要算是一件新闻了。鲁迅祖父病逝于绍兴的第三天，1904 年 7 月 15 日，清国人周树人即将入医专的消息出现在仙台《河北新报》上。9 月 10 日，该报报道鲁迅已经到达仙台，正在寻找住宿地，报道中说：“周树人操着流畅的日语，是一位愉快的人物。”

仙台医学专科学校的学制为四年，第一年和第二年学习基本医学，第三年和第四年学习应用医学。一年级主课是解剖学理论。外语是矿务铁路学堂学过的德语。没有教科书，专靠听讲记笔记。鲁迅在南京练就的记笔记的功夫

日本仙台医学专科学校

日本仙台医学专科学校大门

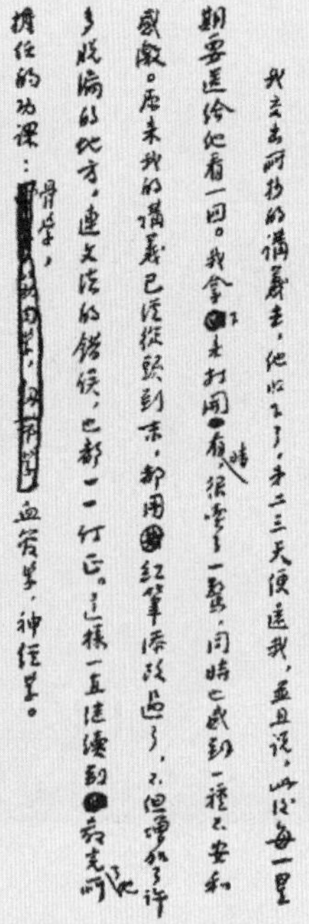
「我的讲义，你能抄下来么？」他问。
「可以抄一点。」
「拿来我看！」
我交出所抄的讲义去，他收下了，第二三天便还我，并且说，此后每一星期要送给他看一回。我拿下来打开看时，很吃了一惊，同时也感到一种不安和感激。原来我的讲义已经从头到末，都用红笔添改过了，不但增加了许多脱漏的地方，连文法的错误，也都一一订正。这样一直继续到教完了他所担任的功课：骨学，血管学，神经学。

鲁迅在仙台医专学习时的课堂笔记。共六册，内有藤野先生修改的笔迹。21.2cm×16.3cm。鲁迅藏。现存北京鲁迅博物馆

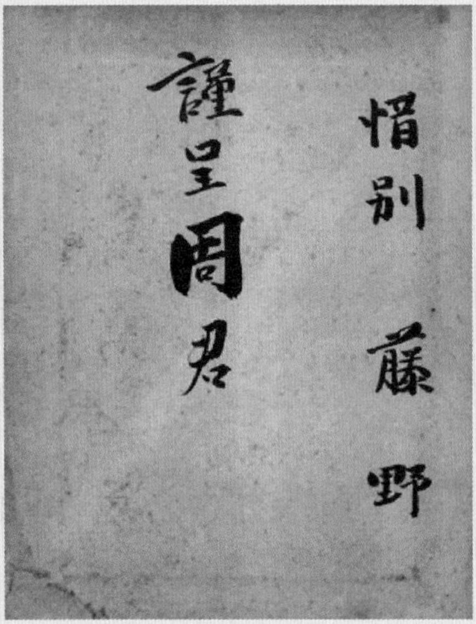

鲁迅 1906 年离开仙台前，藤野以照片相赠，并在背面题写“惜别”。13.2cm×9.7cm。鲁迅藏。现存北京鲁迅博物馆

仙台医学专科学校教授藤野严九郎（1874—1945）

鲁迅在仙台时期居住的房子

仙台医专同学送别鲁迅照。中排右三为鲁迅

又派上了用场。即便如此，负担还是很重的，他在致朋友的信中说："校中功课大忙，日不得息"，"日必暗记，脑力顿疲"，"四年而后，恐如木偶人矣"。

在紧张枯燥的学习生活中，鲁迅有幸遇到了一位教学态度严肃认真、生活作风简朴的自称"我就是叫作藤野严九郎的"老师。这老师坐在人骨和许多单独的头骨中间要去了鲁迅所记的笔记，待拿回来笔记看时，鲁迅写道："很吃了一惊，同时也感到一种不安和感激。原来我的讲义已经从头到末，都用红笔添改过了，不但增加了许多脱漏的地方，连文法的错误，也都一一订正。这样一直继续到教完了他所担任的功课：骨学、血管学、神经学。"鲁迅说："在我所认为我师的之中，他是最使我感激，给我鼓励的一个。"当鲁迅决定离开仙台时，向先生告别，对鲁迅满怀希望的先生有些伤感，在自己的照片后面题写"惜别"二字送给鲁迅。鲁迅把先生修正过的讲义装订成六册，收藏起来；后来又把写有"惜别"二字的照片挂在书桌上方的墙上；再后来写成《藤野先生》一文，终成永恒的纪念。

有这样既严谨教学，又不歧视中国留学生的好老师，鲁迅学习倍加刻苦。班长铃木逸太郎回忆说："鲁迅学习一贯严肃认真"，"平日功课很忙，在考试前更是不眠不休地复习功课，有时头上扎上布带子来提精神"。刻苦的学习，使他顺利地升入二年级（全班有三十人因不及格而不能升级）。二年级开始学习解剖学，鲁迅在藤野先生指导下解剖了二十几具尸体，明白了"胎儿在母体中的如何巧妙，矿工的炭肺如何墨黑，两亲花柳病的贻害于小儿如何残酷"。细致入微的医学学习，培育了鲁迅科学的治学方法和严谨的治学态度，尤其是对人体剖析中对生存的理性思考，更直接、更真切地强化了鲁迅的生命意识，珍惜生命、尊重生命、热爱生命的意志从此蕴藏在了他心灵的深处。

1906 年 1 月间，当六十年未遇的大雪覆盖了仙台的时候，鲁迅冷静地做出决定，决心告别这片白色的世界。

那时候，任课老师正在幻灯片的配合下讲授细菌学。日本政府正在宣传

（左页）“胡须照”（1905年秋摄于日本仙台）。八年后，珍藏这张照片的房东宫川睹物思人，情不自禁，根据自己的想象，给鲁迅、大家武夫、三宅三人添画了胡须。并在照片背面写下了六名学生的情况：“明治三十八年 × 月影，拾年后想像发，大正二年现在，大家君在美国，周君不明，三宅君在大学小儿科，矶部君在米津县，吉田君在朝鲜，施君不明。”

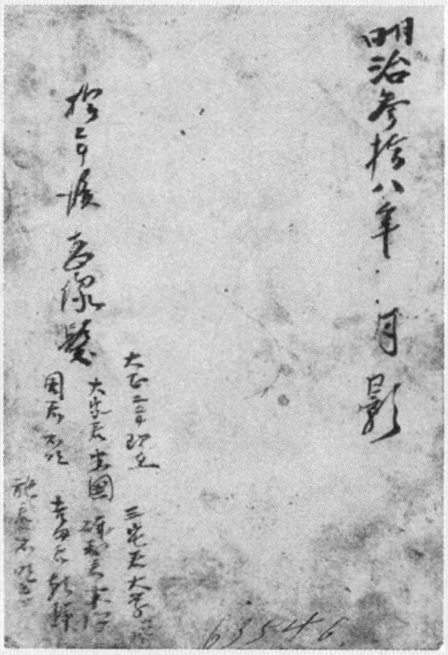

仙台医专同学山村宅郎、铃木逸太郎、青木今朝雄、山崎喜三为鲁迅举行话别会并合影留念。左起第一人为鲁迅，1906 年 3 月摄于仙台

进行着的日俄战争。鲁迅回忆说："细菌的形状是全用电影来显示的，一段落已完而还没有到下课的时候，便映几片时事的片子，自然都是日本战胜俄国的情形。但偏有中国人夹在里边：给俄国人做侦探，被日本军捕获，要枪毙了，围着看的也是一群中国人；在讲堂里的还有一个我。""'万岁！'他们都拍掌欢呼起来。"幻灯片画面上麻木的中国人被杀和看被杀。教室里被拍掌欢呼的日本人围着的一个清醒的中国人的心在流血。夹在麻木的中国人和狂热的日本人中间的鲁迅被挤压得喘不过气来。在弘文学院时和许寿裳经常讨论的三个问题一次又一次地浮现心头。孙中山在东京成立"中国同盟会"，在《民报》发刊词提出"三民主义"纲领的声音召唤着鲁迅。医治中国人的身体与医治中国人的精神孰轻孰重？通过医学促进国家和国人的维新何其遥远？

> 医学并非一件紧要事，凡是愚弱的国民，即使体格如何健全，如何茁壮，也只能做毫无意义的示众的材料和看客，病死多少是不必以为不幸的。所以我们的第一要著，是在改变他们的精神，而善于改变精神的是，我那时以为当然要推文艺。
>
> ——《〈呐喊〉自序》

鲁迅决定弃医从文。

藤野先生，白雪松林，手术刀和显微镜——只好"惜别"了。也必须"惜别"了。

母亲送的“礼物”

1906年3月，鲁迅离开仙台回到东京。对鲁迅的弃医从文感到很惊讶的许寿裳见面就问：“为什么要中断学医？”

鲁迅踌躇了一下，终于说：“我决计要学文艺了，中国的呆子，坏呆子，岂是医学所能治疗的么？”

又一次自主的选择——一次更为理智、更为痛苦、更为沉重、更为严肃的选择。鲁迅从这里迈出了之所以成为“鲁迅”的关键一步。从此，鲁迅走上了以文艺为职业，以文艺启蒙人、唤醒人、改造人的身份，去改造社会的道路。

鲁迅的这一选择，也许使中国和世界失去了一位杰出的医学科学家，却因此得到了一位伟大的文学家、思想家、革命家。

重返东京的鲁迅把自己的学籍列入东京独逸语学会所设的德语学校。鲁迅在南京学德语，在东京弘文学院学日语、英语，在仙台学德语，返东京后继续学德语，一年后还学了几个月的俄语。学籍虽列在德语学校，但并不在那里按部就班地上课，平时主要是自修。自主的学习方式更适合他从事文艺活动。努力学习多种外语，正是为了大量、直接地阅读世界各国的文学作品，以便有选择地进行翻译介绍。鲁迅的刻苦向来是令所有了解他的人佩服的。据周作人回忆，鲁迅每天晚上“要到什么时候睡觉，别人不大晓得，因为大抵都先睡了，到第二天早晨，房东来拿洋灯，整理炭盆，只见炭盆里插满了烟蒂头，像是一个大马蜂窝，就这上面估计起来，也约略可以想见那夜是相当的深了”。

在仙台时，1905年寒假期间到东京，鲁迅就正式参加了浙江革命志士组织的“光复会”。回东京后，他与“光复会”首领陶成章及会友们的来往更加密切了，所谈大抵是陶成章正在策划的起义之事。鲁迅还代为收藏会党的秘密文件。因《苏报》案被清政府抓进监狱的章太炎出狱了，同盟会派员赴上海接章太炎到东京，留学生举行盛大欢迎会。章太炎入同盟会，主编《民报》。鲁迅更爱看这份同盟会的会报了。出于对这位有学问的革命家的敬佩，鲁迅和许寿裳托人请章太炎给他们另开专班，讲解文字学。许寿裳回忆说：“每星期日清晨，我们前往（民报社）受业。在一间陋室之内，师生环绕一张矮矮的小桌，席地而坐。先生讲段氏《说文解字注》，郝氏《尔雅义疏》等，神解聪察，精力过人，逐字讲释，滔滔不绝，或则阐明语原，或则推见本字，或则旁证以各处方言。自八时至正午，历四小时毫无休息，真所谓‘诲人不倦’。”正在寻求和研究世界各国学问的鲁迅，亲受这位国学大师长达半年的教诲，更加巩固了他雄厚的国学根底。

放弃医学，从事文学活动之后，鲁迅在个人生活道路上遇到的第一件大事，

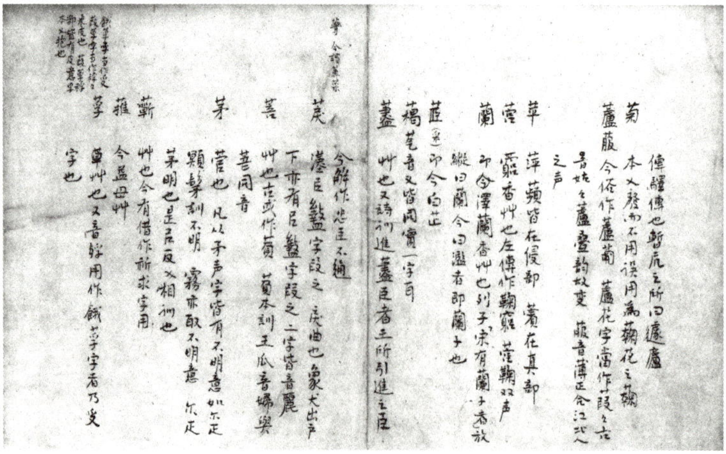

1908年夏，鲁迅与许寿裳、周作人、钱玄同等人赴民报社听章太炎讲解文字学。这是鲁迅的听讲笔记

是几乎使他终生痛苦的无爱婚姻。

1906年夏天，鲁迅连续接到母病速归的家信。心急如焚的鲁迅千里迢迢赶回家中时，母亲却安然无恙，而一场已筹备妥当的婚事正等着他扮演新郎的角色。

迎娶绍兴城里门当户对的朱家的朱安女士，鲁迅从未同意。其实根本用不着鲁迅同意，这一切都由母亲包办了。这大约是鲁迅一生中唯一一次没有自主的大事了。一想到拒绝这门亲事，祖父下狱、父亲久病、变卖田产、父亲病逝、小弟夭亡、他与二弟背井离乡，十多年来，母亲默默承受的忧伤、悲苦、辛酸、艰难就一起涌上鲁迅的心头，他绝对不能用自己的拒绝伤母亲的心。即使分明是用正确的方式伤害错误的母亲，他也不能去做。他只能用错误的方式伤害自己。

于是，在家人亲友担忧的目光中，一位彻头彻尾的“新人”（留学的鲁迅回绍兴探亲，短发皮靴，精神饱满，连三弟建人都以为来的是一个“外国人”）与一位彻头彻尾的旧人（朱安小脚，一字不识，并不漂亮），以完完全全的旧的方式拜了天地，完成了“母亲娶媳妇”的任务。

朱安（1878—1947）。1906年夏，鲁迅奉母命回乡和朱安完婚

当晚，在当年鲁迅出生的那间屋子楼上的洞房里，伴着流泪的红蜡烛，鲁迅默默流了半宿的眼泪。第四天，即带着已被批准赴日留学的二弟作人，匆匆赴日本。见了许寿裳，鲁迅黯然地说：“这是母亲送给我的一件礼物，我只能好好供养它，爱情是我所不知道的。”希望在哪里？出路在哪里？也许只有痛苦的夜莺才能唱出动听的歌。

希望在新生。留学生中几乎没有人治文学美术。在异常冷漠的空气中，鲁迅终于寻到几个同志了。他与许寿裳、周作人、袁文薮、苏曼殊等积极筹划办一本杂志，鲁迅为杂志取名《新生》。封面插图选定了，稿纸印好了，文章也准备好了。鲁迅特意选了名为“希望”的插图：一位包了眼睛的诗人，让地球倾听自己的竖琴的声音。

鲁迅为筹办中的《新生》选定的插图。图名为《希望》。英国画家华慈作

《新生》的出版之期接近了，但最先就隐去了若干担当文字的人，接着又逃走了资本，结果只剩下不名一钱的三个人。创始时候既已背时，失败时候当然无可告语，而其后却连这三个人也都为各自的运命所驱策，不能在一处纵谈将来的好梦了，这就是我们的并未产生的《新生》的结局。

——《〈呐喊〉自序》

插图猫头鹰

一个人的主张，得到赞和，是促其前进的，得到反对，是促其奋斗的，而叫喊于生人中，既无赞和，也无反对，一点反应也没有，真如置身毫无边际的荒原。还没有从婚姻的苦痛中完全解脱出来的鲁迅，感到莫大的悲哀，莫大的寂寥。

首在立人

《新生》胎死腹中，无疑在刚刚踏上文艺之路的鲁迅面前，竖起一块“此路不通”的牌子。

鲁迅略略犹豫，在悲凉与寂寞中独自前行。

鲁迅一边集中全力搜寻阅读书刊资料，为自己的“新生”汲取多方面的营养，一边继续寻找开拓文艺天地的新路。

东京留学生中浓烈的反清排满的革命气氛，文艺路途上遭受的第一次重大挫折，使鲁迅更加关注被压迫民族的作家。那些叫喊与反抗的作品，在鲁迅心灵深处更容易激起强烈的共鸣。他格外注意东欧及俄国的文学，可是，这些作品在东京得来不易。早已熟悉的神田的中西屋，日本桥的丸善书店，本乡的南江堂及路边的旧书摊，几乎成了鲁迅天天光顾的地方。在东京找不到的，就开列书单转托丸善书店往欧洲函购。好在这类书大多为小册子，价格不算贵。但有时为了阅读翻译之需，有些很贵的书也得咬牙买来，如从旧书店花十多元的大价钱买回德文本《世界文学史》。这些钱，对于鲁迅这样家境贫寒的官费留学生来说，必须节衣缩食才能挤出来。不问收获，只管耕耘。鲁迅勤苦地，一天天丰富着、积蓄着自己的力量。

机会很快就来了。《新生》流产不到半年，留学生界的重要刊物，河南留学生编辑的《河南》月刊于 1907 年底在东京创刊。鲁迅的文章刊登在创刊号上。《河南》出第 9 期后被禁，9 期中 6 期共有鲁迅 5 篇长篇文言论文，半篇译作。

未能实现的《新生》的梦在《河南》得到了部分实现。

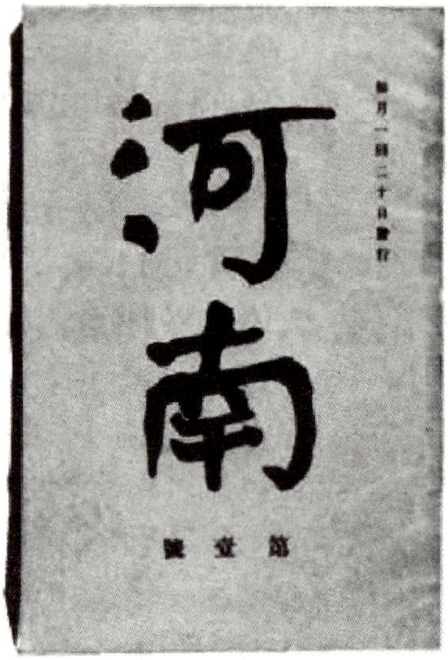

《河南》，月刊，1907 年 12 月创于日本东京，河南籍留日学生编辑出版，为留学界重要刊物之一。1909 年 12 月第 9 期发刊后被禁。鲁迅早期的重要论文，集中发表在该刊上

五篇文言论文为：诠释研究德国生物学家海克尔的《人类发生学》，系统地介绍达尔文生物进化学说及其发展历史的《人之历史》；激情澎湃地评介、颂扬西欧 19 世纪以来“立意在反抗、指归在动作”，“不克厥敌，战则不止”的八个积极浪漫主义诗人诗作的《摩罗诗力说》；系统地介绍欧洲自然科学从希腊、罗马到 19 世纪的发展历史，阐述发展科学对推动社会前进重要性的《科学史教篇》；分析西方文化发展历史特点及其存在的偏颇，弘扬“尊个性而张精神”，提出“首在立人”纲领性主张的《文化偏至论》；破除“恶声”、唤起国人心灵光辉、发扬独立精神、发出独立思考声音、打破中国“缄口无言”的“寂寞”的《破恶声论》。

五篇文言论文，几乎涉及人类文化历史的各个方面：哲学、科学、历史、政治、文学艺术。这些文章具体评介了二十个国家的一百二十多位科学家、哲学家、政治家、文学艺术家。重点评论的有海克尔、达尔文、培根、笛卡尔、施蒂纳、叔本华、克

在蒋抑卮（浙江杭州人，银行家，资助鲁迅出版《域外小说集》）病室中。前排后右一为鲁迅，左一为许寿裳，中间卧者为蒋抑卮。1909 年摄于日本东京。9.1cm × 14.2cm。鲁迅藏。现存北京鲁迅博物馆

尔凯郭尔、尼采、拜伦、雪莱、普希金、莱蒙托夫、密茨凯维奇、斯洛伐茨基、克拉辛斯基、裴多菲、易卜生等。在一年左右的时间里，撰写出范围如此之大，文化含量如此之丰富，洋洋洒洒近十万言的文言论著，真令人惊叹不已。

在写法上，鲁迅自己说，因受了《民报》主笔章太炎的影响而喜欢作怪句和写古字，这固然给读者增加了阅读的难处，却也别具韵味。而其挥洒淋漓、汪洋恣肆的旁征博引与奇思妙想，无一处不展露着二十七八岁的鲁迅的勤奋、学识、活力、独到与天才。其文化视野之广，知识之丰富，情感之热烈，思维之敏锐，见解之深刻，足使任何一位读者敬佩、折服。

鲁迅弃医从文后的第一批学术成果就如此惊世骇俗。其价值，就中国而

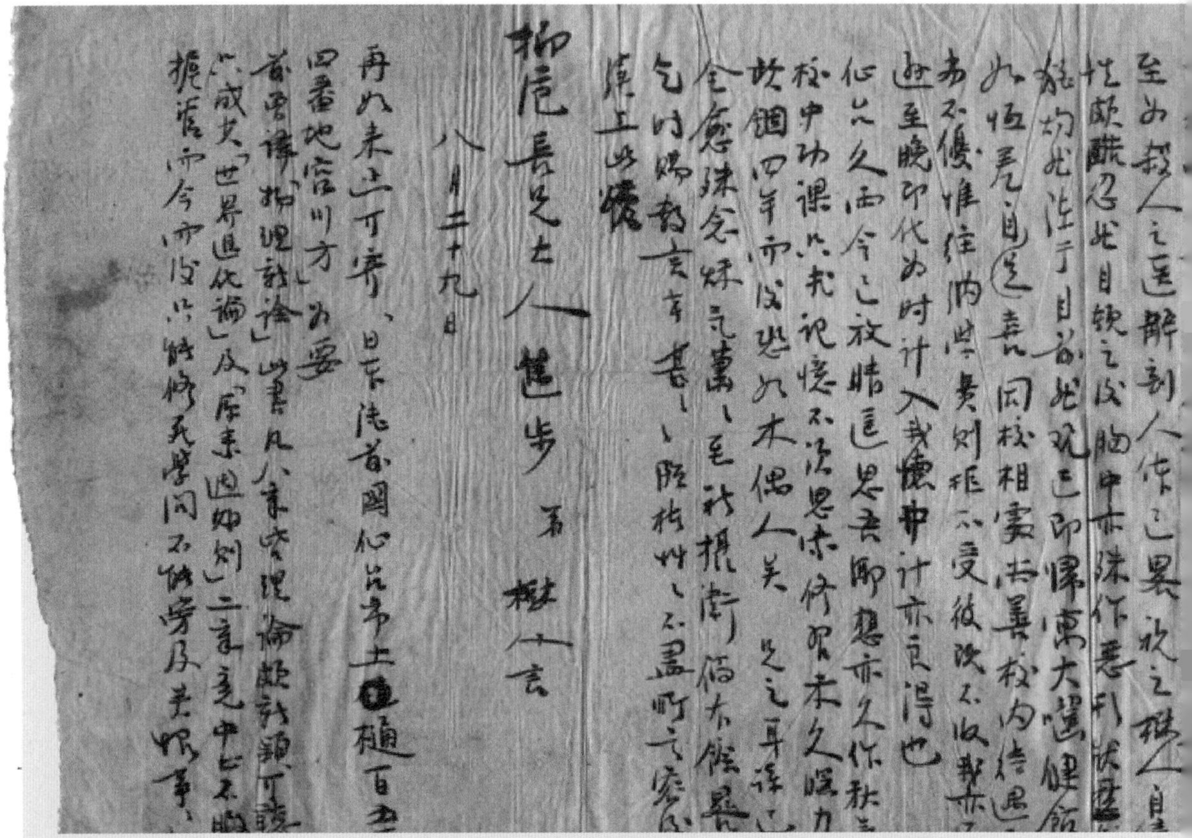

鲁迅致蒋抑卮先生的信

鲁迅与许寿裳、蒋抑卮合影。1909 年摄于日本东京

言，是辛亥革命前夕中国思想文化领域内的重要贡献。无论是从最早较为系统地阐述西方自然科学发展史、介绍欧洲近代民主主义文艺思潮和社会科学思潮方面来说，还是从疾呼个性解放、精神独立的意义方面来说，其文化、思想、精神的启蒙教育意义，均是无与伦比的。就个人而言，从中我们可以想见鲁迅是怎样的刻苦努力，怎样的苦心孤诣，怎样的广览博取，怎样的去粗取精，在怎样

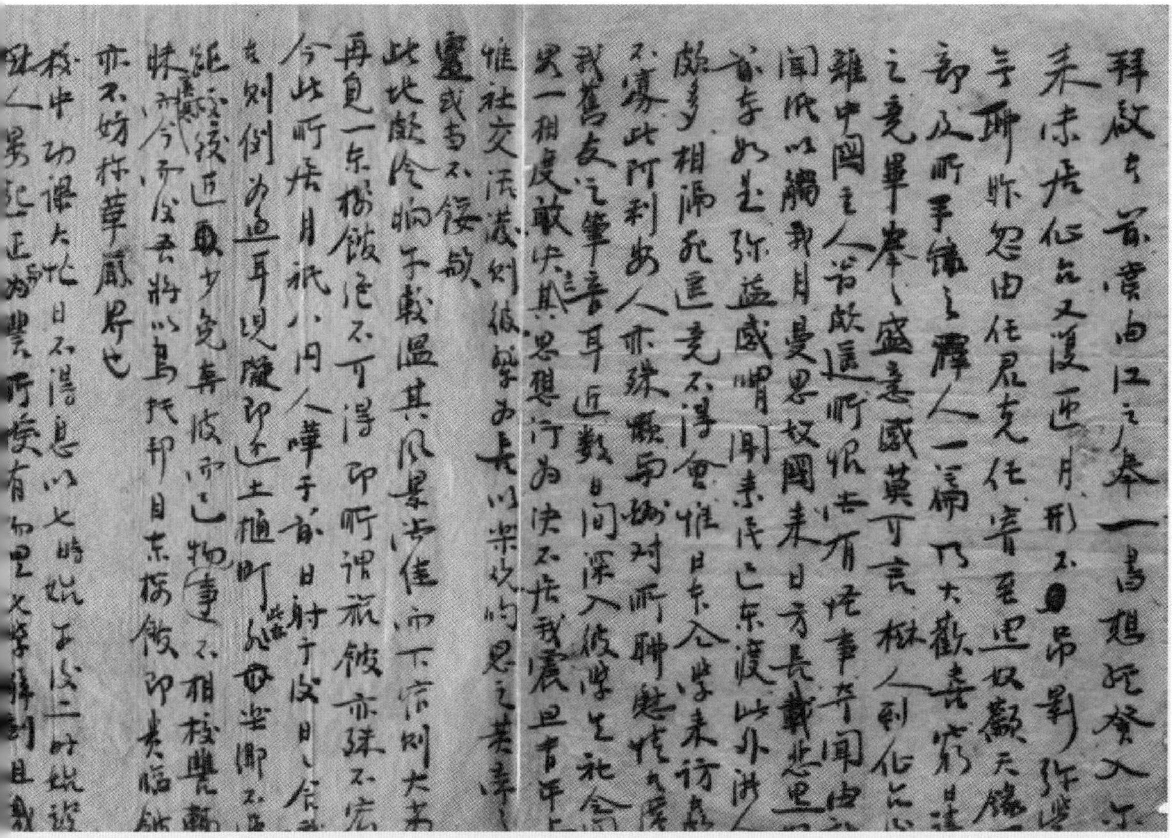
拜启者：前尝由江之□奉一书想经察入
尔来索居仙台又复匝月形不吊影弥觉
无聊昨忽由任君克任寄至黑奴吁天录一
部及所手录之释人一篇乃大欢喜穷日读
之竟毕拳拳盛意感莫可言树人到仙台后
离中国主人翁颇遥所恨尚有怪事奇闻由新
闻纸以触我目曼思故国来日方长载悲黑
奴前车如是弥益感喟闻素民已东渡此外浙人
颇多相见一堂竟不得会惟日本同学来访者颇
不寡此阿利安人亦殊懒与酬对所聊慰情者
厪我旧友之笔音耳近数日间深入彼学生社会
间略一相度敢决言其思想行为决不居我震旦青年上
惟社交活泼则彼辈为长以乐观的思之黄帝之
灵或当不馁欤
此地颇冷晌午较温其风景尚佳而下宿则大劣
再觅一东樱馆绝不可得即所谓旅馆亦殊不宏
今此所居月只八円人哗于前日射于后日日食我
者则例为鱼耳现拟即迁土樋町此处颇近监狱

鲁迅与许寿裳、蒋抑卮夫妇合影。前排左一为鲁迅，右一为许寿裳，中坐者为蒋抑卮。1909年摄于日本东京。20.4cm×24.8cm。鲁迅藏。现存北京鲁迅博物馆

的广度和深度上打下西学的基础，并怎样进行理智的文化选择的。这和他从小积累的国学基础及后来在人类文化背景下的理性反思相融合，在此双重基础上，由鲁迅建立一座中国现代文化大厦并傲然耸立于世就不是奇怪的事情了。在距“三十而立”还有两年的时候，鲁迅一生中最重要的思想，他的全部的哲学、科学、文学的基本观点及其思维方式已经基本确立并大体成熟，剩下的只不过是不断修正和发展罢了。

鲁迅的弃医从文，并不等于他抛弃了科学救国的思想，只不过从振兴祖国、强民富国的目的出发，在科学与人学的比较中，根据中国的国情，他提出“首在立人”的纲领性思想。

无论是研究人的生存与发展的历史，还是阐明发展科学对推动社会前进所起的重大作用，鲁迅都强调“人”的作用。鲁迅认为，没有“常恬淡，常逊让，有理想，有圣觉”的一批又一批的科学家，没有他们专心致志地把毕生的精力献给科学事业，没有他们的勇于创新和刻苦钻研，就

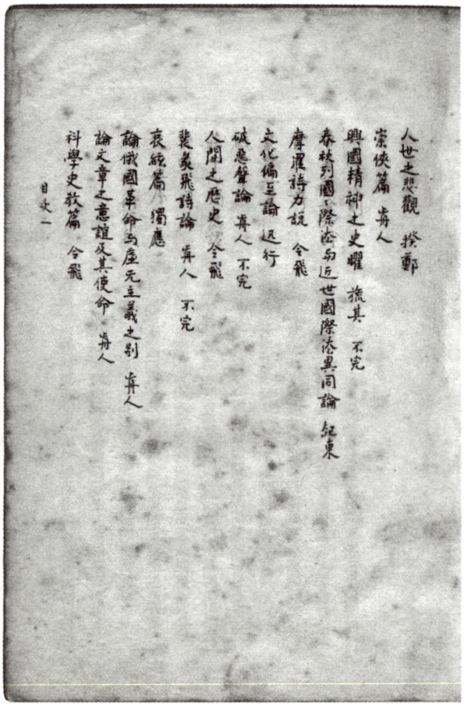
人世之悲觀 揆鄭
尚俠篇 卉人
興國精神之史曜 旒其 不完
春秋列國ゝ際法与近世國際法異同論 紀東
摩羅詩力說 令飛
文化偏至論 迅行
破惡聲論 卉人 不完
人間之歷史 令飛
裴彖飛詩論 卉人 不完
哀弦篇 獨應
論俄國革命与虛無主義之別 卉人
論文章之意義及其使命 卉人
科學史教篇 令飛
目次一

留日时期的中、日文剪报合订本。21.3cm×14.7cm。鲁迅装订并写目录等。鲁迅藏。现存北京鲁迅博物馆

没有科学的发展，社会的进步。鲁迅在《摩罗诗力说》《文化偏至论》《破恶声论》中，更直接地为苦难的祖国和人民呼唤“人”的出现。

鲁迅希望塑造的“人”，是“尊个性而张精神”的，是勇于“反抗挑战”的，是“举全力以抗社会，宣众生平等之言，不惧权威，不跽金帛，洒其热血”的，是“无不刚健不挠，抱诚守真；不取媚于群，以随顺旧俗”的；是“发为雄声，以起其国人之新生，而大其国于天下”的“精神界之战士”。然而，鲁迅怅然孤啸：“今索诸中国，为精神界之战士者安在？”

要造就一大批这样的新人，在古老的以专制为传统的中国，必须发起一场个性解放运动。要洞达世界大势，吸收西方文化，根据中国实情“去其偏颇，得其神明，施之国中”。“外之既不后于世界之思潮，内之仍弗失固有之血脉。”要“尊个性而张精神”，“人各有己，而群之大觉近矣”，“人既发扬踔厉矣，则邦国亦以兴起”，“国人之自觉至，个性张，沙聚之邦，由是转为人国。人国既建，乃始雄厉无前，屹然独见于天下”。

20世纪初鲁迅确立的“首在立人”的思想，是他光辉的一生中最重要的思想，他为此奋斗了终生。鲁迅也因此成为20世纪中国最出色的“精神界之战士”。

域外小说始入华土

鲁迅弃医从文之后在文学方面取得的第一个重要成果，是从日文和德文翻译并出版外国文学作品。

自 19 世纪末以来，以严复为代表的对外国社会科学论著的翻译，以林纾为代表的对外国文学作品的翻译，如欧风美雨给知识界带来的新鲜空气，使鲁迅这一代莘莘学子心旷神怡。

也许因为深感这些风貌各异、炫人眼目、动人心魄的“舶来品”的确使自己受益匪浅；也许因此意识到国家振兴、民族新生的出路在于广泛的文化交流和必要的“拿来主义”，鲁迅很早就把文化引进和交流的重担挑在自己的肩头。

在 1903 年翻译出版凡尔纳的《月界旅行》之前，鲁迅就有《斯巴达之魂》和《哀尘》在《浙江潮》第 5 期上发表。前者为古希腊城斯巴达勇士抗击侵略军爱国故事的译述，是鲁迅正式翻译外国文学的第一篇作品。后者为法国作家雨果的短篇小说，为翻译雨果的作品，鲁迅购买了八大册《雨果作品选集》。

把翻译外国文学作品当作一件重大的事情郑重计划并着手进行，是从筹备《新生》开始的。登载外国文学译作，本是计划中的重要组成部分。这项任务主要由鲁迅和周作人共同完成。鲁迅从日文和德文翻译，周作人从英文翻译。

在广泛的收集、选择与阅读中，鲁迅把向中国同胞介绍外国的作品集中在东欧。鲁迅后来回忆说，那时候他特别注意的“是被压迫的民族中的作者的作品。因为那时正盛行着排满论，有些青年，都引那叫喊和反抗的作者为同调的”。“因为所求的作品是叫喊和反抗，势必至于倾向了东欧”。“记得当时最爱看的作者，是俄国的果戈理（N.Gogol）和波兰的显克微支（H.Sienkiewicz）。日本的，是夏目漱石和森鸥外”，“花布裹头，去助希腊独立”的英国诗人拜伦以及波兰的复仇诗人密茨凯维奇，匈牙利的爱国诗人裴多菲，菲律宾诗人、民族独立运动领袖、被西班牙政府所杀的黎萨尔等。而对当时风靡于日本文坛的自然主义文学，以及正负盛名的德国作家霍普德曼、苏德曼，挪威的易卜生等人不大去注意。显然，鲁迅的翻译和介绍是为了“传播被虐待者的苦痛的呼声和激发国人对于强权者的憎恶和愤怒”。与鲁迅兄弟共同筹办《新生》的许寿裳也说：“他们所译偏于东欧和北欧的文学，尤其是弱小民族的作品，因为他们富于挣扎、反抗、怒吼的精神。”独特的选择，是鲁迅追求的用文艺改造人、改造社会的目的和鲁迅的精神气质所决定的。

从更广大地开辟中国翻译的道路和方向，探求不同文字之间的翻译规则及不同国家民族之间文化交流的意义上着眼，鲁迅亦有着自己明确的追求：“我与周作人还在日本东京。当时中国流行林琴南用古文翻译的外国小说，文章确实很好，但误译很多。我们对此感到不满，想加以纠正，才干起来的。”（1932年1月16日致增田涉信）许寿裳曾将鲁迅所翻译的作品与德文原本对照读过，“觉得字字忠实，丝毫不苟，无任意增删之弊，实为译界开辟一个新时代的纪念碑”。而任意增删原作，正是当时社会上风行的严复、林纾的翻译作品的特点，而这正是鲁迅所极力反对的。

从内容的选择和翻译的风格两个方面着眼，许寿裳称：“鲁迅实在是介绍和翻译欧洲新文艺的第一个人。”

《域外小说集》。鲁迅与周作人合作翻译，1909 年在东京出版发行。鲁迅设计封面，陈师曾题写书名

鲁迅的翻译成果是与周作人合译的《域外小说集》的出版。第一册出版于 1909 年 3 月，第二册出版于 7 月。两册一共十六篇小说，鲁迅翻译三篇，其余为周作人翻译。这是鲁迅策划的第一套书。《序言》《略例》及预告等均出自鲁迅之手。书样、版式、封面均由鲁迅亲自设计。封面为青灰色，上首印长方形希腊艺术图案，书名右起横排，鲁迅请留日同乡同学，后成为著名篆刻家、画家的陈师曾以篆文书写，极为典雅古朴。《略例》中说，“三面任其本然，不施切削”，开了鲁迅“毛边党”的先河；“纸之四周，皆极广博，故订定时亦不病隘陋”，天地宽广，多留空白，成了鲁迅做书的喜好。扉页右上角印两行文字：《域外小说集》第 ×× 册，会稽周氏兄弟纂译。发行人：周作人。印刷者：长谷川辰二郎。印刷所：神田印刷所。东京群益书店及上海广兴隆绸缎店发售。后者正是为鲁迅代垫一百五十元印刷费的蒋抑卮开的铺子。

鲁迅在序言中自信地说：“收录至审慎，迻译亦期弗失文情。异域文术

鲁迅像。摄于日本

新宗，自此始入华土。”“中国译界，亦由是无迟莫之感矣。”此书的出版，实现了筹办《新生》的部分计划。鲁迅的梦很美满：“待到卖回本钱，再印第三第四，以至第 × 册的。如此继续下去，积少成多，也可以约略介绍了各国名家的著作了。”在第二册末页还登有陆续出版的篇目预告。虽然第一册一经出版就引起日本文学界的注意，东京 5 月 1 日出版的杂志《日本及日本人》第 508 期就登出中国同乡两兄弟出版《域外小说集》的消息。但梦想成空：第一册印一千本，卖了半年，只卖掉二十一本，第二册印五百本，只卖掉二十本。第一册多卖出的那一本，还是许寿裳担心售处不遵定价，亲自去试买的。“于是第三册只好停版，已成的书，便都堆在上海寄售处堆货的屋子里。过了四五年，这寄售处不幸失了火，我们的书和纸版，都连同化成灰烬；我们这过去的梦幻似的无用的劳力，在中国也就完全消灭了。”

可是周氏兄弟的筚路蓝缕并没有被历史淹没。十年之后的 1920 年，在陈独秀的张罗下，修订后的《域外小说集》由上海群益书社将两册合为一集出版，1936 年中华书局收为《现代文学丛刊》重印出版。

在杭州 在绍兴 在南京

1909.8

—

1912.5

假辫子

《域外小说集》继续出下去的计划受挫，激起鲁迅往德国去的欲望。其中原因，除德文水平已有相当高的程度外，他也很想实地考察和了解西方。因为通过日本、日语了解西方，毕竟没有走出站在东方认识西方的圈子。若能由日本到德国，由亚洲到欧洲，深入西方的腹地感知西方的文化，他相信可以在更为广阔的时空领域，寻求到更有价值的“立人”强国的良方。

遗憾得很。

鲁迅说，“想往德国去，也失败了。终于，因为我的母亲和几个别的人很希望我有经济上的帮助，我便回到中国来；这时我是二十九岁”。这“几个别的人”，就是周作人和羽太信子以及周建人。当时周作人在日本立教大学读书还未毕业，却已和日本姑娘羽太信子结了婚。他的留学和生活费用不够了，必须由鲁迅资助。鲁迅便不得不回国谋职了。

已经成为自强自立的“新人”，已经将救国救民的重任承担在肩的“新人”，一踏上依然“风雨如磐”的“故园”，必然与必须改造的环境和急需启蒙的民众处于紧张的矛盾冲突之中。是屈从还是对抗？是既屈从又对抗？是屈从中的对抗还是对抗中的屈从？早已剪掉辫子的鲁迅还得受头上的“辫子”和精神上的“辫子”的双重困扰：

> 一到上海，首先得装假辫子……装了一个多月，我想，如果在路上掉了下来或者被人拉下来，不是比原没有辫子更不好看么？索性不装了，贤人说过的：一个人做人要真实。

但这真实的代价真也不便宜，走出去时，在路上所受的待遇完全和先前两样了。我从前是只以为访友作客，才有待遇的，这时才明白路上也一样的一路有待遇。最好的是呆看，但大抵是冷笑，恶骂。小则说是偷了人家的女人，因为那时捉住奸夫，总是首先剪去他辫子的，我至今还不明白为什么；大则指为“里通外国”，就是现在之所谓“汉奸”。我想，如果一个没有鼻子的人在街上走，他还未必至于这么受苦，假使没有了影子，那么，他恐怕也要这样的受社会的责罚了。

——《病后杂谈之余》

鲁迅把从日本带回的碧绿的水野栀子栽在绍兴自家的庭院里。四周一片荒漠，他能做到的，是在自己的精神领地坚守新生命的盎然绿意与勃勃生机。

鲁迅是1909年8月间回国的。两年前，清政府学部明文规定，官费留学生毕业回国后均须担任五年专门教员。不管这一规定出于什么目的，结果是使接受了新式教育的饱学之士集中到相对独立的学术园地，只要不自甘堕落，他们中的大部分便不致被残酷的专制体制过早、过快地吞噬。

早鲁迅半年回国的许寿裳已在浙江的最高学府——浙江两级师范学堂任教务长了，由他向监督（校长）沈钧儒推荐，鲁迅任初级部的化学和优级部的生理学教员，兼任日本教员铃木珪寿的植物学翻译。鲁迅经常和日本教员带领学生到孤山、葛岭、北高峰一带采集植物标本，根据德国恩格勒的分类法，严格进行分类定名工作。鲁迅讲生理学时，还答应了学生的需求，加讲生殖系统，全校师生惊讶不已，鲁迅坦然讲授，只是对学生提出一个条件：不许笑。结果反响极佳，别班学生没听

浙江两级师范学堂

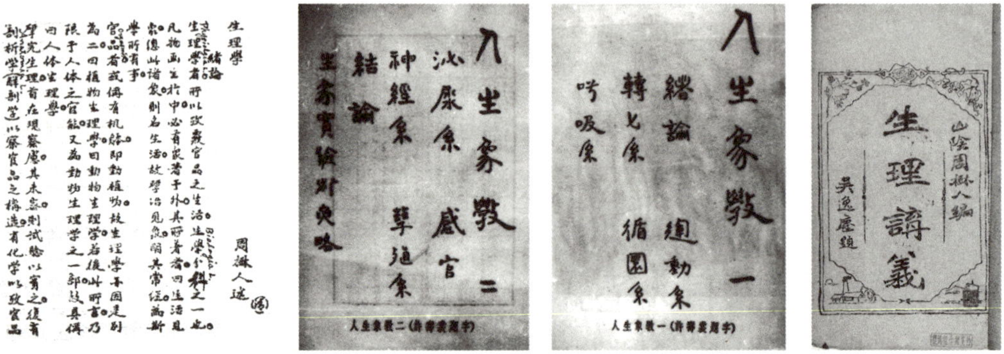

《人生象斅》《生理讲义》。鲁迅编写，许寿裳题写

到，纷纷索要讲义看。鲁迅编撰的生理学讲义简明扼要，绘有插图，详解人体构造、生理机能、卫生常识。为使学生易于理解，某些西方术语，用意义近似的中国古文字替代，如细胞作“幺”，纤维作“午”，组织作“膝”，女阴作“也”，男阴作“全”等，给学生留下深刻的印象。

同在日本留过学的沈钧儒离开学校后，浙江巡抚委派一贯以道学自命、尊王尊经的浙江教育总会会长夏震武任监督。夏震武一到校即强令“谒圣”，辱骂革命党，否定新教育，声言师范学堂名誉甚坏，并带人进行整顿。教员大部分为留日归来学者，新旧之间本已存在的紧张矛盾一触即发。鲁迅与众

鲁迅像。1909 年鲁迅从日本回国后，摄于杭州

浙江两级师范学堂参加反对夏震武斗争的全体教师合影。前排右起第三人为鲁迅。
1910 年 1 月 10 日摄于杭州湖州会馆。21cm × 27cm。鲁迅藏。现存北京鲁迅博物馆

教员先是集体罢教，接着集体辞职离校，并电禀学部，控告夏震武“蹂躏师校”，学生们向各界散发声讨檄文。持续半个月的斗争，最终以夏震武辞职取胜。在这场斗争中，鲁迅被称为“拼命三郎”，而老顽固夏震武被戏称为“夏木瓜”，他硬着头皮说的“兄弟一定坚持到底”，成了鲁迅等常常模仿的笑料。

尽管这样的斗争并不能从根本上解决问题，但总可以舒一口社会压抑之下的闷气。鲁迅对回国后自己参与的文化教育界的第一次斗争，留下了深刻的印象，这次斗争因夏震武的“木瓜”之名被称为“木瓜之役”。

新政府　旧人物

既然学校是政府办的，监督是政府派的，新派教员与校方之间的矛盾就无法从根本上得到解决。1910年7月，学期结束，鲁迅即辞去浙江两级师范学堂教职，回到绍兴。

杭州不如意，绍兴更甚。自回家乡之后，鲁迅就陷入生活困顿、工作劳累、精神疲惫之中而无法自拔，几乎没有一天有过好的心绪。

找不到合适的工作，只好到绍兴府中学堂教博物学。留日同学陈子英出任监督，鲁迅又兼挑起监学（教务长）的担子。

到任不到半年，学校接连发生两次学潮。鲁迅既同情学生，觉得事出有因，并非无故；又得维护校方，保证正常的教学秩序。夹在中间的鲁迅，竭力上下周旋。

清政府规定学生不得擅自剪辫，而鲁迅是少数的无辫者之一。身为满洲人的绍兴知府每到学校里来，眼睛总会盯住鲁迅的短头发。每到孔子诞辰，他和校长都要戴上假辫子，率领学生向孔圣人跪拜。学生知道他们是“革命党”，闹起了剪辫风潮，并波及他校，鲁迅连忙劝止。学生质问：“究竟有辫好还是无辫好？”鲁迅答：“没有辫子好！然而我劝你们不要剪。”鲁迅知道，辫子一剪，就上不成学了。可是学生却认为他“言行不一致”。

鲁迅在绍兴府中学堂收入是极低的，难以自养，弄到不得不卖掉自家所剩无几的田地的地步。这也支撑不了多久，又弄得不得不打公田的主意。对于两个弟弟的学业，只要稍稍有法可想，鲁迅竭尽力量为他们提供一切费用。可是，眼下不得不亲赴日本催促想在日本再学习法语的周作人回国了，因为法

浙江省绍兴府中学堂

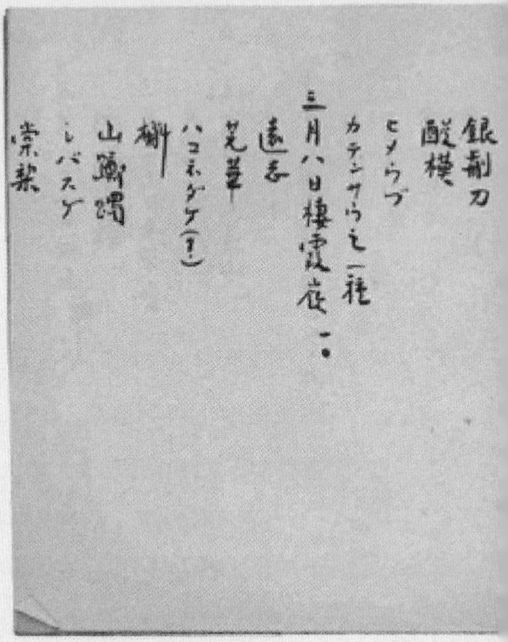

1910 年 3 月记录采集的植物标本及手稿

文不能变米、肉。鲁迅自伤自责，深为自己的失职而痛心，为自己的做法而羞愧。赴日本半月，不访一友，不游一处，仅到熟悉的丸善书店一转，所欲得者极多，无奈囊中羞涩，索性一书不购。

可是学校的教学与教务工作，鲁迅绝对不忍心不干好。学校的事，越尽心越忙。鲁迅还不时想一些新的花样出来，弄得忙上加忙。比如，他率领学生远足，不仅游绍兴的禹陵、兰亭、快阁、宋六陵、柯桥、七星岩，还远经杭州、嘉兴、苏州，到南京参观南洋劝业会。

报酬微薄，入不敷出，事务繁杂，人事纠葛，连读书做学问的时间也难得。虽说回到了家中，家有妻室，可有的只是“母亲的媳妇”，没有自己的温暖。自从回绍兴，没有一天不想着摆脱这个地方。内外交困的苦恼无处诉

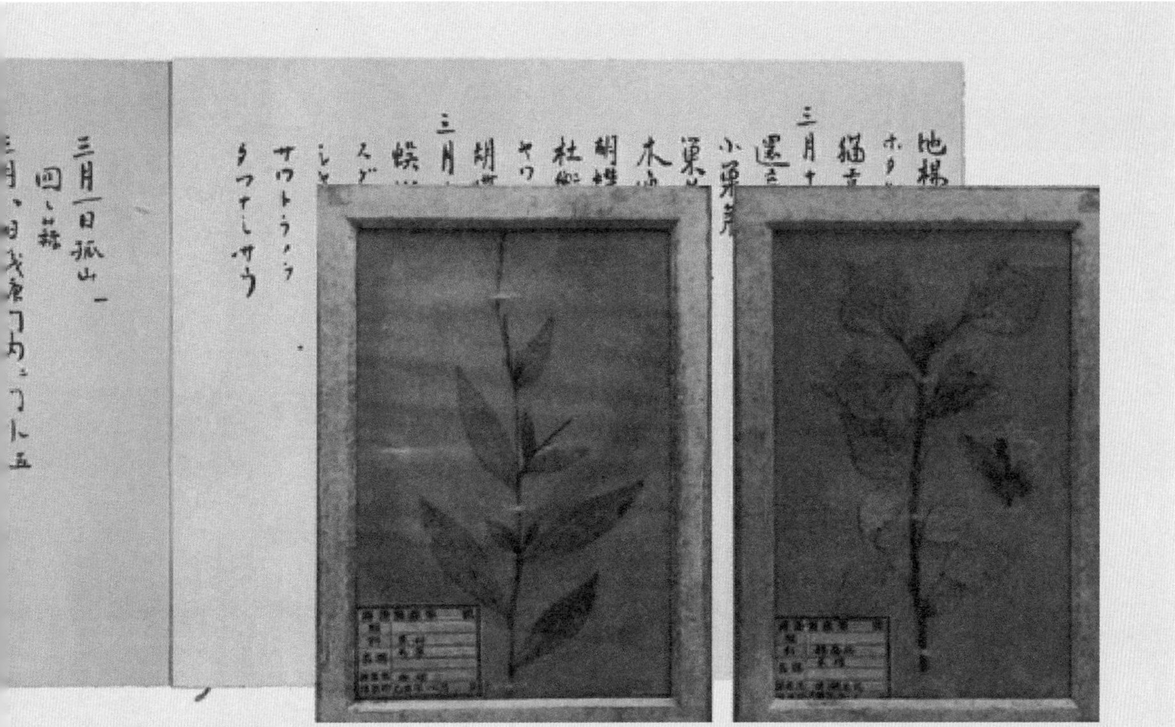

说，只有在信中向许寿裳倾吐：“故人分散尽矣，仆无所之……他处有可容足者不？仆不愿居越中也”；“颇拟决去府校，而尚无可之之地也……仆荒落殆尽，手不触书……荟集古逸书数种，此非求学，以代醇酒妇人也”；“仆归里以来……防守攻战，心力颇瘁……越中理事，难于杭州……上自士大夫，下至台隶，居心卑险，不可施救，神赫斯怒，湮以洪水可也”；“闭居越中，与新颢气久不相接，未二载遽成村人，不足自悲悼耶”——鲁迅的心情坏到了极点，简直想立刻拔腿逃走了——“家食既难，他处又无可设法，京华人才多于鲫鱼，自不可入，仆颇欲在他处得一地位，虽远无害”。

正在走投无路之际，孙中山先生领导的辛亥革命给鲁迅带来了一线光明与生机。鲁迅是兴奋了一阵子的。杭州光复后，绍兴人心振奋，也人心惶惶，

谣言四起。鲁迅率领学生举行武装巡行，发表讲演，宣传革命，安定人心；接着在“革命胜利”“中国万岁”的口号声中迎来了在日本时认识的朋友王金发，迎来了王金发率领的革命军；最后出任浙江山会初级师范学堂监督（校长），并请范爱农做教务长。

然而，光明与生机倏忽而逝。鲁迅后来曾多次回忆绍兴光复后的政局和发生在王金发身上的变化：“民元革命时候，我在S城，来了一个都督。他虽然也出身绿林大学，未尝‘读经’，但倒是还算顾大局，听舆论的，可是自绅士以至于庶民，又用了祖传的捧法群起而捧之了。这个拜会，那个恭维，今天送衣料，明天送翅席，捧得他连自己也忘其所以，结果是渐渐变成老官僚一样，动手刮地皮。”不仅王金发“被许多闲汉和新进的革命党所包围，大做王都督。在衙门里的人物，穿布衣来的，不上十天也大概换上皮袍子了，天气还并不冷”。——显然一派新政府旧人物的局面了。

当人们还看不清这十分可怕的蜕变的时候，鲁迅积极支持越社青年办起了《越铎日报》，监督绍兴军政分府，并答应做该报名誉总编辑。1912年1月3日，创刊号出版，鲁迅撰写了《〈越铎〉出世辞》，声明办报缘由是鉴于旧制“桎梏顿解，卷挛尚多”，“专制永长，昭苏非易”，宣告办报宗旨为“抒自由之言议，尽个人之天权，促共和之进行，尺政治之得失，发社会之蒙覆，振勇毅之精神”。在举国庆贺辛亥革命胜利的声浪中，正视现实的鲁迅已经敏锐地看出了失败的端倪，并希图通过言论自由，舆论监督，以保证和促进民主主义政治理想的实现。

不习惯也不喜欢接受监督与制约的“王金发们”自然老大不高兴，甚至愤怒了，甚至断绝了鲁迅的办学经费。

鲁迅还是待不下去，不过，辛亥革命到底给了鲁迅一次重新选择

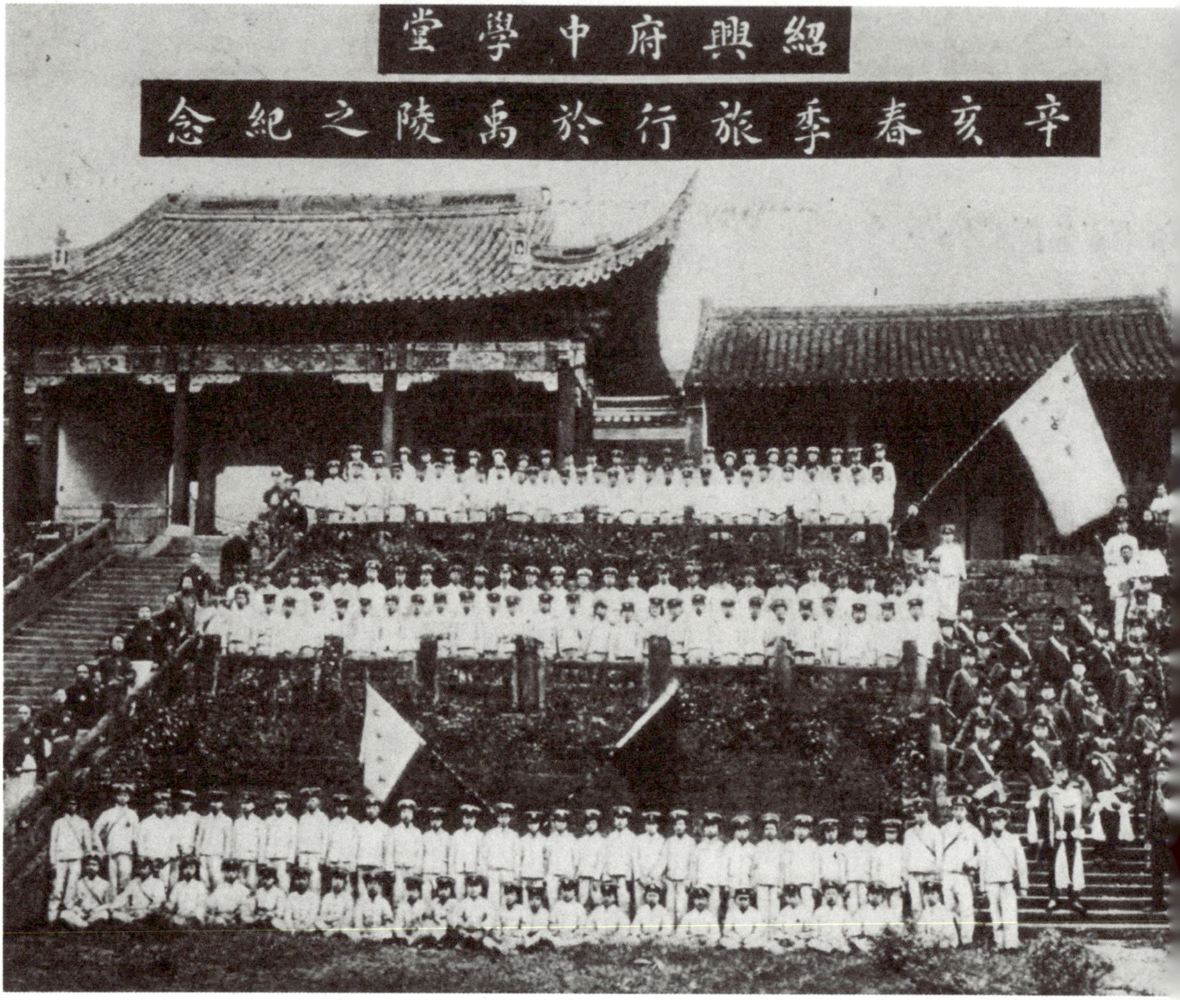

鲁迅多次带领学生外出游览。这是 1911 年春游禹陵时的合影。鲁迅位于左上角

人生的机会。1912 年 1 月 1 日，以孙中山为临时大总统的中华民国临时政府在南京建立，蔡元培出任教育长，被邀请去帮忙的许寿裳乘便向蔡元培推荐鲁迅。蔡元培说："我久慕其名，正拟驰函延请，现在就托先生代函敦劝，早日来京。"许寿裳连致两信给鲁迅。范爱农也赞同鲁迅走，但颇凄凉，说："这里又是那样，住不得。你快去罢……"

鲁迅懂得范爱农无声的话。

山会初级师范学堂校长鲁迅交出剩余经费一角又两个铜板，往南京去了。

1911 年 5 月摄于东京。9.1cm×5.9cm。鲁迅藏。现存北京鲁迅博物馆

在北京

1912.5

1926.8

北上

1912年1月成立的以孙中山为临时大总统的南京中华民国临时政府，真可谓名副其实的“临时”政府。一个月后，孙中山即提出辞职。两个月后，袁世凯就在北京就任临时总统。随即临时政府移往北京，教育部随迁。北京中华民国政府教育部部员由南京临时政府教育部推荐。据许寿裳回忆，在教育总长蔡元培北上期间，由次长代理部务。此人太不识人，只知扩充自己势力，引用私人，暗中开了一大张名单，送

南京中华民国临时政府教育部。1912年2月至4月，鲁迅在这里工作

请大总统府任命，竟把周树人的名字无端除去，幸而蔡元培于3月21日返回南京，及时制止了这件事，鲁迅才得以随部北上。

延续数千年的中国专制社会解体中的挣扎和新生社会降生时的阵痛纠缠在一起，演变为时代震荡、政局多变、社会动乱的局势。政府总统、内阁总理和各部部长频繁更迭。鲁迅在教育部期间，就目睹了三十四位教育总长的四十二次更换。

经过古今中外文化熏陶而成熟起来的鲁迅，亲身经历了时代巨变的鲁迅，当他进入昔日的皇城，当时的权力争夺中心之后，当他静静地观察、思考发生在眼前和身边的一切悲剧、喜剧的时候，他有可能成为最冷静、最清醒的旁观者，也有可能在适当的时候成为最热烈、最积极的参与者。

鲁迅是5月初与许寿裳一同北上的。江南五月，早已草长莺飞，而此时的北国，还是一派萧条索然。鲁迅在日记中记下了他对北方最初的直感："弥

教育部。原清政府学部，位于今宣武门内教育部街

望黄土，间有草木，无可观览。”北洋军阀统治下的北方，充塞在鲁迅眼里的多是漫漫黄土，漠漠风沙；淤积在鲁迅心里的多是悲凉的荒漠意识。多年之后，在《鸭的喜剧》里，鲁迅还曾借俄国盲诗人爱罗先珂的口说：“寂寞呀，寂寞呀，在沙漠上似的寂寞呀！”

然而，就是这块几乎看不到希望的“沙地”，成了鲁迅一生中除家乡绍兴之外居住时间最长的地方，从1912年5月进京，到1926年8月离京，鲁迅三十二岁至四十六岁的人生黄金岁月与古老的北京相依相存。在前后长达十五年之久的时间里，鲁迅一直在中华民国教育部任职。与这个历史时期的时代变革与新旧分野相一致，鲁迅的生命历程鲜明地分为前后两个不同的阶段。他的正值盛年的生命的光热，一部分燃烧和留存在以古都为代表的悠久的中国历史文化中；另一部分，他的生命的爆发力、创造力，他的生命的呐喊，回荡在新旧转换之际中国政治文化中心的激流与旋涡之中。

辛亥革命之后相当长的一段时间里，北京的情形，以至于整个中国的情形，一如他所居住的北京暗夜中更加昏暗幽深的胡同，看不到尽头，看不到光亮。早在日本时确立的通过文艺运动“立人兴国”的抱负根本无法施展，辛亥革命点燃的希望之火，随着辛亥革命的失败很快熄灭了：“我觉得革命以前，我是做奴隶；革命以后不多久，就受了奴隶的骗，变成他们的奴隶了。”“见过辛亥革命，见过二次革命，见过袁世凯称帝，张勋复辟，看来看去，就看得怀疑起来，于是失望，颓唐得很了。”怀疑的积累，便是又厚又重的失望、孤独、忧郁和深入骨髓的荒漠意识。这一切，把鲁迅逼压到古代去，使鲁迅沉入国民中。

置身于美好的愿望与无望的现实的重重矛盾之中，也许只有沉入古代去，沉入国民中才能稍稍摆脱精神的窒息，或许还能鉴古知今。

回到古代去的结果，是沉浸于秦汉瓦当文字，石刻画像，魏晋人格文章，唐宋传奇故事之中，用传统文化的深厚功力，孜孜矻矻地在荒漠中浇灌出一小片文化的绿洲。沉入国民中的结果，是继续留学日本时确立的国民性命题的思考："最初的革命是排满，容易做到的，其次的改革是要国民改革自己的坏根性，于是就不肯了。所以此后要紧的是改革国民性，否则，无论是专制，是共和，还是什么什么，招牌虽换，货色照旧，全不行的。"对国民性的思考属于时代哲人、思想巨人的深层思考，鲁迅显然找到了辛亥革命后种种社会败象的症结所在。只要存在这样的思索，黑暗之中就有不灭的精神之火。

一旦时机成熟，这一簇簇不灭的精神之火便会汇聚为燎原之势，照亮古老的北京，照亮中国的土地。而鲁迅的独特价值，则是在真正使中国获得新生的轰轰烈烈的中国新文化运动中，承担起他人无力承担的历史使命，发出响彻云霄的独异声音，并不止在一个领域创造出无可替代的历史功绩。

在教育部

鲁迅到北京后，住在宣武门外南半截胡同绍兴县馆。作为绍兴在京城设立的会馆，原本是来北京应试的人住的公寓。馆内仰蕺堂供奉着汉朝以来越中先贤二百四十人的牌位，大概是为了激励绍兴学子为家乡争光的吧。到京的当日，鲁迅就得到清李慈铭著《越中先贤祠目》一册。鲁迅先住在藤花馆，后因邻室常聚众喧闹扰睡，便移往左右没有邻居的独院补树书屋。这个院子的前边就是仰蕺堂，后边是供奉文昌魁星的希贤阁，相传院里的大槐树上吊死过一个女人。一般人是绝不肯被鬼神包围的，所以这屋里多年没有人居住，僻静得很，然而这对埋头读书写字的鲁迅倒很合适。鲁迅到北京不久，有来访者在日记中记道："访周豫才君于山会邑馆，遇之。其人静穆……斗室中一榻、一案、一椅。书架上列古书数种，尚足自乐者。"

到北京的第二天，鲁迅就坐着骡车经过谭嗣同等洒下热血的菜市口，进宣武门，赴教育部报到。教育部设在宣武门内原清政府学部，距绍兴县馆不远。教育部初移北京，每天除签到外基本上无公可办，枯坐终日，百无聊赖，鲁迅便整天看书，很少闲谈，同事们都佩服他看书的恒心。不久，鲁迅被任命为教育部佥事（职责为"承长官之命分掌总务厅及各司事务"），兼任社会教育司第一科科长，分管图书馆、博物馆、文艺美术等事项。

虽然政局混乱，教育总长更换频频，社会不稳，人心涣散，但鲁迅对自己分管的工作还是尽职尽责的。

鲁迅出力较多的是京师图书馆（即今国家图书馆）的建设和发展。京师图书馆创建于 1909 年，推翻清政府后，1912 年由教育部接管，具体工作由

鲁迅到北京后，居住在宣武门外南半截胡同的绍兴县馆内

这是鲁迅在北京最早的居所，也是居住时间最长的地方，历时七年。绍兴县馆，原名叫“山会邑馆”，是由绍兴府辖的山阴、会稽两县在京做官的人出钱建立的，如有同乡举人到京应试，或有同乡官员到京候补都暂住在此。清宣统年间，废除府治，两县合并后改名绍兴县馆

国子监彝伦堂

京师图书馆

社会教育司第一科负责。京师图书馆的一系列工作，如调集清代翰林院和国子监的大批图书，调集直隶（河北）、奉天（辽宁）、吉林、黑龙江、河南、山西、云南等省的大批官书，接收热河文津阁藏的《四库全书》，以及图书馆的改组、馆址的迁移、分馆的开设等，均由鲁迅具体负责。当时教育部曾有在端门、午门一带设置京师图书馆的打算，鲁迅为此多次到午门实地察看。

历史博物馆的筹建也是鲁迅任科长的第一科的任务。馆址选在国子监，筹备处就设立在国子监的“彝伦堂”内，鲁迅经常到这里检查工作。在国子监，鲁迅看到古铜器及石鼓“文多剥落，其一曾剜以为臼”，深为愤慨，他在当天的日记中写道：“中国人之于古物，大率尔尔。”国子监内存有约八千麻袋明末以来的历史档案材料，被称作“大内档案”，鲁迅奉命整理过一部分。教育总长、次长们拿去看，等到发还的时候，往往比原先要少一点。鲁迅在《谈所谓“大内档案”》一文中说：“中国公共的东西，实在不容易保存。如果当局者是外行，他便将东西糟完。倘是内行，他便将东西偷完。而其实也并不单是对于书籍或古董。”鲁迅自己对文物是格外珍爱并努力守护的。1913 年 11 月 20 日，历史博物馆送藏品十三种至教育部，借给德国人往莱比锡展览会展出，鲁迅当天日记记：“以其珍重，当守护，回寓取毡二枚，宿于部中……不眠至晓。”鲁迅还将自己收藏的明代铜镜、青瓷蓝花大碗等文物赠送给历史博物馆，以丰富馆内藏品。

在主管文学艺术方面，鲁迅也做了不少工作。如赴天津考察新剧，看了《江北水灾记》后，留下了“勇可嘉而识与技均不足”的意见。如组织筹办全国儿童艺术展览会，征集作品数十万件，从中挑出一百多件送至巴拿马万国博览会。鲁迅还被指定为通俗教育研究会小说股主任，制定审核小说标准和编译小说标准，制定查禁及改良小说条例，组织人员对新旧小说进行调查、审核、编译。在从事实际工作的同时，鲁迅撰写的文章有《美术略论》《拟播布美术意见书》等，翻译有《艺术玩赏之教育》《儿童之好奇心》《社会教育与趣味》等。

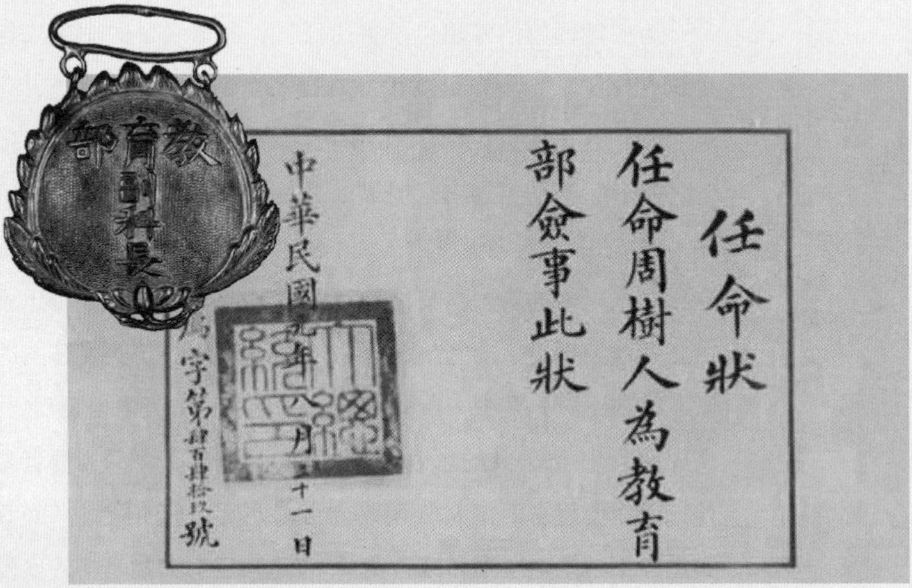

教育部颁发给鲁迅的佥事任命状及证章。33.1cm × 44.5cm。鲁迅藏。现存北京鲁迅博物馆

教育部全体人员合影。最后排左起第三人为鲁迅。1915 年摄。30cm × 37.8cm。鲁迅藏。现存北京鲁迅博物馆

鲁迅在教育部工作过的房子

鲁迅用过的煤油灯

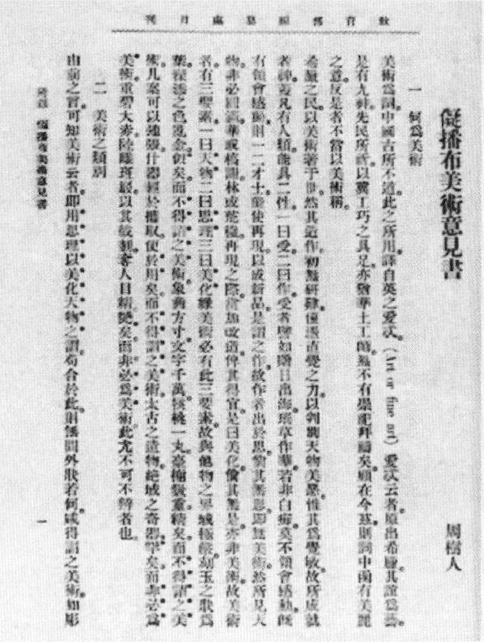

教育部編纂處月刊

擬播布美術意見書

周樹人

一 何爲美術

美術爲詞，中國古所不道，此之所用，譯自英之愛忒（Art or fine art）。愛忒云者，原出希臘，其誼爲藝，是有九神，先民所當，以職工巧之具足，亦猶華土工倕，無不有崇祀拜禱矣。顧在今茲，則詞中函有美麗之意，反是者不當以美術稱。

希臘之民，以美術著于世，然其造作，初猶昧穆，僅憑直覺之力，以判別天物美惡，惟其爲覺敏，故所成就者神。凡有人類，能具二性：一曰受，二曰作。受者譬如曙日出海，瑤草作華，若非白痴，莫不領會感動；既有領會感動，則一二才士，能使再現，以成新品，是謂之作。故作者出於思，倘其無思，即無美術。然所見天物，非必圓滿，華或槁謝，林或荒穢，再現之際，當加改造，俾其得宜，是曰美化，倘其無是，亦非美術。故美術者有三要素：一曰天物，二曰思理，三曰美化。緣美術必有此三要素，故與他物之界域極嚴。刻玉之狀爲葉，髹漆之色亂金，似矣，而不得謂之美術。象齒方寸，文字千萬，核桃一丸，臺榭數重，精矣，而不得謂之美術。几案可以憑，什器輕於攜取，便於用矣，而不得謂之美術。太古之遺物，絕域之奇器，罕矣，而非必爲美術。重碧大赤，陸離斑駁，以其戟刺，奪人目精，艷矣，而非必爲美術。此尤不可不辨者也。

二 美術之類別

由前之言，可知美術云者，即用思理以美化天物之謂，苟合於此，則無間外狀若何，咸得謂之美術。如彫

論說 擬播布美術意見書 一

1913年2月，鲁迅在《教育部编纂处月刊》发表《拟播布美术意见书》，简要论述了美育的性质、范围、作用和传播方法

经鲁迅等多方努力，京师图书馆得以改建。1917 年 1 月 26 日，新馆在方家胡同开馆，这是开馆纪念合影，第二排左起第五人为鲁迅。24.5cm × 29cm。鲁迅藏。现存北京鲁迅博物馆

明代青瓷蓝花大碗。直径 25.3cm。鲁迅藏。1923 年鲁迅捐献给中国历史博物馆，1956 年中国历史博物馆调拨给北京鲁迅博物馆

明代“薛晋侯造”湖州铜镜。直径 42cm。鲁迅藏。1923 年鲁迅捐献给中国历史博物馆，1956 年中国历史博物馆调拨给北京鲁迅博物馆

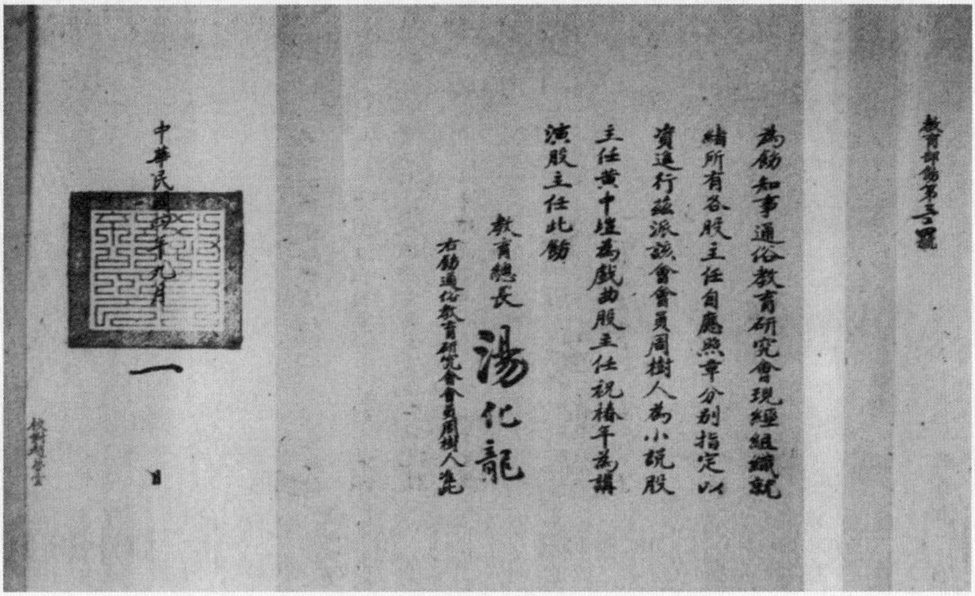
教育部飭第三二號

為飭知事通俗教育研究會現經組織就緒所有各股主任自應照章分別指定以資進行茲派該會會員周樹人為小說股主任黃中壇為戲曲股主任祝椿年為講演股主任此飭

教育總長 湯化龍

右飭通俗教育研究會會員周樹人准

中華民國四年九月 一日

1915 年 9 月 1 日，鲁迅被教育部指派为通俗教育研究会小说股主任。这是教育总长令。27.5cm×56.8cm。鲁迅藏。现存北京鲁迅博物馆

1912 年 8 月，鲁迅与同事合拟国徽图案并执笔撰写了《致国务院国徽拟图说明书》。这是锡质国徽图样，直径 4.8cm。鲁迅藏。现存北京鲁迅博物馆

鲁迅为北京大学设计的校徽图案

1914 年 4 月间，鲁迅参与筹备、举办全国儿童艺术展览会，这是展览会闭幕时的合影，最后一排右起第三人为鲁迅

这些文章涉及美育的性质、范围、特点、作用和传播方式，从中可以看出，鲁迅对文学艺术的审美教育作用是很看重的。

此外，鲁迅还参与了国歌的选定、国徽的制定，并执笔撰写了《致国务院国徽拟图说明书》。他还应蔡元培之邀，亲手设计了北京大学校徽图案。这个图案设计得古朴、大气、有力，以人为本，中国最高学府应有的人文精神和教育事业应有的人梯精神尽在其中。

沉入古代去

鲁迅身体虽然不算特别好，但毕竟正值精力旺盛时期，教育部的工作又不多，只占用他生活中一少部分时间。他的工资收入不算少，虽然买不起孤本、善本书，养家糊口还是绰绰有余的，尽管常有欠薪的事发生，总不至于影响到生计问题。他不缺什么了，唯一缺的是一个温馨的家，但因此却多了一个又一个的孤灯长夜，有大把的时间属于他自己。他把自己的时间、心血，还有情感，一起交给了中国古代文化。

其实，辑校古籍的工作，鲁迅从少年时代就开始了。那时，他从甘肃武威人张澍所撰集的凉州地方文献中得到启示，便着手收集散失的会稽古籍，中间停顿了一段时间，1910 年他在绍兴府中学堂任教时继续辑录，终成北京绍兴县馆辑录《会稽郡故书杂集》，收录记载人物、山川、名胜传说的会稽先贤著作逸文八种。鲁迅于 1914 年为该书作序，1915 年在绍兴印行木刻本。到北京后，他在这方面下的功夫就更大了，仅一年多时间，鲁迅抄校的书就有：《谢承后汉书》《谢沈后汉书》《虞预晋书》《云谷杂记》《易林》《石屏集》等。后又校录了《嵇康集》《谢氏后汉书补逸》《沈下贤文集》《法显传》《会稽典录》《志林》《百砖考》等。许寿裳回忆说："自民二以后，我常常见鲁迅伏案校书，单是一部《嵇康集》，不知道校过多少遍，参照诸本，不厌精详，所以成为校勘最善之书。"自 1913 年至 1935 年，鲁迅校勘《嵇康集》十余次，现存校勘本五种，抄本三种三十卷，校文、考证等手稿七种。

鲁迅在《〈呐喊〉自序》中说："许多年，我便寓在这屋里钞古碑。客中少有人来，古碑中也遇不到什么问题和主义。"1915 年以来，鲁迅潜心辑校石

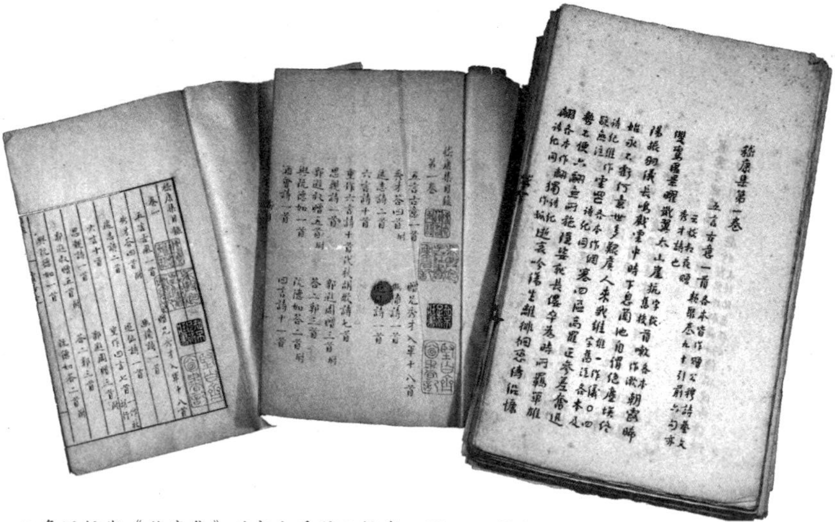

鲁迅校勘《嵇康集》的部分手稿及校勘。33cm×18.9cm。
鲁迅藏。现存北京鲁迅博物馆

刻，收集钞录古碑，研究金石，甚至抵达不知时日的境界："旧历除夕也，夜独坐录碑，殊无换岁之感。"据1915年鲁迅日记"书账"统计，这一年鲁迅购买金石类书籍达二十四种之多。日记中还记有连续二十二个夜晚，摹写完借来的罗振玉编《秦汉瓦当文字》上下两卷。醉心于辑校石刻，固然有躲避袁世凯复辟派耳目的政治原因，更深层的原因，则出于鲁迅有意研究中国汉字字体演变史、中国文学史乃至于中国文化史。为此，鲁迅还大量地搜求各类石刻、砖刻拓片。绍兴县馆距琉璃厂不远，鲁迅成了这个古老文化物品集散地的常客。

据日记记载，1916年内，鲁迅几乎每隔一天就到琉璃厂一次。这一年共收集拓片一千余张，花费银圆四百五十三元。除自己搜购外，只要有机会，他就托在外地或到外地去的友人、同事代为搜购。同事杨莘士回忆："民二我改任视学，常年外出视察，其时他爱好碑文和木刻。每次出发之前，他必告我，你到某处为我拓某碑文来，如梁武祠石刻（曾见鲁迅所著某种书面上刻有一人乘车，一人驭马而行者即此石刻），西安碑林之景教碑，泰山顶上之秦始皇的没字碑下方的帝字，尤喜碑阴文字和碑座所刻人像和花纹之类，我必一一为他搞到。”鲁迅花费不少时间，对清末学者杨守敬汇编的《寰宇贞石图》重新加以整理，写了说明、总目及各册细目，并把碑石的名称、年代、地点一一列出。鲁迅还以自己收集到的石刻拓本九十四种，与王昶的《金石萃编》、翁方纲的《两汉金石记》、罗振玉的《金石萃编校字记》等对勘，订误补阙，现存手稿九十九页。

蔡元培说：“金石学为自宋以来较发达之学，而未有注意于汉碑之图案者。鲁迅先生独注意此材料之搜罗。”“他在北平时已经搜辑汉碑图案的拓本。从前记录汉碑的书，注重文字；对于碑上雕刻的花纹，毫不注意。先生特别搜辑，也已获得数百种。”许寿裳说鲁迅“收集并研究汉魏六朝石刻，不但注意其文字，而且研究其画像和图案，是旧时代的考据家赏鉴家所未曾着手的。他曾告诉我：汉画像的图案，美妙无伦，为日本艺术家所采取。即使是一鳞一爪，已被西洋名家交口赞许，说日本的图案如何了不得，了不得，而不知其渊源固出于我国的汉画吧”。鲁迅大量收集研究汉代画像和六朝造像，编写了《汉画像目录》《六朝墓志目录》《唐造像目录》，计划复制出版，以供艺术家和青年艺术工作者参考，只是因为印制费太高，始终未能如愿。这个愿望，鲁迅一直到晚年，仍念念不忘。1935 年 11 月 15 日鲁迅致台静农信中说：“我陆续曾收得汉石画像一箧，初拟全印，不问完或残，使其如图目，分类为：一，摩厓；二，阙，门；三，石室，堂；四，残杂（此类最多）。材料不完，印工亦浩大，遂止；后又欲选其有关神话及当时生活状态，而刻画又较明晰者，为选集，但亦未实行。”

翻检鲁迅留给我们的五十余种辑校古籍，八百余种辑校石刻手稿，总计六千余页、三百余万字的珍贵手稿；翻检鲁迅陆续收集起来的四千余种、六千余张古代画像、造像、碑铭、墓志等石刻、砖刻拓片，遥想经年累月、长夜孤

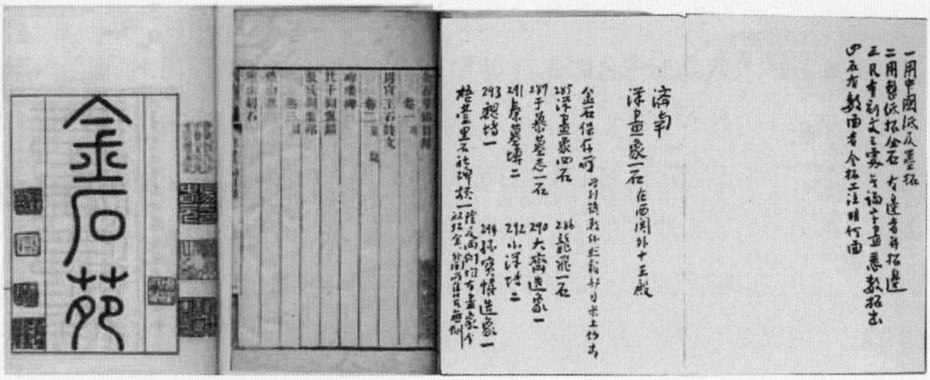

鲁迅抄《三体石经尚书残字》手稿及《金石萃编》校文手稿

鲁迅收藏的部分文物。现存北京鲁迅博物馆

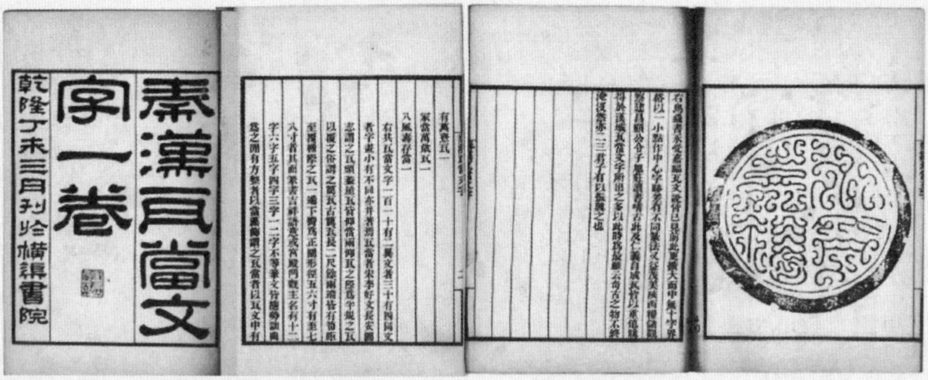

鲁迅摹写的罗振玉编《秦汉瓦当文字》1卷2册。1915年春摹写，连续二十二天完成。32cm×21.9cm。鲁迅藏。现存北京鲁迅博物馆

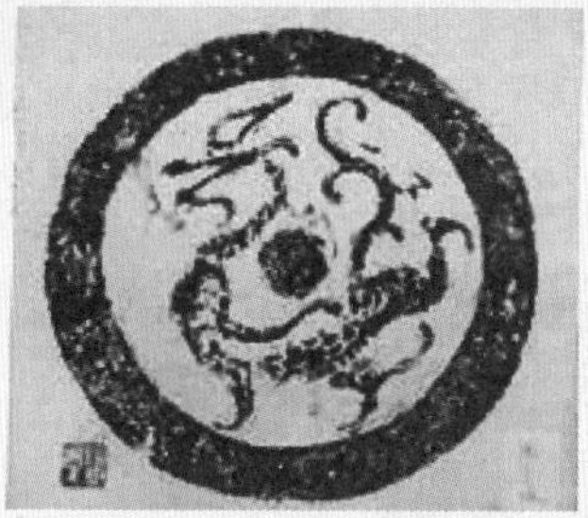

鲁迅收藏的瓦当拓片

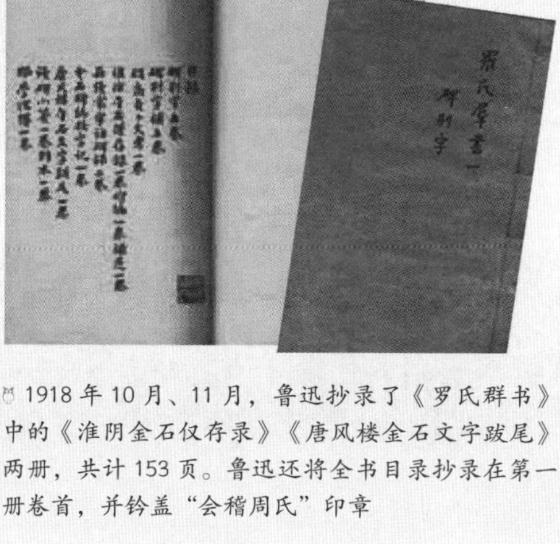

1918年10月、11月，鲁迅抄录了《罗氏群书》中的《淮阴金石仅存录》《唐风楼金石文字跋尾》两册，共计153页。鲁迅还将全书目录抄录在第一册卷首，并钤盖“会稽周氏”印章

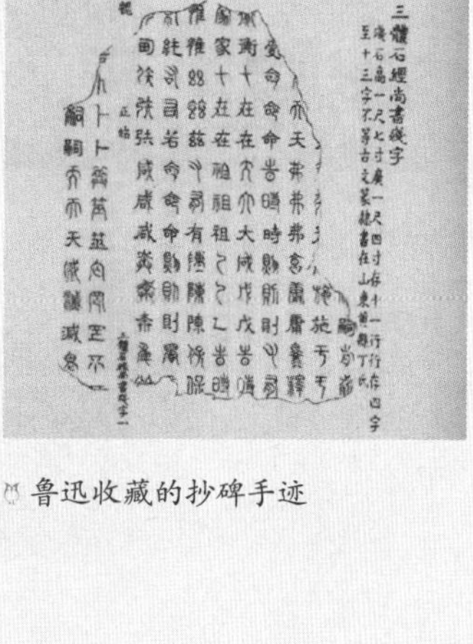

鲁迅收藏的抄碑手迹

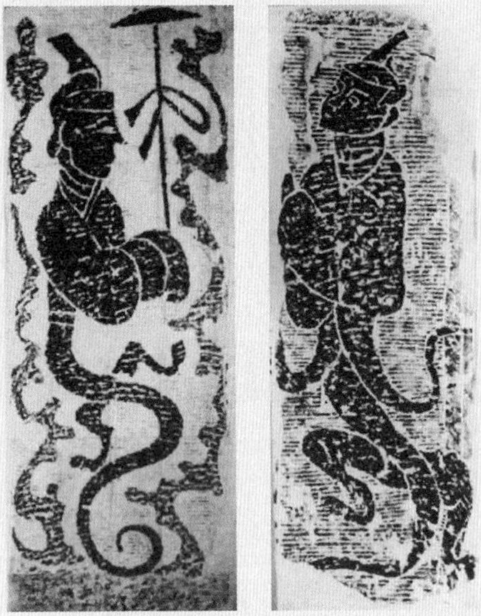

《伏羲》拓片

《盘古》拓片

《女娲》拓片

《荆轲刺秦王》拓片

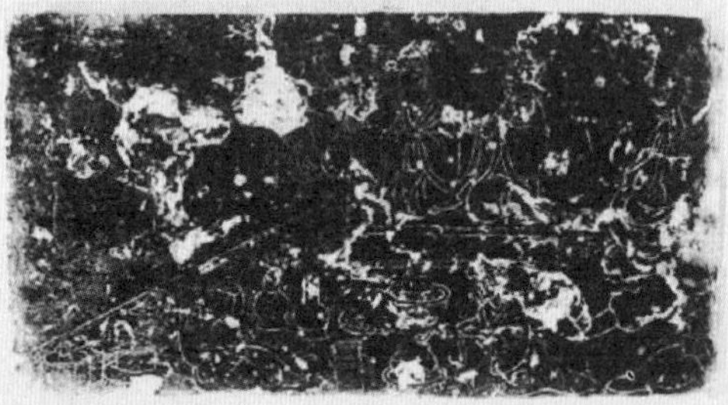

《朱鲔石室画像》拓片

《孔子见老子》拓片

《龙》拓片

《玉兔捣药》拓片

《永健五年食堂画像》拓片

鲁迅抄录了一份调查表，共27页，其内容主要记录了河北、河南、山东等地现存的造像、塔寺和石碑，并详细地注明了建造的时间、地点及收藏者。这是其中的部分拓片

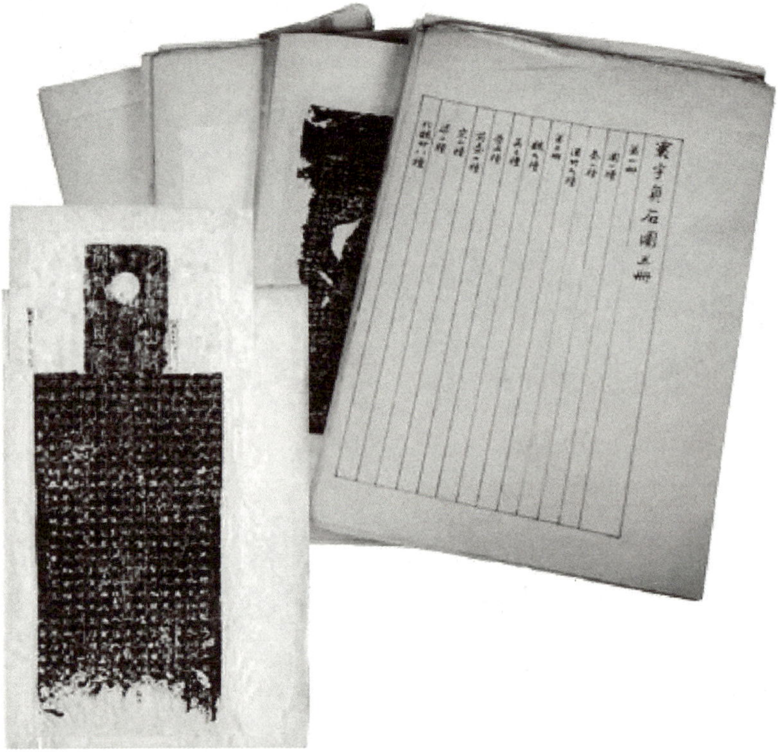

《寰宇贞石图》手稿及拓片。1915年，鲁迅将收集到的杨守敬编印的《寰宇贞石图》石印本散页重新进行了整理、校订、编目和编辑，但生前未能出版。45cm × 60cm。鲁迅藏。现存北京鲁迅博物馆

灯下的鲁迅，怎样一笔一画地用心钞录，怎样一页一张地收集整理，文字之多，数量之巨，付出的心血之大，实在令人惊叹不已！我们从中深深感受到的是一位文化伟人发掘、保护、整理、研究中华民族古代文化的滴滴心血与殷殷深情。

“铁屋”里的“呐喊”

1917年旧历除夕之夜，鲁迅独坐录碑，无换岁之感；1918年除夕之夜，鲁迅与刘半农、周作人热烈地讨论着如何在新的一年里在《新青年》上开设新的栏目。

从1917年到1918年，鲁迅从一个时代跨入另一个时代——沉入古代去的鲁迅突进到开创新天地的先锋队伍中来。

多年来沉浸在古籍碑刻之中，在文化流传、学术演进的意义上，鲁迅的劳苦价值自不容忽视；但在个人精神状态的层面上，则属于解脱精神苦痛填补精神寂寞的无奈选择。

鲁迅骨子里是一个慷慨激昂的人。他慷慨激昂过，而且慷慨激昂得可以。留日时期的弃医从文是明证，洋洋洒洒的文言论文是明证，《新生》的筹办与选定《希望》作插图也是明证。但鲁迅只得到经验：“凡有一人的主张，得了赞和，是促其前进的，得了反对，是促其奋斗的，独有叫喊于生人中，而生人并无反应，既非赞同，也无反对，如置身毫无边际的荒原，无可措手的了，这是怎样的悲哀呵，我于是以我所感到者为寂寞。”慷慨激昂的程度与荒原感、寂寞感成正比。

鲁迅的深入骨髓的荒原意识和寂寞感受由来已久，而且，“这寂寞又一天一天的长大起来，如大毒蛇，缠住了我的灵魂了”。“我自己的寂寞是不可不驱除的，因为这于我太痛苦。我于是用了种种法，来麻醉自己的灵魂，使我沉入于国民中，使我回到古代去，后来也亲历或旁观过几样更寂寞更悲哀的事，都为我所不愿追怀，甘心使他们和我的脑一同消灭在泥土里的，但我的麻醉法

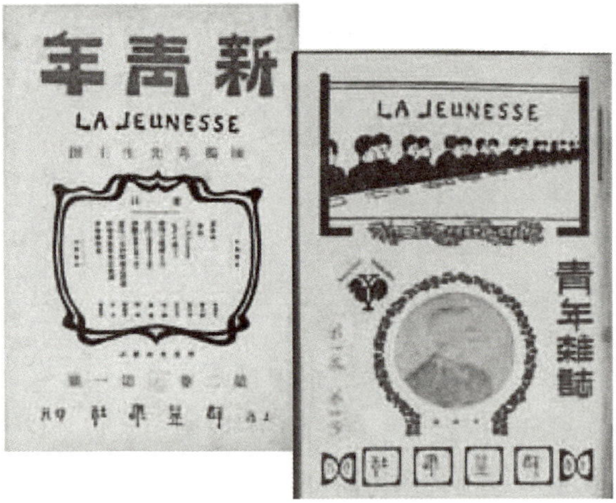

《新青年》。原名《青年杂志》。1915年创刊于上海。1916年更名《新青年》，同年底迁到北京。陈独秀主编，五四时期倡导新文化运动的重要刊物

却也似乎已经奏了功，再没有青年时候的慷慨激昂的意思了。”那亲历或旁观的更寂寞更悲哀的事，便是比《新生》更有希望的辛亥革命居然失败了，袁世凯居然称帝，张勋居然复辟，他的“辫子军”对于没辫子的人们居然那么“气焰万丈”，中国的情形居然一天天坏下去。这是“我以我血荐轩辕”的鲁迅万万没有想到的。痛苦，苦闷，甚至彻底绝望了——鲁迅许多年唯一的愿望，是在钞古碑中暗暗消去自己的生命。

其实，绝望是最大的痛苦。“夏夜，蚊子多了，便摇着蒲扇坐在槐树下，从密叶缝里看那一点一点的青天，晚出的槐蚕又每每冰冷的落在头颈上。”字里行间渗透着炎热夏季里的冰冷的苦痛。

能够如此尖细地传达出灵魂深处的剧痛的心不会死去。冰块中裹着的是火。

而且，足以实现年轻时好梦的时代虽然姗姗来迟，但终于来到了。在日本时未能办成《新生》的遗憾，终于因为有了如《新青年》这样的新文化阵地，有了如陈独秀、李大钊、胡适等这样的新文化同人而可以大展宏图了。

《新青年》中的老朋友，当年在东京与鲁迅同听章太炎讲文字学的钱玄同叩响了绍兴县馆补树书屋的屋门——

那时偶或来谈的是一个老朋友金心异，将手提的大皮夹放在破桌上，脱下长衫，对面坐下了，因为怕狗，似乎心房还在怦怦的跳动。

“你钞了这些有什么用？”有一夜，他翻着我那古碑的钞本，发了研究的质问了。

“没有什么用。”“那么，你钞他是什么意思呢？”“没有什么意思。”“我想，你可以做点文章……”

我懂得他的意思了，他们正办《新青年》，然而那时仿佛不特没有人来赞同，并且也还没有人来反对，我想，他们许是感到寂寞了，但是说：

“假如一间铁屋子，是绝无窗户而万难破毁的，里面有许多熟睡的人们，不久都要闷死了，然而是从昏睡入死灭，并不感到

1918 年的鲁迅

浙江绍兴中学校旅京同学会合影。1918 年 1 月 13 日摄于北京大学二院。第三排左起第二人为鲁迅

就死的悲哀。现在你大嚷起来，惊起了较为清醒的几个人，使这不幸的少数者来受无可挽救的临终的苦楚，你倒以为对得起他们么？”

“然而几个人既然起来，你不能说决没有毁坏这铁屋的希望。”

是的，我虽然自有我的确信，然而说到希望，却是不能抹杀的，因为希望是在于将来，决不能以我之必无的证明，来折服了他之所谓可有，于是我终于答应他也做文章了，这便是最初的一篇《狂人日记》。从此以后，便一发而不可收……

——《〈呐喊〉自序》

被温热的冰冻之火，被唤醒的希望之火，驱除了对中国社会、中国人既理智清醒又悲观绝望的冰冷感受，或者说，他要向绝望宣战了。死火从冰谷中跃起，如红彗星。鲁迅又慷慨激昂起来，并大声呐喊起来。他要用大声的呐喊驱除身内与身外的寂寞。

将心比心，鲁迅未能忘怀当日自己寂寞的悲哀，不愿新老朋友重新体验自己经历的悲哀，所以他要呐喊几声；况且，时间既已过了十多年，鲁迅已经不再置身于毫无边际的荒原，不再叫喊于并无反应的生人之中了。较为清醒的人已经很不少了，大家一起呐喊惊醒更多更多的人，一起掀翻那万难破毁的铁屋子，总归是很有希望的吧？

他的进化的观念复活在他的心里。他的心中再次燃起了希望之火。即使中国的情形如何不好，也没有理由绝望了。1918年8月20日，他在致许寿裳的信中写道：“若以人类为着眼点，则中国若改良，固足为人类进步之验（以如此国而尚能改良故）；若其灭亡，亦是人类向上之验，缘如此国人竟不能生存，正是人类进步之故也。大约将来人道主义终当胜利，中国虽不改进，欲为奴隶，而他人更不欲用奴隶；则虽渴想请安，亦是不得主顾，止能侘傺而死。如是数代，则请安磕头之瘾渐淡，终必难免于进步矣。”只要人类在进化，世界在进化，中国总归得进化。如他不能彻底告别绝望只能反抗绝望一样，他一点儿也不能否认希望只能创造希望，所以他呐喊了。尽管疑心自己的喊声中有悲哀或可笑的音调，他还是大声地呐喊了。

救救孩子……

大概鲁迅也没想到，意在“聊以慰藉那在寂寞里奔驰的猛士，使他不惮于前驱”的第一声呐喊，就是石破天惊的。

更为奇特的是，这旷古未闻的呐喊出自“狂人”之口。那时的中国很少有人知道俄国的果戈理早已写过题为《狂人日记》的短篇小说，这题目就让人感到新鲜。

与这篇使人耳目一新的小说同时出现在《新青年》上的，是一个同样让人觉得新鲜、觉得陌生的名字——鲁迅。

由于《新青年》的影响，特别是由于1917年以来，胡适发表了《文学改良刍议》，陈独秀发表了《文学革命论》，钱玄同发表了《文学革命之反响》，刘半农发表了《复王敬轩书》，中国文学革命运动蓬勃兴起。这在中国社会里是一件很重大的事情，自然，发动和投入文学革命运动的干将们，为各界所注意，所熟知。但是，中国文学革命发难一年多，理论上的倡导论争很热烈，新文学创作却跟不上，虽然有一些新诗发表，但有分量的、有说服力的、足以显示文学革命实绩的新文学作品一直未能产生。能不能拿出远胜于旧文学的新文学作品，一时成为文学革命倡导者和反对者所共同关注的焦点。

这时候，1918年5月，不同凡响的《狂人日记》问世了。革新派的惊喜和守旧派的惊慌或不屑一顾，都使得读过这篇小说的人们争相打听：鲁迅是谁？鲁迅在致许寿裳信中说：“《狂人日记》实为拙作。”以后又向许寿裳说明了使用“鲁迅”这个笔名是因为“从前用过迅行的别号”（1908年以迅行名发表《文化偏至论》），又因为“（一）母亲姓鲁，（二）周鲁是同姓之国，

绍兴县馆中的补树书屋是鲁迅和周作人共同住过的地方。鲁迅在这里创作了中国现代文学史上第一篇白话小说《狂人日记》，并首次以“鲁迅”为笔名。随后，又陆续创作了小说《孔乙己》《药》，杂文《我之节烈观》《我们现在怎样做父亲》等作品。周作人还将补树书屋在绍兴会馆的位置手绘了出来。在这里，他也写下了著名的《人的文学》《思想革命》等理论文章，兄弟俩从此共同闯入了文坛，共同开创了“五四”新文化

（三）取愚鲁而迅速之意”。从《狂人日记》开始，鲁迅用这一笔名发表译作共五百余篇。“鲁迅”成为他最通用的名字。这个名字后来响彻全中国，传遍全世界。

《狂人日记》作为中国新文学，作为一代文学开山之作的意义，是后来历史的结论；其当时的意义，远远超越了文学的范围。

鲁迅自己说过这部小说的成因和创作意图：“偶阅《通鉴》，乃悟中国人尚是食人民族，因此成篇。此种发见，关系亦甚大，而知者尚寥寥也。”（1918年8月20日致许寿裳信）“《狂人日记》意在暴露家族制度和礼教的弊害，却比果戈理的忧愤深广，也不如尼采的超人的渺茫。”（《〈中国新文学大系〉小说二集序》）中国的历史真够漫长，中国的专制制度真够稳固，中国的

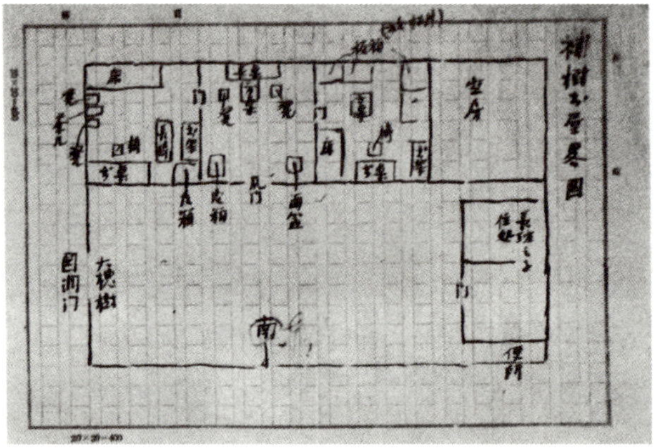

补树书屋略图。曾与鲁迅同住补树书屋的周作人手绘

礼教真够完备，但在《狂人日记》之前，从未有一部文学作品对以往的主宰中国人命运的这一切进行过如此淋漓尽致的否定性攻击：

凡事总须研究，才会明白。古来时常吃人，我也还记得，可是不甚清楚。我翻开历史一查，这历史没有年代，歪歪斜斜的每叶上都写着“仁义道德”几个字。我横竖睡不着，仔细看了半夜，才从字缝里看出字来，满本都写着两个字是“吃人”！

因为这“吃人”，中国人长期生存在令人心悸的无边的黑暗之中：

黑漆漆的，不知是日是夜。赵家的狗又叫起来了。狮子似的凶心，兔子的怯弱，狐狸的狡猾……

《狂人日记》对中国封建制度及其精神支柱“吃人”本质的彻底揭露，具有了与当时中国社会历史发展要求及其政治运动、文化运动发展方向相一致的现实意义，并因其揭露的深刻性与彻底性，成为以《新青年》为主要舞台的“打倒孔家店”的大合唱中的最强音。1919 年 3 月，五四运动前夕，北京《晨报》全文转发了《狂人日记》。1919 年 4 月，傅斯年在《新潮》发表文章称“疯子是我们的老师”，“我们带着孩子，跟着疯子走——走向光明去”。北京大学教授吴虞 1919 年 11 月在《新青年》发表的论文《吃人与礼教》中说：“我觉得他这日记，把吃人的内容和仁义道德的表面看得清清楚楚。那些戴着礼教假面具吃人的滑头伎俩，都被他把黑幕揭破了。”

正是这种在历史转折的关键时刻直接参与推动历史发展的现实意义，《狂人日记》为中国现代文学的奠基礼赢得了崇高的声誉，给中国现代文学带来了光明的前途。于鲁迅自己，《狂人日记》并非他的第一篇小说，早在 1913 年，他就在《小说月报》上发表过描写辛亥革命时多种人物不同心态的文言小说《怀旧》；而在中国现代文学史上，这横空出世的最早的白话小说却是一座后来者努力攀登而难以超越的高峰。

这第一部小说丝毫不可低估的文体意义，在于它的用现代方式表现现代意识的现代性。鲁迅相当娴熟地把对延续千年的体制、礼教、伦理道德观念的揭露与批判融入先觉者与周围环境的紧张对立直至突然崩裂的描述之中，并自然转化为希望得到拯救的呼喊。几乎没有做任何肖像描写的“狂人”形象，却刀刻斧凿般深刻地留在读者的心目中。这形象并不固定，各属于每一个读者。因为这形象是用声音塑造而成的，或者说声音。狂人的声音响彻整部小说。这声音不是细小细腻的，不是抚慰心灵的，而是激烈尖厉的，刺人肺腑的，是那种在生存的紧张的对立之中，突然用大力撕裂黑暗的帷幕的声音。而且这撕裂的声音不仅是向外的，也是向内的：

我未必无意之中，不吃了我妹子的几片肉，现在也轮到我自己，……有了四千年吃人履历的我，当初虽然不知道，现在明白，

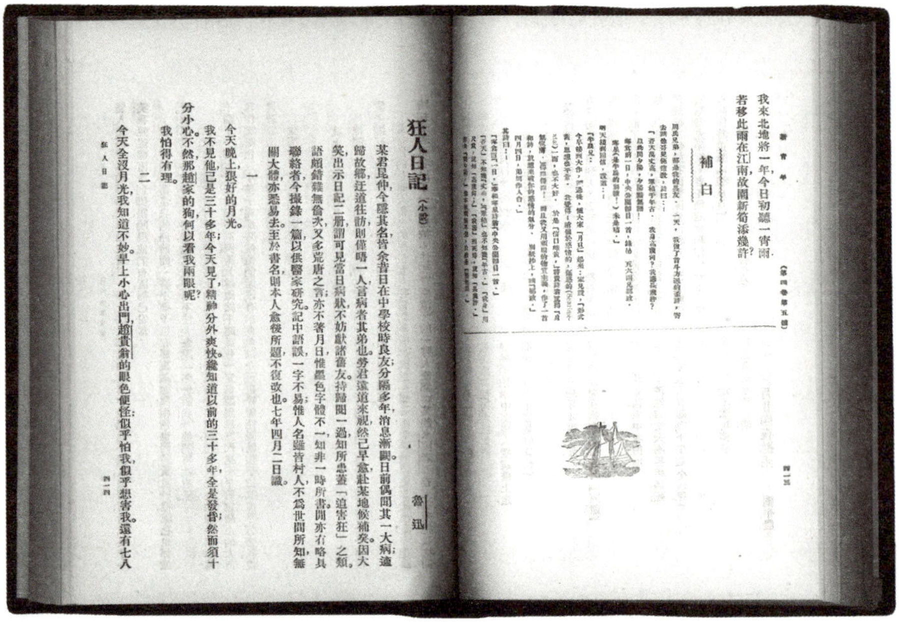

狂人日記 （小說）

魯迅

某君昆仲，今隱其名，皆余昔日在中學校時良友；分隔多年，消息漸闕。日前偶聞其一大病；適歸故鄉，迂道往訪，則僅晤一人，言病者其弟也。勞君遠道來視，然已早愈，赴某地候補矣。因大笑，出示日記二冊，謂可見當日病狀，不妨獻諸舊友。持歸閱一過，知所患蓋「迫害狂」之類。語頗錯雜無倫次，又多荒唐之言；亦不著月日，惟墨色字體不一，知非一時所書。間亦有略具聯絡者，今撮錄一篇，以供醫家研究。記中語誤，一字不易；惟人名雖皆村人，不為世間所知，無關大體，然亦悉易去。至於書名，則本人愈後所題，不復改也。七年四月二日識。

一

今天晚上，很好的月光。

我不見他，已是三十多年；今天見了，精神分外爽快。纔知道以前的三十多年，全是發昏；然而須十分小心。不然，那趙家的狗，何以看我兩眼呢？

我怕得有理。

二

今天全沒月光，我知道不妙。早上小心出門，趙貴翁的眼色便怪：似乎怕我，似乎想害我。還有七八

狂人日記　四一四

新青年　（第四卷第五號）

我來北地將一年，今日初聽一宵雨，
若移此雨在江南，故園新筍添幾許？

補白

1918年4月，在钱玄同的劝说下，周树人开始创作《狂人日记》，并载于《新青年》月刊第4卷第5号上，首次使用了“鲁迅”这个笔名，“从此以后，便一发而不可收”。这是中国现代文学史上第一篇白话短篇小说

难见真的人！没有吃过人的孩子，或者还有？救救孩子……

鲁迅在《狂人日记》这篇小说中，以浓重的象征主义艺术思维和略带神秘色彩的艺术笔调，让一个古老民族发出了觉醒的声音、自悔自省的声音、急切地渴求自我更新的声音、急切地希望走进新的时代的声音。这激烈而悲怆的声音，既是古老民族即将走向新生的预言，又是中国文学、中国小说进入新纪元的宣言。早在20世纪20年代，张定璜就写出了阅读《狂人日记》之前的中国小说与阅读《狂人日记》时的截然不同的体验：“譬如从薄暗的古庙的灯明底下骤然间走到夏日的炎光里来，我们由中世纪跨进了现代。”

一发而不可收

以《狂人日记》为发端，鲁迅的“呐喊”“一发而不可收”。中国人从此可以接连不断地听到一种独特而强有力的声音了。在鲁迅方面，从日本时期的慷慨激昂到中国新文化运动中的大声呐喊，中间经过了十年的沉寂、十年的聚积，蓄之既久，其发必速。在客观方面，发生了被鲁迅称为“大风暴”的俄国“十月革命”，发生了标志着中国历史进入新民主主义革命阶段的五四运动。从具体条件看，一是蔡元培执掌北京大学，“循自由思想原则，取兼容并包主义”，聘请倡导新文化运动的人物进北大任教；二是陈独秀在上海创办《新青年》，蔡元培邀请陈独秀到北大，任文科学长，并让其把《新青年》带到学校里来办。这样一来，北大就成了中国新文化运动的发源地、主阵地了。这两件合二而一的事都与鲁迅有密切关系。蔡元培是看重并提携鲁迅的“伯乐”，鲁迅到教育部任职即为蔡元培所请。1917年鲁迅推荐周作人进北大，蔡元培一口答应，周作人很快成为新文化运动的核心人物之一。《新青年》于1917年1月一到北京，鲁迅就与之接上了关系，后来参与了《新青年》的编辑工作。鲁迅说：“《新青年》每出一期，就开一次编辑会，商定下一期的稿件。其时最惹我注意的是陈独秀和胡适之。”在这样的集会上，他也认识了李大钊，鲁迅说李大钊给他的印象是很好的：诚实，谦和，不多说话。《新青年》同人中与鲁迅兄弟来往最为密切的是钱玄同和刘半农。1917年至1919年间，他们俩与鲁迅兄弟俩的往来平均每周一次，有时多到两三次以上。陈独秀、陈望道等也频频致信约稿。《新青年》同人相互交流、相互激励的热烈气氛，一扫鲁迅的寂寞、悲观与苦闷。他在致朋友的信中说：“历观国内无一佳象，而仆则思想颇变迁，毫不悲观”，守旧派“无论如何复古，如何国粹，都已不怕”，相信“中国一切旧物，无论如何，定必崩溃”。投入新文化运动之后的乐观与激情，正是鲁迅“一发而不可收”的思想动力。到 1921 年 8 月，三年多时间，鲁迅仅在《新青年》上就发表各类作品五十四篇，平均每期达到两篇。高峰时如 1919 年一月号和二月号，各有五篇，十一月号有六篇。鲁迅自我评价道：“我的作品在《新青年》上，步调是和大家大概一致的，所以我想，这些确可以算作那时的‘革命文学’。”

事实是，岂止步调和大家一致，作为中国新文学的开创者，鲁迅一出场就掀起了一个不小的高潮，并由此确立了他作为中国那时的“革命文学”的主帅地位和中国新文化运动的主将地位。

现代小说就不必说了，它的开创和成功靠的都是鲁迅。新诗，鲁迅本不喜欢作，但有感于那时写新诗的人很少，写得好的更少，反对咒骂的倒很多，为打破“诗坛寂寞”，“打打边鼓，凑些热闹”，共写了六首新诗，前三首与《狂人日记》一同发表在同期《新青年》上。如《爱之神》中发出了“你要是爱谁，便没命的去爱他”的真声音、大声音，与“救救孩子”的呼声相应。在初期白话诗中，鲁迅的新诗在精神上、诗体上解放得最为彻底，被朱自清评为“全然摆脱了旧镣铐”，对中国新诗的发展起了很重要的推动作用。至于针对社会现实变革的重大问题，新旧斗争的焦点，公众关心的热点，及时地、针对性极强地发表短小精悍的杂感或征伐讨檄的长论，更为鲁迅所擅长。《新青年》的短评栏“随感录”从 1918 年 9

月5卷3号起，几乎被鲁迅包揽，到1919年11月6卷6号，他一口气写了二十七篇。著名的长论，猛烈攻击封建道德和封建制度，“覆孔孟，铲伦常”的《我之节烈观》《我们现在怎样做父亲》，也发表在《新青年》上。凡反对旧文化，提倡新文化；反对旧思想旧道德，提倡新思想新道德；反对旧文学，提倡新文学；反对文言文，提倡白话文；反对专制迷信，提倡民主科学等内容，鲁迅无不涉及，且观点鲜明，言辞犀利，见解深刻，所向披靡，读来令人神旺。

在轰轰烈烈的新文化运动中，鲁迅的“呐喊”是黄钟大吕。在鲁迅所有的声音中，始终回荡着一个共同的音调，那就是由第一声呐喊《狂人日记》所确定的基调，也是早在弃医从文时就确立的基调，即转变人的精神，改造国民性，亦即思想革命。

当白话与文言斗争激烈之时，当人们的注意力为语言形式牵引之时，鲁迅在为白话文的新生拼死斗争的同时尖锐指出，文言白话都可以表达腐朽思想，提醒人们不要只停留在形式革命的层面。在1919年1月16日致许寿裳信中谈到教育问题时，鲁迅强调：“以养成适应时代之思想为第一宜，文体似不必十分抉择”，“只须思想能自由，则将来无论大潮如何，必能与为沆瀣矣”。与《新青年》同人相比，鲁迅在这一时期的全部言论中，注重和强调思想革命是一大特点。思想革命，成为鲁迅“呐喊”的主旋律。鲁迅的文字既针对现实而发，又具有超越现实的意义，其原因也在这里。

聚居八道湾

“我们多年聚族而居的老屋，已经公同卖给别姓了，交屋的期限，只在本年，所以必须赶在正月初一以前，永别了熟识的老屋，而且远离了熟识的故乡，搬家到我在谋食的异地去。”鲁迅的《故乡》虽说是小说，这段话说的却是实情。

自 1912 年孤身北上后，鲁迅从未有过把朱安接出来同他一起生活的打算，母亲更是不愿意离开绍兴到北京生活。七八年来，母亲和朱安一直住在绍兴老家，他一个人在北京，一直过着形单影只的生活，倒也清净自在。因故乡路途遥远，交通艰难，其间只回乡探亲两次。

到了“鲁迅”这个名字叫响以后，情况发生了变化。1919 年初，聚族而居的绍兴新台门故居由周家六房本家以两万多元的价钱卖给了东邻的大财主朱阆仙，当年即须迁出。鲁迅在致许寿裳信中说：“在绍之屋为族人所迫，必须卖去，便拟挈眷居于北京，不复有越人安越之想。”从这一年的 2 月开始，鲁迅就为把一大家子搬到北京居住而奔忙开了。

先是为购置新居奔忙。鲁迅四处打听，多方察看。2 月 11 日往报子街，2 月 13 日往铁匠胡同，3 月 19 日往广宁伯街，4 月 13 日往鲍家街，5 月 2 日往辟才胡同，5 月 29 日往蒋街口，6 月 3 日往护国寺……看了十几处，最后选定西直门内公用库八道湾 11 号。鲁迅在 7 月 23 日的日记记载：“午后拟买八道湾罗姓屋，同原主赴警察总厅报告。”房价三千五百元，分别于 8 月 19 日、10 月 5 日、11 月 4 日分三次付清。中保人酬金一百七十五元。稍事修缮，购置部分家具近六百元。接着为搬家忙。11 月 21 日，鲁迅与周作人一家迁入新居。12月1日，鲁迅回绍兴搬家。24日，鲁迅和母亲、夫人朱安、三弟周建人一家，告别了数代聚居的祖屋，乘船两艘，在呜呜的冷风中举家北上。途经杭州、上海、南京、天津，船车两换三转，于29日抵北京前门站，二弟周作人等往车站迎接。自此，兄弟三人与母亲共十几口合家团聚于北京八道湾周家大院。母亲初来乍到，虽感生活、语言不惯，但与三个已成家立业的儿子日日在一起，自是高兴；鲁迅虽大劳大累，而且，也不可能产生夫妇团聚的激情，连改善夫妇关系的可能也不存在，但亦有作为兄长的尽职尽责之慰。

八道湾11号为一所三进院落，总计有房屋二十八间。不仅房间多，尤其是空地大，这正是鲁迅选来选去选定此处的原因。鲁迅对许寿裳说："我取其空地很宽大，宜于儿

八道湾内鲁迅居住过的南房。在这里鲁迅创作了《阿Q正传》

西直门内公用库八道湾11号院

童的游玩。”许寿裳说：“诚然，简直可以开运动会。”那时鲁迅并没有孩子，而周作人有三个孩子，周建人有两个孩子，鲁迅完全是为侄儿们着想的。他非常爱他的侄儿们，非常关心孩子们的身体、生活，关心他们的发育成长。1920 年 6 月，周建人的孩子因病住同仁医院，急坏了鲁迅。住院二十多天，鲁迅几乎天天往医院跑，整整十五天“夜在医院”守候。

1919 年这一年，鲁迅写过《我们现在怎样做父亲》等关于家庭、关于儿童教育的文章，批判根深蒂固的传统礼教，提出儿童本位、幼者本位的道德观念和教育思想；从社会人类的进化谈及伦理关系，指出“父母对于子女，应该健全的产生，尽力的教育，完全的解放”，将天性的爱扩张醇化，“用无我的爱，自己牺牲于后起新人”，呼吁“先从觉醒的人开手，各自解放了自己的孩子。自己背着因袭的重担，肩住了黑暗的闸门，放他们到宽阔光明的地方去”。鲁迅自己是处处实行着的，他也希望大家都能这样做。

阿 Q，阿 Q……

《阿 Q 正传》问世之前，鲁迅已有《狂人日记》《孔乙己》《药》《一件小事》《风波》《故乡》等接连八篇小说发表，篇篇脍炙人口，鲁迅因此成为中国新文化运动中最有成就的小说家。然而，最能代表鲁迅小说成就，最能够体现中国现代小说最高水平并列入少数世界名著之列的，却是此后的《阿 Q 正传》。

这部以喜剧风格演绎人生、人性悲剧的世界名著的创作与发表，也颇具戏剧性。

鲁迅在绍兴教书时的学生，正在晨报馆编副刊的孙伏园，忽然要开一“开心话”的专栏，每周一次，跑来请先生写一点东西。鲁迅当晚便写了一点，就是《阿 Q 正传》的第一章：序。鲁迅回忆道：

> 第一章登出之后，便“苦”字临头了。每七天必须做一篇……伏园虽然还没有现在这样胖，但已经笑嘻嘻，善于催稿了。每星期来一回，一有机会，就是：“先生，《阿 Q 正传》……明天要付排了。”于是只得做，心里想着，“俗语说：‘讨饭怕狗咬，秀才怕岁考。’我既非秀才，又要周考，真是为难……”然而终于又一章。

因为要切“开心话”这一题目，鲁迅说他在第一章中“就胡乱加上些不必有的滑稽”，“但是，似乎渐渐认真起来了；伏园也觉得不很‘开心’，所以从第二章起，便移在‘新文艺’栏里”。这样一周一周挨下去，“大约做了两个

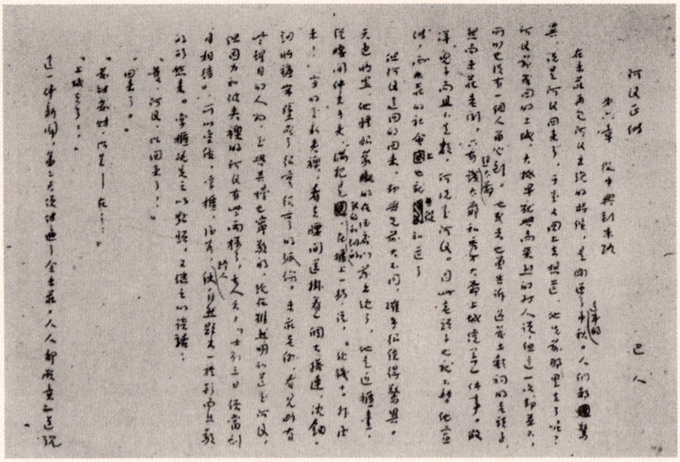

《阿 Q 正传》手稿

月，我实在很想收束了，但我已经记不大清楚，似乎伏园不赞成，或者是我疑心倘一收束，他会来抗议，所以将‘大团圆’藏在心里，而阿 Q 却已经渐渐向死路上走。到最末的一章，伏园倘在，也许会压下，而要求放阿 Q 多活几星期的罢。但是‘会逢其适’，他回去了，代庖的是何作霖君，于阿 Q 素无爱憎，我便将‘大团圆’送去，他便登出来。待到伏园回京，阿 Q 已经枪毙了一个多月了。纵令伏园怎样善于催稿，如何笑嘻嘻，也无法再说‘先生，《阿 Q 正传》……’”中国新文学史上一部分量最重的作品，居然写得如此举重若轻。或许这种彻底放松的创作心态，正是成就这部名著的重要原因之一。看起来，《阿 Q 正传》是“笑嘻嘻”的孙伏园催出来的，其实阿 Q 早在鲁迅心中，“大团圆”也不是“随意”给他的：“阿 Q 的影像，在我心目中似乎确已有了好几年。”不止好几年，1902 年鲁迅刚到日本，就开始严肃地沉重地思考探讨国民性问题，将近二十年未曾间断。这正如火山爆发，有长时积聚，才有一时的喷涌。

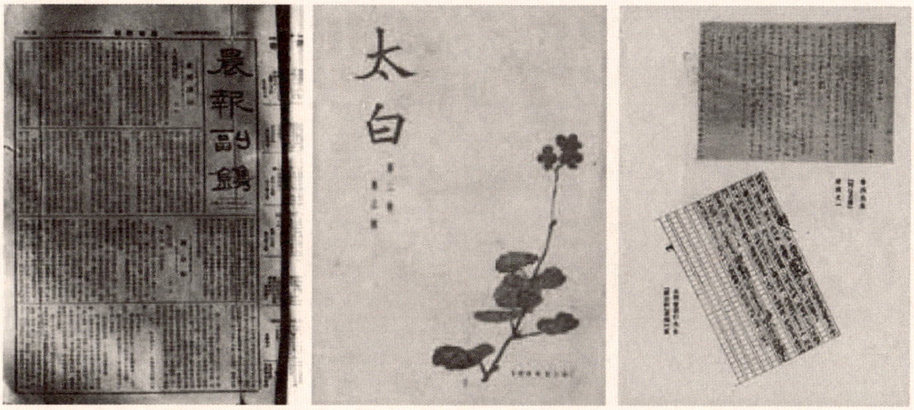

《晨报副刊》刊登的《阿 Q 正传》。《太白》月刊《阿 Q 正传》手稿照片

此前的八篇小说，发表时均署名鲁迅。鲁迅作为小说大家的形象已经确立。1921 年 12 月 4 日开始在《晨报副刊》连载《阿 Q 正传》时，若仍署名鲁迅，定是锦上添花，不料鲁迅忽然弃此名而署“巴人”。在鲁迅，本是取“下里巴人”，并不高雅的意思，却因此立刻掀起轩然大波。人们纷纷猜测“巴人”是谁，文化界人士准备欢迎又一位可与鲁迅比肩而立，甚至超过鲁迅的小说家了。

《阿 Q 正传》刚刚发表了前几章，许多人就坐不住了，对号入座，认定某一段写的就是自己，疑心作者是某某，等到打听出作者的姓名后，才知道素不相识，又逢人声明说不是挖苦他。热心的读者立刻给报刊写信，谈自己的读后感。编《小说月报》的茅盾在与读者的通信中说：“《阿 Q 正传》虽只登到第四章，但以我看来，实是一部杰作”，“阿 Q 这人，要在现社会中去实指出来，是办不到的；但是我读这篇小说的时候，总觉得阿 Q 这人很是面熟，是啊，他是中国人品性的结晶呀！”一年后他在谈到这部小说的轰动性时说：“现在差不多没有一个爱好文艺的青年口里不曾说过‘阿 Q’这两个字。我

自 1925 年后《阿 Q 正传》先后被译成英、法、俄、日译本，被国际关注

们几乎到处应用这两个字……我们不断在社会的各方面遇见‘阿 Q 相’的人物，我们有时自己反省，常常疑惑自己身中也免不了带着一些‘阿 Q 相’的分子。”“我又觉得‘阿 Q 相’未必全然是中国民族所特具。似乎这也是人类的普遍弱点的一种。”1922 年 2 月 12 日，最后的“大团圆”刊出，在一片议论声中，周作人出面在 3 月 19 日的《晨报副刊》上发表评论《阿 Q 正传》的文章，顺便声明“巴人”就是鲁迅。与鲁迅朝夕相处的周作人认为：“阿 Q 这人是中国一切的‘谱’——新名词称作‘传统’——的结晶，没有自己的意志而以社会的因袭的惯例为其意志的人，所以在现社会里是不存在而又到处存在的”，“实在是一幅中国人品性的‘混合照相’”。

阿 Q 形象产生的社会效应，与鲁迅自述的创作初衷——写出沉默的国民的魂灵来，写出在他眼里的中国的人生，暴露出国民的弱点——完全吻合。

为了将创作思想“发挥得更强烈”，使作品的力量更集中，鲁迅在写法上有意弱化具体真切的环境、情节和人物描写，而以数十年来对国民性的思考作为意象性凝聚点，以意念的逻辑，传记式的结构，连缀人物生活的片段，形成人生命运与精神状态的生动流程。鲁迅没有在布局上费心用力，功力集中体现在他所创造的片段情节的丰富内涵中。这方法的妙处正是鲁迅所希望的“使读者摸不着在写自己以外的谁，一下子就推诿掉，变成旁观者，而疑心到像是写自己，又像是写一切人，由此开出反省的道路”。任何人读阿Q都会笑，先是笑阿Q，到头来是“笑自己！”——自己拷问自己的灵魂！

于是，阿Q便无处不在、无时不在了。于是，世界文学形象画廊中一个活生生的精神形象永生了。他以人人无可逃避的、由以往的文化造成的“非人”的文化人格，以社会革命都难以改造的愚昧的精神状态，以可笑、可怜、可悲的无意义的生存方式，超越了空间与时间，不断告诫人们去努力完善难以完善的人生与人性。

鲁迅像。1925年5月28日，在北京为俄文译本《阿Q正传》拍照

鲁迅像。1925年7月4日，在北京为英文译本《阿Q正传》拍照

开创中国现代小说之路

鲁迅的小说，是“同一战阵”的朋友们催出来的，他的第一本小说集《呐喊》的出版就是这样。这集子的取名，就含有助阵作战之意。

朋友们一回一回地来催，说到底是因为鲁迅的小说实在是大家心中新文学作品的希望所在、骄傲所在。请鲁迅出山的钱玄同在鲁迅写出《狂人日记》《孔乙己》《药》三篇时，便自豪地称赞为“同人做白话文学的成绩品”。鲁迅的第六篇《头发的故事》发表后，素不相识的郭沫若为鲁迅的作品排在翻译作品之后打抱不平，专门为此给编辑写了信。陈独秀收到鲁迅的第七篇《风波》后，写信给周作人说：“鲁迅兄做的小说，我实在五体投地地佩服。”郑振铎读了第八篇《故乡》后指出：“近来创作界产品虽多，好的却极少，鲁迅君的《故乡》可以算是最好的作品。”鲁迅谈到同人们催稿时特别提到：“我必得纪念陈独秀先生，他是催促我做小说最着力的一个。”早在1920年9月，陈独秀就致信周作人，催促鲁迅将小说结集出版：“豫才兄做的小说实在有集拢来重印的价值，请你问他倘若以为然，可就《新潮》《新青年》剪下自加订正，寄来付印。”

也许鲁迅自认为七篇分量还不足，一直到1922年做完第十五篇《不周山》后，才集起来交付出版。1923年8月，《呐喊》由北京新潮社列入“文艺丛书”出版。1926年起改由北新书局出版，列为鲁迅自己所编“乌合丛书”之一。1930年北新版第十三次印刷时，鲁迅抽去最后一篇《不周山》(后易名《补天》，收入《故事新编》)，以后各版均收十四篇。

鲁迅第一本小说集《呐喊》。1923年8月由北京新潮社出版，32开，毛边。收录1918—1922年所作小说十五篇，封面为鲁迅自己设计。鲁迅藏。现存北京鲁迅博物馆

《呐喊》初版为大32开，毛边本，封面由鲁迅自行设计绘制。深红色底，正中偏上方，用大一点的黑色长方框套小一点的黑色长方框，框内自书隶体“呐喊”字样。黑红二色，铁血组合，书名与框式图案突出“口”形，形成“口”“口”环套状。封面格调与作品内容相一致，沉郁而愤激，铁屋子里的血性呐喊的意蕴尽在其中。

谈及怎么做起小说来时，鲁迅说：“说到‘为什么’做小说罢，我仍抱着十多年前的‘启蒙主义’，以为必须是‘为人生’，而且要改良这人生。我深恶先前的称小说为‘闲书’，而且将‘为艺术的艺术’，看作不过是‘消闲’的新式的别号。所以我的取材，多采自病态社会的不幸的人们中，意思是在揭出病苦，

引起疗救的注意。所以我力避行文的唠叨，只要觉得够将意思传给别人了，就宁可什么陪衬拖带也没有。中国旧戏上，没有背景，新年卖给孩子看的花纸上，只有主要的几个人（但现在的花纸却多有背景了），我深信对于我的目的，这方法是适宜的，所以我不去描写风月，对话也决不说到一大篇。”《（我怎么做起小说来》）直面社会，直面人生，利用小说改良社会、改良人生，既摒弃传统的“消闲”，又拒绝现代的“消闲”，鲁迅使自己的小说创作活动直接参与到中国 20 世纪兴起的思想文化启蒙运动之中，并以这种十分自觉、十分鲜明的主体创作意识，决定小说的选材及写法，规范小说创作的总体艺术追求。鲁迅正是在改良人生的创作动力和“启蒙主义”的价值观念驱使下，首先以《呐喊》的创作实践，继承和发展了中外优秀的文学传统，开创了 20 世纪中国文学的现实主义思潮，并成为中国文学的一个伟大的“现代传统”，对后来的文学发展产生了深远而巨大的影响。

诚如鲁迅所说，小说创作所受的直接影响主要是外来的：“大约所仰仗的全在先前看过的百来篇外国作品和一点医学上的知识。”在外国作品中，更能引起思想上情感上的共鸣的“是被压迫的民族中的作者的作品”，“引那叫喊和反抗的作者为同调”。同时，鲁迅也主要是在外来文化思潮的影响下，认真而痛苦地思索中国国民性问题的。以世界现代文化思潮与文学作品作为双重参照，观照熟悉的中国传统文化及社会现实，“启蒙主义”的抱负自然聚焦于“病态社会的不幸的人们中”，并且，也因此使鲁迅的文学观照、艺术描写，轻松自如地超越了表层的“病态”与“不幸”，直逼“病态社会”的内部结构与“不幸的人们”的精神病痛，从而建立起《呐喊》“忧愤深广”的总体审美品格。

在《狂人日记》决绝地揭露传统社会机制和伦理道德“吃人”本质的高屋建瓴的统领下，《呐喊》中震撼人心的“吃人”系列惨烈地展露于世：孔乙己的灵魂生生被科举制“吃”光了，而“庸众”又以笑声为他的肉体送葬；《白光》里的陈士成也是被科举“消灭”在“白光”中的；《药》写出了救治社会的革命者的血被愚昧者吞噬的双重悲剧；阿 Q 的普遍意义则在于“自己吃自己”的灵魂；《故乡》里的活泼少年闰土被无情的社会销蚀得如木偶人一般了，那一声“老爷！……”的叫声，直让人的灵魂颤抖……深刻揭发和批判中国传统社会机制和文化形态中形形色色的“吃人”本相，是《呐喊》最重要的思想主题。

《呐喊》的开创性体现在艺术创造方面，则是与“忧愤深广”一致的小说文体的雄浑开阔，气象万千。鲁迅不仅彻底打破了中国旧小说的模式，也不为外来的小说模式和自己的创作模式所束缚。他是一个不断创造新形式的“文体家”。茅盾在《呐喊》刚刚出版后就指出：“在中国新文坛上，鲁迅君常常是创造‘新形式’的先锋，《呐喊》里的十多篇小说几乎一篇有一篇的新形式，而这些新形式又莫不给青年作者以极大的影响，必然有多数人跟上去试验。”

以不重复别人，也不重复自己的艺术追求，以开放的

挪威画家爱德华·蒙克创作的版画《呐喊》

姿态，从古今中外不同流派、不同门类的艺术创造经验中广采博纳，创造出个性鲜明，多彩多姿的华章佳篇，是鲁迅为中国现代小说开创的艺术创造之路。

鲁迅治中国小说史。他说，中国小说“自从18世纪末的《红楼梦》以后，实在也没有产生什么较伟大的作品”（英译中国短篇小说《〈草鞋脚〉小引》）。鲁迅的小说结束了中国小说百年来衰落的历史。《呐喊》的出现，永久地说明了这样一个事实：伟大的中国现代小说从鲁迅笔下发端，也在鲁迅笔下成熟。文学与历史、与时代、与人民的血肉联系，文学具有的与现代世界各国对话交流的思想语言，文学创造精神的多元性、先锋性等丰富内涵，共同构成了鲁迅小说作为中国现代小说伟大经典的本质，作为鲁迅开创的中国文学伟大的现代传统的本质。

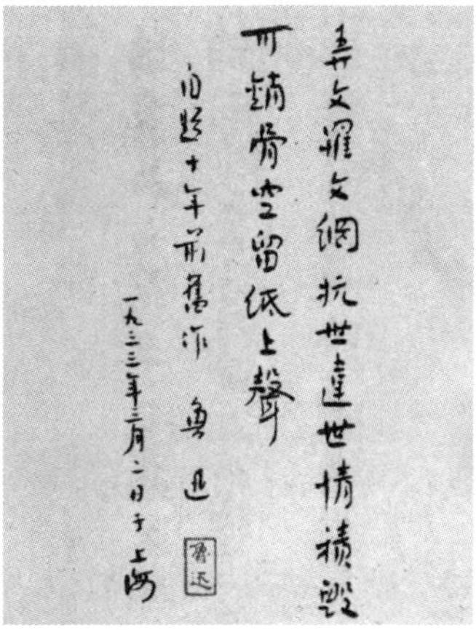

题《呐喊》。1933年3月2日，鲁迅赠送日本友人山县初男《呐喊》一册，并在扉页上题诗：“弄文罹文网，抗世违世情。积毁可销骨，空留纸上声。”

注重翻译

20世纪中国的新文学，固然有其内在的成因，但考察起来，外来的影响是极为重要的。作为新文学开山的鲁迅，就直说他的创作“大约所仰仗的全在先前看过的百来篇外国作品”，并说他最初看重小说，想利用小说的力量来改良社会，“但也不是自己想创作，注重的倒是在绍介，在翻译”，因为那时中国还没有“可以转移性情，改造社会”的新文艺，“便自然而然的想到介绍外国新文学这一件事”。

事实上，鲁迅的文学活动正是开始于翻译介绍的。他第一次发表的文字，第一本出版发行的书，都是他的译作。在北京时期，他的译作数量远远超过了著作的数量。

《呐喊》出版之前，鲁迅已有九本译作（包括与周作人、周建人合译）问世。这一时期译作的选择，仍如在日本时注重被压迫的民族中的作者的作品那样，还是从中国的国情、民情出发，从是否有利于转移性情、改造社会出发，“决定应否绍介给中国”。

鲁迅翻译俄国阿尔志跋绥夫的作品不少，是因为他“是俄国新兴文学典型的代表作家的一人；他的著作，自然不过是写实派，但表现的深刻，到他却算达了极致”。鲁迅因此联系到中国文坛：“现在有几位批评家很说写实主义可厌了，不厌事实而厌写出，实在是一件万分古怪的事。”鲁迅对俄国小说家安德烈耶夫的评价是：“含着严肃的现实性以及深刻和纤细，使象征主义与写实主义相调和。俄国作家中，没有一个人能够如他的创作一般，消融了内面世界与外面表现之差，而现出灵肉一致的境地。他的著作里虽然很有象征印象气息，而仍然不失其现实性的。”对另一位俄国作家契里珂夫，鲁迅注意的是：“往往描出乡间的黑暗来，也常用革命的背景”，“颇富于讽刺和诙谐”。阅读鲁迅这些与《呐喊》中的创作差不多同步的译作，往往使我们自然地联想到鲁迅小说的鲜明特色。

对日本作家作品的选择，鲁迅似乎更偏重于其与中国现实的某种契合。他对所译厨川白村的文艺评论集《出了象牙之塔》的评价是：“于本国的微温，中道，妥协，虚假，小气，自大，保守等世态，一一加以辛辣的攻击和无所假借的批评”，“简直可以疑心是说着中国”。在《出了象牙之塔》之前，鲁迅还译了厨川白村的文艺评论集《苦闷的象征》，该书旨在论述“生命力受了压抑而生的苦闷懊恼乃是文艺的根柢，而其表现法乃是广义的象征主义”。鲁迅欣赏厨川白村引入伯格森的哲学、弗洛伊德的科学，以及荣格的“集体无意识”说、霍尔的“民族心”说，来阐释文学的创作。而厨川白村本人又有很强的独创力，使得这本书既异于哲学科学的玄虚，又没有一般文艺论著的繁碎，而多有独到的见地和深切的体会。联系

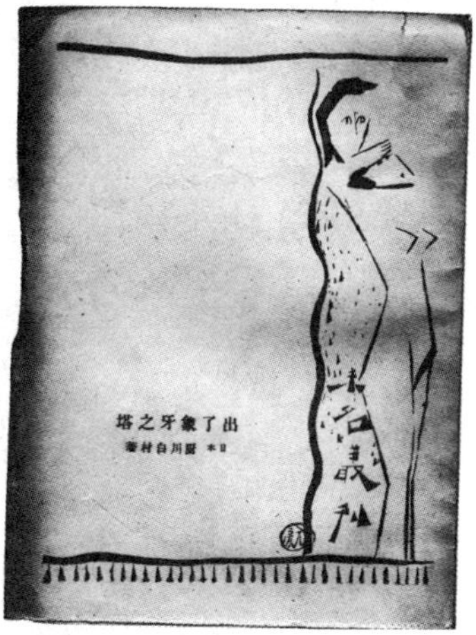

《出了象牙之塔》。日本厨川白村的文艺评论集。鲁迅译。1925年未名社出版，“未名丛刊”之一。鲁迅邀请陶元庆作封面画。32开，毛边

1922年，俄国盲诗人爱罗先珂（1889—1952）应北京大学之邀，来中国讲授世界语。在北京时期，曾住在八道湾11号院。这是鲁迅、周作人与爱罗先珂等人在北京世界语学会的合影。1922年5月23日摄于北京世界语协会。前排右起第三人为鲁迅，第四人为爱罗先珂，第六人为周作人

《一个青年的梦》。日本武者小路实笃著，鲁迅译。1919年、1920年连载于《国民新报》《新青年》，1922年商务印书馆出版，为“文学研究会丛刊”之一

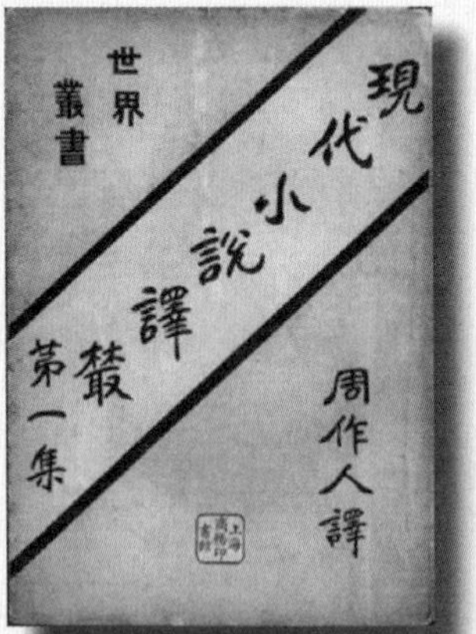

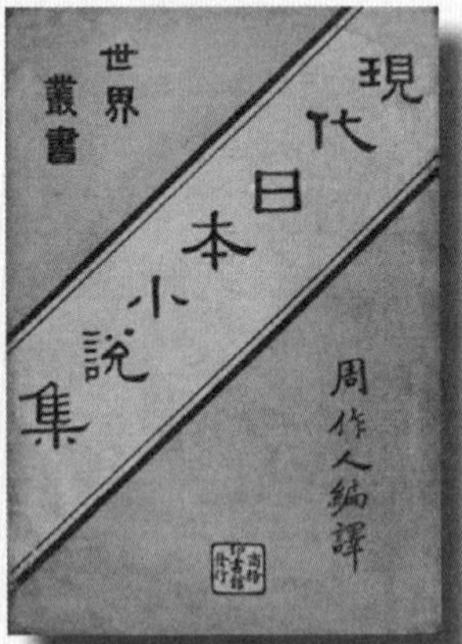

《现代日本小说集》。收录小说三十篇，鲁迅与周作人合译。鲁迅译森鸥外、芥川龙之介、菊池宽等小说十一篇，1923年商务印书馆出版，为“世界丛书”之一，署名周作人

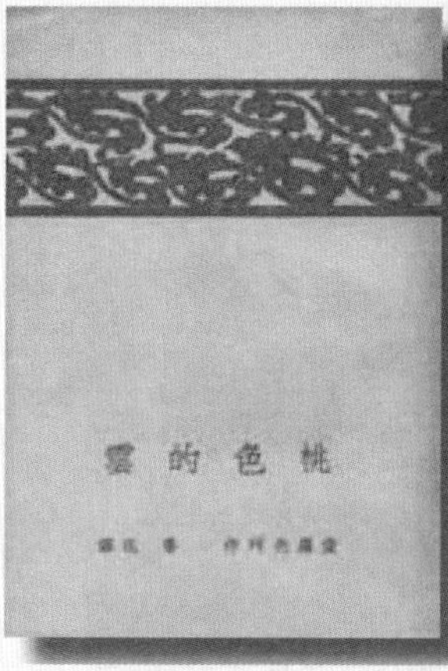

《桃色的云》。俄国作家爱罗先珂著，鲁迅译。1922年连载于《晨报副刊》和《民国日报》副刊《觉悟》。1923年北京新潮社出版

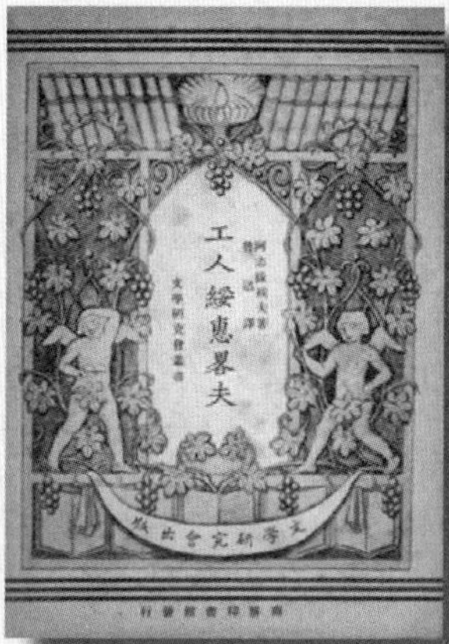

《工人绥惠略夫》。俄国作家阿尔志跋绥夫著，鲁迅译。1921年连载于《小说月刊》，1922年商务印书馆出版，为“文学研究会丛刊”之一

《爱罗先珂童话集》。俄国作家爱罗先珂著，鲁迅译。1922年商务印书馆出版，为“文学研究会丛刊”之一

1923年，鲁迅等送别爱罗先珂时的合影。前排左起依次为周作人、鲁迅、爱罗先珂。8.2cm × 11.2cm

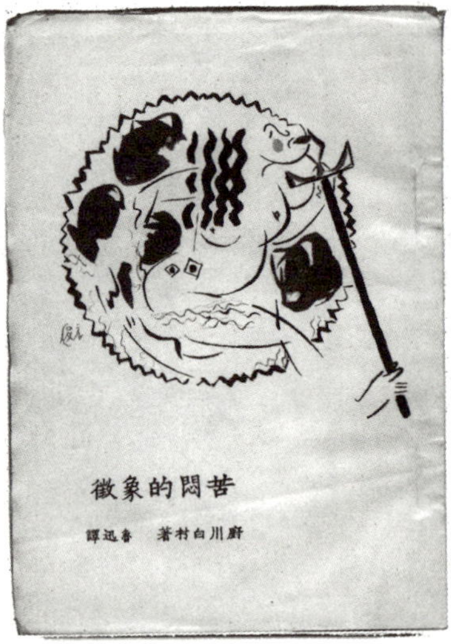

《苦闷的象征》。日本厨川白村的文艺评论集。鲁迅译。1924 年 10 月连载于《晨报副刊》，12 月印单行本，为“未名丛刊”之一，陶元庆作封面画。32 开，毛边

《蒙娜丽莎》是列奥纳多·达·芬奇（1452—1519）的代表作，创作于 1503—1505 年。作品以神秘的微笑而著称。鲁迅藏明信片之一。1924 年鲁迅以插图的形式将它收入了他的译作《苦闷的象征》。这幅世界名画就是通过这种方式介绍到中国来的

鲁迅的《狂人日记》《阿 Q 正传》等，《苦闷的象征》无疑深得鲁迅之心。鲁迅感慨道：“非有天马行空似的大精神即无大艺术的产生。但中国现在的精神又何其萎靡锢蔽呢？”

在《苦闷的象征》引言中，《出了象牙之塔》后记里，鲁迅反复强调自己的“直译”原则：“文句仍然是直译，和我历来所取的方法一样；也竭力想保存原书的口吻，大抵连语句的前后次序也不甚颠倒。”这个原则，从译《域外小说集》时就确定了，直接的原因是不满林纾等的误译，要用自己的直译加以纠正。鲁迅知道，这对习惯于中国文法的读者来说，肯定

会有不顺或不合规范之感。在准确地传达原作的神情风貌与照顾阅读的习惯不可兼得的情况下，鲁迅宁愿保证前者。这不仅是个人的翻译风格，更是关于翻译的重大理论问题。对于翻译的理论问题，鲁迅有自己的独到见解：

> 只求易懂，不如创作，或者改作，将事改为中国事，人也化为中国人。如果还是翻译，那么，首先的目的，就在博览外国的作品，不但移情，也要益智，至少是知道何地何时，有这等事，和旅行外国，是很相像的：它必须有异国情调，就是所谓洋气。其实世界上也不会有完全归化的译文，倘有，就是貌合神离，从严辨别起来，它算不得翻译。凡是翻译，必须兼顾着两面，一当然力求其易解，一则保存着原作的丰姿，但这保存，却又常常和易懂相矛盾：看不惯了。不过它原是洋鬼子，当然谁也看不惯，为比较的顺眼起见，只能改换他的衣裳，却不该削低他的鼻子，剜掉他的眼睛。我是不主张削鼻剜眼的，所以有些地方，仍然宁可译得不顺口。
>
> ——《“题未定”草》

鲁迅反对经过译者的手将外来的情调归化于中国的传统，他要努力保留中国人暂不习惯的鼻子是鼻子，眼睛是眼睛的“洋气”，因为这实在对于“转移性情，改造社会”有益。

兄弟失和

鲁迅的声声“呐喊”惊醒了国人的迷梦，震撼了中国的文坛。周树人、周作人兄弟双双成为新文化运动的领衔人物而蜚声海内。周氏兄弟共同居住的八道湾11号，一时成了新文化同人会聚和青年学生向往的地方。然而，就在《呐喊》即将出版之时，鲁迅苦心经营的八道湾这块安稳的“绿洲”、平静的“后院”却突然起火了。

1923年的7月，燠热多雨。这月的十四日，鲁迅日记出现了这样的记载：“是夜始改在自室吃饭，自具一肴，此可记也。”而在此之前，鲁迅兄弟一直同桌吃饭。7月17日，周作人日记中有与鲁迅发生矛盾冲突的内容，大约十个字，但后来被他“用剪刀剪去了”。7月18日，周作人给鲁迅写了一封短信：“鲁迅先生：我昨天才知道——但过去的事不必再说了。我不是基督徒，却幸而尚能担受得起，也不想责谁——大家都是可怜的人间。我以前的蔷薇的梦原来都是虚幻，现在所见的或者才是真的人生。我想订正我的思想，重新入新的生活。以后请不要再到后边院子里来，没有别的话。愿你安心，自重。”第二天一早，周作人从后院住处持信到前院鲁迅住处，放下信扭头就走，一句话也没说。鲁迅看信后，派人“邀欲问之，不至”。当晚，雷雨大作。从此，名动文坛的“周氏兄弟”彻底决裂。8月2日，鲁迅搬出八道湾，暂时租居距八道湾不远的西四砖塔胡同61号。1924年6月11日，已定居阜成门内西三条的鲁迅去八道湾，当天日记记道：“下午往八道湾宅取书及什器，比进西厢，启孟及其妻突出骂詈殴打，又以电话招重久及张凤举、徐耀辰来，其妻向之述我罪状，多秽语，凡捏造未圆处，则启孟救正之，然终取书、器而出。”此后，两人之间再未说过一句话，通过一封信。鲁迅在上海定居后赴北京西三条探望母亲，据说二人曾院内巧遇，一进一出，相视擦肩而过。

以周氏兄弟的名气，他们的失和自然引起朋友们的关心和社会上的议论，但双方均不公开谈及，旁人也不好说三道四。鲁迅去世之后，才有人陆续提到此事，真相逐渐为世人所了解。回忆文章中以许寿裳、郁达夫等人的较为可靠。许寿裳于事发后，曾以同乡、同学、密友身份居中调解；郁达夫的说法得之于八道湾的常客，与双方关系均极密切的张凤举之口。许寿裳在《亡友鲁迅印象记》中说："作人的妻羽太信子是有歇斯底里性的。她对于鲁迅，外貌恭顺，内怀忮忌。作人则心地糊涂，轻听妇人之言，不加体察。我虽竭力解释开导，竟无效果……从此两人不和，成为参商，一变从前'兄弟怡怡'的情态。"

郁达夫在《回忆鲁迅》一文中说："据凤举他们的判断，以为他们弟兄间的不睦，完全是两人的误解。周作人氏的那位日本夫人，甚至说鲁迅对她有失敬之处。但鲁迅有时候对我说：'我对启明，总老规劝他的，教他用钱应该节省一点，我们不得不想想将来，但他对于经济，总是进一个花一个的，尤其是他那位夫人。'"据经常陪伴鲁迅母亲的俞芳回忆，老太太对头一天还好好的，把书抱进抱出商量着写文章的兄弟俩忽然闹起来，实在想不出个道理来，"只记得你们大先生对二太太当家，是有意见的，因为她排场太大，用钱没有计划，常常弄得家里入不敷

1923年8月，与周作人决裂之后，鲁迅租居西四砖塔胡同61号

出，要向别人借贷，是不好的”。三弟周建人也认为，大哥二哥的分手源于家庭经济问题，当时兄弟俩的收入比一般职员已高出十多倍，然而月月空亏，嚷钱不够用。许广平回忆，鲁迅曾很凄凉地对她说起当时的情形：“我总以为不计较自己，总该家庭和睦了罢，在八道湾的时候，我的薪水，全行交给二太太，连周作人的在内，每月约有六百元，然而大小病都要请日本医生来，过日子又不节约，所以总是不够用，要四处向朋友借。有时借到手连忙持回家，就看见医生的汽车从家里开出来了。我就想：我用黄包车运来，怎敌得过用汽车带走的呢？”为了一大家子的长久之计，鲁迅自然不能不管，不能不做周作人的工作。周作人也努力过，为此同信子吵过。在这种情况下，羽太信子就十分讨厌鲁迅了，要想办法摆脱鲁迅的干涉，吹吹耳边风，甚至恶意中伤鲁迅的人格，周作人“心地糊涂”，“轻信妇人之言”，再加上也经不起信子装死装活的折腾，“只好权其轻重，牺牲与长兄友好，换取家庭安静”了。鲁迅痛心于

《俟堂专文杂集》。书中收入的砖文拓片是鲁迅收藏拓片中较早的一类，同时也是研究鲁迅和周作人从“兄弟怡怡”到决绝的最好史料之一。鲁迅自1924年4月的一个夜晚起，从兄弟失和的痛苦中艰难走出来，开始整理砖文拓片，这其中也有对兄弟感情的整理和了结，正如他在《俟堂专文杂集题记》中写的：“日月除矣，意兴亦尽，纂述之事，渺焉何期？聊集燹余，以为永念哉！”并将十四张钤有“周作人”“启明所拓”印的拓片选入其中，但在1963年版的《俟堂专文杂集》中是看不到的。因为，在当时制版过程中被剪切掉了。因种种原因，这本书在鲁迅生前未能出版

周作人的昏聩，更愤慨于羽太信子的凶悍与不通情理。他用过一个很怪的笔名叫“宴之敖者”，据许广平回忆，鲁迅对这个笔名的解释是：“宴从宀（家），从日，从女；敖从放（《说文》作敫，游也，从出从放）；我是被家里的日本女人逐出的。”

从个人经济状况来看，鲁迅被逐出倒是一件好事，他同许广平说过：“我幸亏被八道湾赶出来了，生活才能有点预算，比较不那么发愁了。”但在个人情感方面，鲁迅却受到了从未有过的打击和伤害，因为这伤害来自家庭内部，来自骨肉兄弟。父亲早逝，鲁迅从十多岁开始就尽心竭力地承担起长兄的职责。他自己为这个家庭担负的责任太大，为维持一个令人羡慕的“兄弟怡怡”的家庭付出太多。仅举数例：为安居八道湾需做的一切繁杂事务，鲁迅独自承担，未舍得分周作人一点心力；1921年周作人住院及西山养病一百七十六天，鲁迅探视二十四次，寄周作人信十三次，代周作人寄信件二十次，为其

鲁迅在西四砖塔胡同的61号院住室。《祝福》《在酒楼上》《幸福的家庭》《肥皂》等作品在这里写成

购书十三种，为筹借医疗费用借钱十一次共八百六十元；长期以来资助周作人岳父、岳母、妻弟、妻妹，妻弟重久在1925年致鲁迅的信中说："对您长年以来的深情厚意和物质援助，真不知说什么才好。"鲁迅为创造一个弟兄们"有饭吃饭，有粥吃粥，永不分家"的理想大家庭寄予的希望太大。付出越多，希望越大，在突然到来的打击面前失望和痛苦也就越大。

很难被外来的打击击倒的鲁迅被击倒了。搬出八道湾后，鲁迅肺病复发，接连躺了多日，月余未愈，元气大伤。

“老虎尾巴”

鲁迅素描像。美术家陶元庆为鲁迅画的素描像。作于1926年。鲁迅认为“画得很好”，一直悬挂在西三条南屋会客室的墙上

因八道湾之梦的破灭，躺在病榻上的鲁迅有时间思前想后。他也许意识到多年来自己过于包办了，他的大包大揽很可能使周作人丧失了在家庭中的自主力和责任感。他也许意识到自己想要竭力维护的母子兄弟同堂的大家庭已经不合时宜，也许他真的干涉了别人的自由。或者他由此更加深切地感受到家庭对他来说真是一个负累，一个无形的桎梏。正像他曾经反思过的那样，一个人的梦实在很难实现，在社会上，他不是振臂一呼应者云集的英雄；在家庭里，不可能都如自己一样人同此心、心同此理。说不定他真的怀念起一个人的生活了，真的仍想回到绍兴县馆那样完全属于他自己的孤灯长夜之中……

鲁迅决定离开八道湾的时候，与朱安告别的念头也同时产生，他小心翼翼地征求朱安的意见：“你是留在八道湾，还是回绍兴朱家？如果要回，我一定按月给你寄钱的。”朱安大吃一惊，寻思半晌，凄凉地答道：“八道湾我不能住，你搬出去，娘娘（鲁迅母亲。笔者

宫门口

宫门口西三条胡同

宫门口西三条胡同 21 号大门

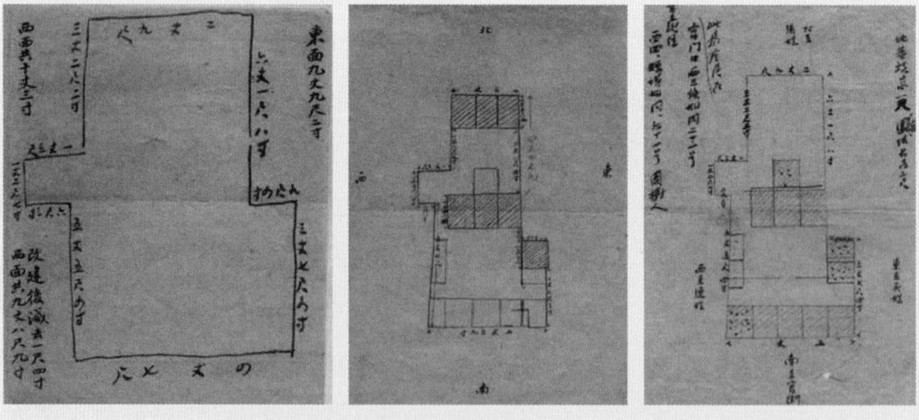

1923 年 10 月 30 日《鲁迅日记》载：“买定第廿一号门牌旧屋六间”。次日夜“绘图三枚”，一张是旧房图，另两张是鲁迅设计的房屋改建图

鲁迅的卧室兼书房。鲁迅曾跟他的学生说："在房子的右面搭出一间平顶的灰棚，北京叫作'老虎尾巴'。"又因鲁迅亲自参加、领导"女师大风潮"，他被反动文人和政客称为"学匪""土匪"。故鲁迅借西汉王匡、王凤在绿林山起义的典故，自嘲居室为"绿林书屋"

鲁迅亲手栽种的丁香树

西三条21号南屋。南屋为会客室兼藏书室

注）迟早也要跟你去的，我独个人跟着叔婶侄儿侄女过，算什么呢？……绍兴朱宅我也不想去。你搬到砖塔胡同，横竖总要人替你烧饭、缝补、洗衣、扫地的，这些事我可以做，我想和你一起搬出去。”（见俞芳：《我记忆中的鲁迅先生》）不仅朱安要跟着他，如朱安所言，母亲也肯定站在他一边，要和他在一起。鲁迅明白了，近二十年来，他虽然为这个家庭做出了太多太大的牺牲，他尽管受尽了难以言说的委屈和遭受了几乎致命的打击，他可以咬牙舍弃八道湾，但他不能抛弃家庭，他必须继续承担应当承担的职责和义务。

让母亲、朱安和他一起长期租住别人的房子，无论如何说不过去。离开八道湾时身无分文的鲁迅还得白手起家。工作之余，在砖塔胡同内白菜、劈柴包围的书桌上，鲁迅带病创作《幸福的家庭》《祝福》《在酒楼上》《肥皂》等名篇的同时，在完成《中国小说史略》的撰写和编印的同时，在翻译外国文学作品的同时，还不得不带病四处奔走——看房、买房、翻修房屋，一直奔忙到 1924 年 5 月，才搬入西三条胡同新居。

西三条位于北京西城墙根，地势低洼，雨天积水，满地泥泞，为苦力劳动者聚居之地。鲁迅选定位于胡同西头的 21 号院，主要是因为这所院落价格较低。小院不足五百平方米，仅及八道湾大院的四分之一，有旧屋六间，成交价八百元。虽说不到鲁迅三个月的薪水，可是，买房款仍需从两个朋友处各借四百元。这笔借款直到 1926 年离北京到厦门时，才从厦门大学的薪水中陆续还清。

因为原有房屋过于破旧，不能居住，买定之后，鲁迅立即着手翻修，实际上是买地造屋。没有钱，为节省费用，鲁

“老虎尾巴”素净的书桌

迅自己操持，亲手设计，请工购料，尽可能地使用旧料，因陋就简。忙了将近半年，终于改建成一所小小的三开间四合院。放书、会客的南屋及作住处的北屋各三间为主屋，东西厢房是极狭小的配房，作厨房和女工住处。北屋的设计，颇费苦心。屋后留出一块可以栽树种菜的空地，叫作后园，有点缩小了的百草园的意味。从正中那间的后面，搭一间约十平方米的平顶灰棚伸向后园，叫作“老虎尾巴”，是鲁迅自己的卧室兼写作间。北屋的东间母亲住，西间朱安住，中间那间类似过堂，三人出入吃饭共用，冬日置一火炉，三人均可取暖。鲁迅、母亲、朱安的住室形成“品”字形三足鼎立的格局，这种既在一起又不在一起的状态，或许正是鲁迅的苦心所在吧。在母亲、朱安的窗前，鲁迅亲手栽下两株丁香，不知是否含有“丁香空结雨中愁”的意思？

说到为自己设计和营建的“老虎尾巴”，鲁迅的解释是：朝北开玻璃窗，书桌置东壁下，既不东晒，也不西晒，一天中上午下午，一年中春夏秋冬光线变化不大，便于看书写作，疲累时还可看后园的花草树木。窗下的床铺是两条长凳、几块木板和旧被薄褥搭成（母亲、朱安屋内是从绍兴带来的带帐大床）。饭后，鲁迅总要到母亲屋内陪母亲说会儿话，朱安则抱着长长的烟袋在一旁呼噜噜地抽水烟。此后，母亲看报纸或看张恨水等人的小说，朱安里里外外地自己找活儿做，鲁迅呢，回到“老虎尾巴”内，在挂在东壁上的藤野先生像的鼓励的目光下和挂在西壁上的屈原名句“望崦嵫而勿迫”“恐鹈鴂之先鸣”的催促中，操起他的“金不换”毛笔来。写累了，朝窗外看看，即便在夜色中，他也能看得见那“默默地铁似的直刺着奇怪而高的天空”的两株枣树，能感受到瑟缩的小粉红花的梦。

荷戟独彷徨

鲁迅被“逐出”八道湾之后，到离开北京之前所创作的小说，集成他的第二部小说集《彷徨》。《彷徨》的封面出自鲁迅的同乡、青年艺术家陶元庆之手。橘黄的底色上，人、椅、太阳的造型及其关系，极传神地传达着日暮彷徨之感。鲁迅很满意陶元庆的设计创作，说这封面“实在非常有力，看了使人感动”。

关于《彷徨》，鲁迅说过：

> 后来《新青年》的团体散掉了，有的高升，有的退隐，有的前进，我又经验了一回同一战阵中的伙伴还是会这么变化，并且落得一个“作家”的头衔，依然在沙漠中走来走去，不过已经逃不出在散漫的刊物上做文字，叫作随便谈谈。有了小感触，就写些短文，夸大点说，就是散文诗，以后印成一本，谓之《野草》。得到较整齐的材料，则还是做短篇小说，只因为成了游勇，布不成阵了，所以技术虽然比先前好一些，思路也似乎较无拘束，而战斗的意气却冷得不少。新的战友在哪里呢？我想，这是很不好的。于是集印了这时期的十一篇作品，谓之《彷徨》……
>
> ——《〈自选集〉自序》

五四新文化运动落潮之后，新文化战阵中的战友风流云散。寻找新的战友而不得的鲁迅，不由得又想起当年筹办《新生》的失败和辛亥革命后的失望，隐伏在心底的荒原意识再次浮上心头。当然，这期间的苦闷与孤独，不排除他一手扶携起来的、被他看重的周作人突然同他反目给他带来的心灵痛创有关。但是，这回的苦闷与孤独并没有如大毒蛇缠住他的灵魂，并没有使他沉入国民中，使他回到古代去。他继续在报刊上发出他的独异的声音，他并没有放下他的武器，只不过时时有一种一个人在“沙漠”里走来走去的强烈感受罢了。况且，这“沙漠”也毕竟是现实的“沙漠”。这时候的鲁迅是一个孤独地反抗苦闷与寂寞的战士：

寂寞新文苑，平安旧战场。
两间余一卒，荷戟独彷徨。

战斗中的彷徨，彷徨中的战斗；求索中的彷徨，彷徨中的求索，是鲁迅这一时期的思想情感的特征，同样也是这一时期小说创作的情绪基调。

比起《呐喊》来，虽说“战斗的意气冷得不少”，且缺少了那种狂呼猛进的激烈，但揭示传统社会种种“吃人”花样的主题仍然获得延续。如《长明灯》，可谓《狂人日记》的姊妹篇。吉光屯的“疯子”无论如何要“吹熄”“庙”里的“长明灯”，明知灯吹熄了，“庙”里的那些东西仍在，但也要吹熄它，不管受到怎样的迫害也不罢休。比起“狂人”的后来治愈赴某地候补，这“疯子”“闪烁着狂热的眼光”不屈地喊出“我放火！”的声音更为决绝有力，更为顽强悲壮，而且传播久远。如《示众》，是对《阿Q正传》等小说中的“庸众”“看客”，近乎“吃人”的“同谋”们的麻木无聊、相互漠不关心精神状态的更为集中的特写。《祝福》中的祥林嫂，“脸上瘦削不堪，黄中带黑，而且消尽了先前悲哀的神色，仿佛是木刻似的；只有那眼珠间或一轮，还可以表示她是一个活物”，完全是一个被“鲁镇”社会的儒释道文化一点点地、活生生地“吃”掉灵魂，也“吃”掉肉体的标本。《肥皂》《高老夫子》等的创作，则明显受到弗洛伊德精神分析理论的启发，以不着痕迹的讽刺性刻

《彷徨》是鲁迅第二本小说集，收录1924—1925年所作短篇小说十一篇，1926年8月北新书局出版，32开，毛边。鲁迅藏。现存北京鲁迅博物馆

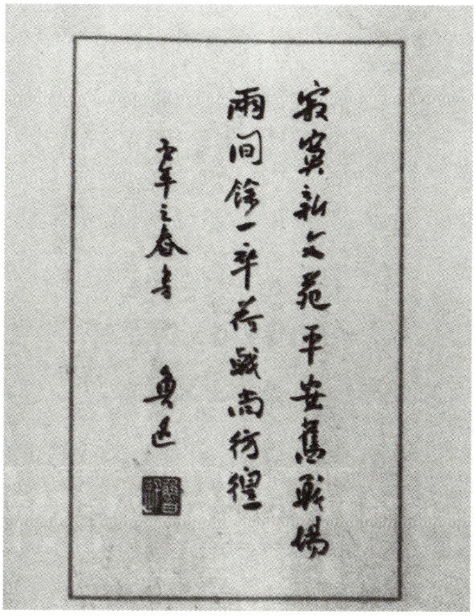

题《彷徨》。1933年3月2日，鲁迅赠送日本友人山县初男《彷徨》，并在扉页上题诗："寂寞新文苑，平安旧战场。两间余一卒，荷戟尚彷徨。"1934年编入《集外集》时，"尚彷徨"改为"独彷徨"

画，揭示出新老道学家及士绅伪善面目下的卑劣。

最能体现"彷徨"特征的，是那些深刻描写时代大潮中知识分子的命运及其精神历程的作品。比起五四新文化运动高潮时的创作，少了激烈的时代氛围的冲击，少了须听将令的自觉意识的拘束；比起描写其他类人物，鲁迅对知识分子更为熟悉、更为了解。这两个方面的原因，决定了鲁迅描写知识分子在历史巨变潮起潮落中特有的长处和弱点的时候，描写他们在大的社会变革中的敏感、热烈和受挫之后的脆弱、失望的时候，描写这些独异的个人与社会环境、与普通而麻木的人们的紧张与对立的时候，描写他们受到迫压、排挤、打击、孤立而产生巨大精神苦痛的时候，描写他们的彷徨、犹疑、悲愤、孤独、

绝望、颓唐、自残的时候，更显得游刃有余，老到圆熟。在这类作品中，鲁迅为社会、为人生，改良社会、改良人生的启蒙主义创作思想所影响，发生了由外向到内向、由面向公众到面向个人、由社会展示到心理剖析的一系列转变。与“呐喊”时期的作品相比，“彷徨”时期的作品在写法上大幅度地缩短了叙述者和作品中人物的距离，甚至有意地模糊了二者之间的界限，更直接地、更真切地连作者自己也烧在了里面，从而赋予作品异常强烈的主体抒情性。这类作品的艺术探索与创新，使鲁迅小说的经典意义更具有了现代色彩。

《在酒楼上》的吕纬甫原本是一位很激进、极认真的青年，认真到因与同学讨论改革中国的方法而打了起来。《孤独者》中的魏连殳则是一位出外游过学的新派人物，是一位与周围环境格格不入的、没有顾忌地发表议论的、觉醒的现代知识者。《伤逝》里的涓生和子君，更是坚信“我是我自己的，他们谁也没有干涉我的权利”的勇敢无畏地追求恋爱自由、婚姻幸福的新一代青年。可是，在周围环境的合力迫压下，他们都陷入了歧路和无路可走的境地，不得不彷徨于明暗之间：认真的吕纬甫退落到模模糊糊、随随便便、浑浑噩噩，今天不知道明天怎样，此刻不知道下一刻怎样的地步。魏连殳则更甚，走到了自己的反面，躬行先前所憎恶的一切，拒斥先前所崇仰所主张的一切了。至于涓生和子君，当盲目的爱失去依托，并得不到更新、生长、创造之时，爱便变为虚空，虚空即不能维持，而真实的结果是死亡与悔恨。一个个已经觉醒的知识分子不得不咀嚼失败的苦果：吕纬甫自嘲像一只蝇子一样，可怜可笑地飞了一个小圈子又回来停在原地点；新的宾客，新的馈赠，新的颂扬，新的磕头和打拱，新的打牌和猜拳，给魏连殳带来的是新的冷眼和恶心，新的失眠和吐血……这种清醒地意识到的失败必然是最为深重的精神痛苦。他们无力自拔、自救，但他们又不放弃对绝望的反抗，甚至用自我毁灭的方式进行精神的复仇。在涓生那里，在广大的空虚和死的寂静与黑暗中，听得到"一切苦闷的绝望的挣扎的声音"，而到了魏连殳，这声音则终于挣扎出来了，"隐约像是长嗥，像一匹受伤的狼，当深夜在旷野中嗥叫，惨伤里夹杂着愤怒和悲哀"。

鲁迅以他人无可企及的力度传达出时代的痛苦，时代巨变中彷徨于明暗之间的知识分子大不可言、深不可测的精神痛苦，也暗示出封闭在个人精神领地——"亲手造成孤独，又放在嘴里去咀嚼"的挣扎方式，同时也是彷徨的知识分子的明显的精神弱点。这种精神弱点已经成为应当继续承担起改革社会重任的觉醒者的重大思想障碍。从《呐喊》到《彷徨》，从社会革命的投影到思想革命的开掘，从愚昧落后的群众的精神缺陷到觉醒的知识者的精神弱点，鲁迅小说既无可替代地完成了作为中国社会革命的镜子的任务，又"哀其不幸，怒其不争"地完成了对国民性弱点整体性揭示的思想革命的镜子的任务。

野草之歌

野草，根本不深，花叶不美，然而吸取露，吸取水，吸取陈死人的血和肉，各各夺取它的生存。当生存时，还是将遭践踏，将遭删刈，直至于死亡而朽腐。

但我坦然，欣然。我将大笑，我将歌唱。

我自爱我的野草，但我憎恶这以野草作装饰的地面。

地火在地下运行，奔突；熔岩一旦喷出，将烧尽一切野草，以及乔木，于是并且无可朽腐。

但我坦然，欣然。我将大笑，我将歌唱。

——《〈野草〉题辞》

最丰富、最复杂、最难理解的散文诗《野草》，诞生在西三条胡同里那间看得见“一株是枣树，还有一株也是枣树”的最简陋的“老虎尾巴”里。

鲁迅自称他的《野草》是创作《彷徨》时期的“小感触”。然而因为这“小感触”是从一位伟大的诗人、哲人、思想家、精神界之战士的心灵深处自由自在地流淌出来的，所以这“小感触”既成为鲁迅自己，也成为中国新文学史上最瑰奇、最丰富、最深邃、最具魅力的艺术创造，成为凝聚着鲁迅独特人生体验的关于生命哲学的伟大成果。

《野草》的丰富、复杂、深奥，在表层形态上表现为各种各样的意象，各种各样的对立：明与暗，生与死，过去与未来，希望与绝望，充实与空虚，沉默与开口，天上与深渊，天堂与地狱，梦幻与现实，战士与苍蝇，有形之人与无物之阵，一切与无所有，爱者与不爱者，眷念与决绝，祝福与诅咒，仇与友，人与兽，傻子与聪明人……紧张的对立，挤压出强烈的孤独、寂寞、苦闷、空虚，甚至绝望的情绪色彩，转为奇特多变的意象描绘，而贯注其中的主导性潜流，则是鲁迅关于生命哲学的体系的基本要素。

首先是对于人的存在的思考，自我对“我”赖以存在的现实的态度与关系的思考。尽管是令所有忧思人生者焦虑不安的现实，但必须面对现实，立足现实，而不能逃避现实。“有我所不乐意的在天堂里，我不愿去；有我所不乐意的在地狱里，我不愿去；有我所不乐意的在你们将来的黄金世界里，我不愿去。”现实即便不肯容“我”，“我不如彷徨于无地”；现实明暗参半，我“彷徨于明暗之间”；现实一片黑暗，“我不如在黑暗里沉没”，或在“黑暗里彷徨于无地”。现实愈不容“我”，“我”愈执着于现实。因为任何一种现实的存在，都是“我”必须正视和面对的现实。

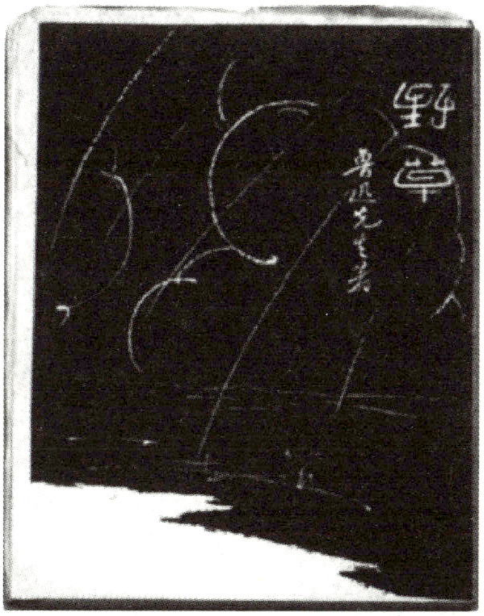

《野草》。散文诗集，除《题辞》外，所收《秋夜》《过客》等二十三篇，均写于1924—1926年，陆续发表于《语丝》周刊。1927年7月北新书局出版，32开，毛边。鲁迅藏。现存北京鲁迅博物馆

其次是面对死亡、走向死亡的生命的意义。面对现实，执着于现实，但绝对不是受现实的任意摆布或随波逐流，生命的意义在于以自己的存在对抗存在的现实，以独立的思考与独自的行动实现个体生命的价值。

生命的终点是坟，是死亡，生命的过程是走向死亡的过程，而生命的意义正在“走”的过程之中。明确地意识到“走”向死亡的“走”才更能“走”出生命的意义。《过客》中的过客顽强地表述了生命的意义：“从我还能记得的时候起，我就这么走，要走到一个地方去，这地方就在前面。我单记得走了许多路，现在来到这里了。我接着就要走向那边去，（西指，）前面！”“我只得走。我还是走好罢……”过客的“走”始终是自觉的、理性的，是他自己的选择。他心中有召唤他的声音：“前面的声音叫我走”，那声音“常在前面催促我，叫唤我，使我息不下”。所以，过客能够把持住自己，能够主宰自己，能够拒绝布施，拒绝休息，拒绝回转，一往无前地走去。只有这样，生命才绚丽辉煌，才息息变幻，才庄严神圣：“快舰激起的浪花，洪炉喷出的烈焰”，“在无边的旷野上，在凛冽的天宇下，闪闪地旋转升腾着的是雨的精魂……”，“如包藏火焰的大雾，旋转而且升腾，弥漫太空，使太空旋转而且升腾地闪烁”。这样的生命即便“死亡”，仍然凝聚着“生”的意义：“这是死火。有炎炎的形，但毫不摇动，全体冰结，像珊瑚枝；尖端还有凝固的黑烟……映在冰的四壁，而且互相反映，化为无量数影，使这冰谷，成红珊瑚色。”

再次是生命存在形态的个性化特性。《野草》中几乎处处宣泄着个体生命对黑暗现实的不妥协的斗争，对孤独、寂寞、虚无，直至绝望的坚决的反抗。在这里，我们更多地感受到的是鲁迅的精神特征。如《秋夜》中的“枣树”：“最直最长的几枝，却已默默地铁似的直刺着奇怪而高的天空，使天空闪闪地鬼䀹眼”，“一无所有的干子，却仍然默默地铁似的直刺着奇怪而高的天空，一意要制他的死命，不管他各式各样地䀹着许多蛊惑的眼睛”。如《影的告别》中的“影”：“我独自远行，不但没有你，并且再没有别的影在黑暗

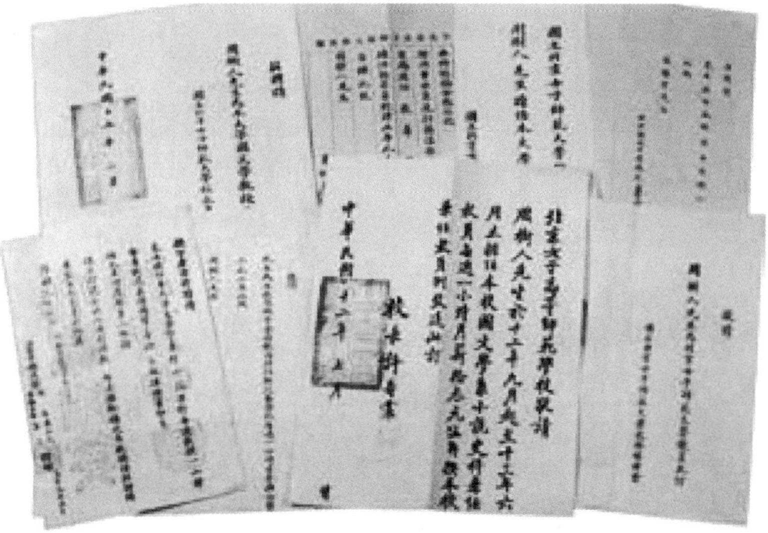

鲁迅在北京大学等校任教的部分聘书。鲁迅藏。现存北京鲁迅博物馆

里。只有我被黑暗沉没，那世界全属于我自己。”如《死火》中宁愿烧完自己的“死火”。如《希望》中的“我”：“用这希望的盾，抗拒那空虚中的暗夜的袭来”，但“盾后面也依然是空虚中的暗夜”，在这样陆续地抗拒中“耗尽了我的青春”，虽然衰老了，还要继续“肉薄这空虚中的暗夜”。如《这样的战士》中“战士”的冷静、冷峻与韧性：“他走进无物之阵，所遇见的都对他一式点头。”“他在无物之阵中大踏步走，再见一式的点头，各种的旗帜，各样的外套……但他举起了投枪。”“在这样的境地里，谁也不闻战叫：太平。太平……。但他举起了投枪！”

《野草》的确有相当费解的一面。有些章节甚至只可感受，不可理解。费解有两种，一是解开之后，发现什么也没有；二是解开之后发现里面还有解，而且愈解愈多。《野草》属于后者。二十三篇短短的散文诗组成的是薄薄的一小册，然而，其丰富的内涵却是那些篇幅超过它几十倍、几百倍的皇皇巨著难以比拟的。《野草》无疑是一位伟大的哲人、诗人以他超人的智慧和灵感开创的一个新的文学领地。这本小小的散文诗集，如《呐喊》《彷徨》成为中国现代小说的开山和经典一样，事实上已成为中国散文诗的开山与经典之作。

讲学

尚钺在《听鲁迅先生讲课》一文中回忆说："一群青年拥拥挤挤地走进教室来。在青年中间夹着一个身材并不高，穿着一件大概还是民国初年时代的'时新'小袖长衫的中年先生。他的头发很长，脸上刻着很深的认真和艰苦的皱纹。他离开这群青年走到讲台上，把两只虽不发光却似乎在追究什么的微微陷入的眼睛，默默地缓缓地扫视着渐渐静下来的学生。"这是时隔八年之后又回到讲台上的鲁迅先生，不过，这回是站立在中国最高学府的讲台上。

1912年鲁迅随教育部到北京的那年，京师大学堂改为北京大学。1917年出任北大校长的蔡元培，"循自由思想原则，取兼容并包主义"，聘请倡导新文化运动的人物执教，使北大不仅成为学术文化重地，更成了中国新文化运动和现代思潮的发源地。蔡元培说过："自陈独秀君来任学长，胡适之、刘半农、周豫才、周岂明诸君来任教员，而文学革命，思想自由的风气，遂大流行。"

鲁迅是1920年8月6日接到蔡元培签署的北京大学聘书的。据从1917年起就担任北京大学教授的周作人回忆，1920年，"北大国文系想添一样小说史，系主任马幼渔便和我商量，我一时也麻胡地答应下来了，心想虽然没有专弄这个问题，因为家里有那一部鲁迅所辑的《古小说钩沉》，可以作参考，那么上半最麻烦的问题可以解决了，下半再敷衍着看吧。及至回来以后，再一考虑觉得不很妥当，便同鲁迅说，不如由他担任了更是适宜。他虽然踌躇，可是终于答应了。"

鲁迅本是教育部的官员，到学校去兼课，倒也没出"教育"的范围。不过，如他同郁达夫笑说的那样："上讲台的时候，就得扮教授，到教育部去，

北京大学

北京师范大学。1920 年 8 月至 1926 年 8 月，鲁迅先后在北京大学、北京师范大学等八所学校任教

也非得扮官不可。”鲁迅不只在一所学校兼任教职。1920 年至 1926 年南下之前，他先后在数所学校兼课。1920 年 8 月至 1926 年，兼北京大学讲师、北京大学研究所国学门委员，讲小说史；1920 年至 1926 年，兼北京师范大学讲师，讲小说史；1923 年 10 月至 1926 年，兼北京女子师范大学讲师、校务维持会委员、国文系教授，讲小说史，又为国文系学生开设文选课；1923 年 9 月至 1925 年 3 月，兼世界语专门学校讲师、董事，讲小说史；1924 年 5 月至 6 月，兼集成国际语言学校课；1925 年 8 月至 12 月，兼黎明中学高中文科小说教员；1925 年 9 月至 11 月，兼大中公学高级中学部新文艺学科教员；1925 年 9 月至 1926 年 5 月，兼中国大学小说学科讲师。最多的时候，是 1925 年下半年，同时在七所学校

兼课，每周上课的时间，约占一周时间的一半。而此时又是鲁迅支持参与的女师大学生斗争最紧张的时候。鲁迅劳累过度，致使肺病复发，但他仍带病操劳。鲁迅如此辛苦，固然有名人之累的因素，但更多的是为了多点经济上的收入，因为离开八道湾后，买院修房，借了许多钱，鲁迅正处于经济困境之中。

鲁迅长期在教育部工作，有过教学经验，经过艰苦的学术研究，已经是新文化运动中最被看重的作家，他的教学效果是可想而知的。大部分听讲者都喜欢听鲁迅授课，大家都觉得听鲁迅的课简直是难得的精神享受。每当鲁迅讲课的时候，教室里两人一排的座位上总是挤着四五个人，找不到座位的学生就站在门边、走道，甚至坐在窗台上。诗人冯至回忆说：“本是国文系的课程，而坐在课堂里听讲的，不只是国文系的学生，别系的学生，校外的青年也不少，甚至还有从外地特地来的。那门课名义上是‘中国小说史’，实际讲的是对历史的观察，对社会的批判，对文艺理论的探索。有人听了一年课以后，第二年仍继续听，一点也不觉得重复。”“我们听他的讲，和读他的文章一样，在引人入胜、娓娓动听的语言中蕴蓄着精辟的见解，闪烁着智慧的光芒。”“譬如谈到秦始皇，他说‘许多史书对人物的评价是靠不住的。历代王朝，统治时间长的，评论者都是本朝的人，对他们本朝的皇帝多半是歌功颂德；统治时间短的，那朝代的皇帝就很容易被贬为暴君，因为评论者是另一个朝代的人了。秦始皇在历史上有贡献，但吃了秦朝年代太短的亏’。”

西安行

1924年7月，鲁迅等十余位学者应陕西省教育厅和西北大学邀请，赴西安做暑期讲学。鲁迅所讲仍为小说史。讲稿经鲁迅整理后，以《中国小说的历史的变迁》为题，载1925年西北大学出版的《国立西北大学、陕西省教育厅合办暑假学校讲演集》中，后编入《中国小说史略》的附录。在北京教育部，鲁迅对西安易俗社编演新剧就很关注。在西安期间，他先后四次往易俗社看戏。鲁迅认为西安地处偏远，交通不便，能有这样一个意在提倡社会教育，起移风易俗作用的剧社，实在难能可贵。适逢该社成立十二周年，鲁迅

陕西省西安暑期讲学开学式合影。1924年7月20日摄，第二排右起第十一人为鲁迅

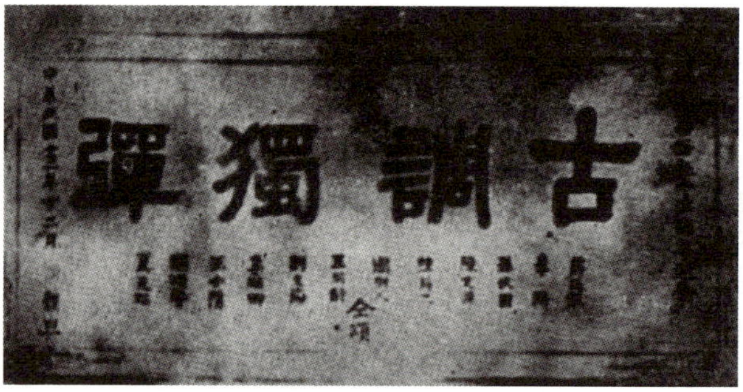

应邀观易俗社的剧，并亲笔题写“古调独弹”，制成匾额，与同去讲学者联名赠予易俗社

特亲题“古调独弹”四字，制成匾额，与同行者联名赠予易俗社，另将讲学酬金五十元捐赠。鲁迅和同行的孙伏园说：“只要够旅费，我们该把陕西人的钱，在陕西用掉。”

很少出外游览的鲁迅能作此行，原因之一是想借此机会到西安、临潼等地游览考察，为他早想创作的关于杨贵妃的戏剧小说作准备，可结果却是旅途的历险和创作激情的失落。当时火车只通到河南陕州，鲁迅一行人乘火车到陕州后，登船取道黄河逆流西行。没想到上船之后即遇大风大雨，彻夜不息。第二天船主惊告：“昨晚险呀！船不能下锚，倒行十余里，如果倒行到鬼门，那就没救了。龙王爷保佑，能安然无事，诸位先生真是大命的。”一百八十里黄河水道走了足足四天，抵潼关后换乘汽车，经过临潼时，游览了华清宫故址，入温泉沐浴。到了西安后，鲁迅讲学之余，游览了碑林、孔庙、大小雁塔、曲江灞桥、昭陵石刻等，逛了古董铺，买了碑帖、土偶、瓷鸠、瓷猿、陶瓶，还买了被当地人叫作“卤鸡”的弩机。然而，说起计划中的为写作《杨贵妃》做实地考察的事来，鲁迅原本从文字中得来的和想象中的盛唐气魄，被沿途的满目黄土，被颓败的关隘村落，被残破得比北京更为寂寞荒凉的西安古城彻底打破了。《杨贵妃》之梦的破灭是很沉痛的，十年之后，遗憾仍在鲁迅心头，他在 1934 年 1 月 11 日致山本初枝的信中说：“我为了写关于唐朝的小说，去过长安。到那里一看，想不到连天空都不像唐朝的天空，费尽心机用幻想描绘出的计划完全被打破了，至今一个字也未能写出。原来还是凭书本来摹想的好。”

现代小说家的古代小说史

如果不是周作人揽下了中国小说史的课程，在中国学术史上，就有可能失去由鲁迅开创中国小说史学科的机会。

不过，在鲁迅自己，于北京大学开讲之前，已早有相当深厚的学术积累。

鲁迅致胡适信。1923 年 12 月 28 日，鲁迅写信给胡适，信中接受了胡适的某些意见，在《中国小说史略》的后半部分加强了论断

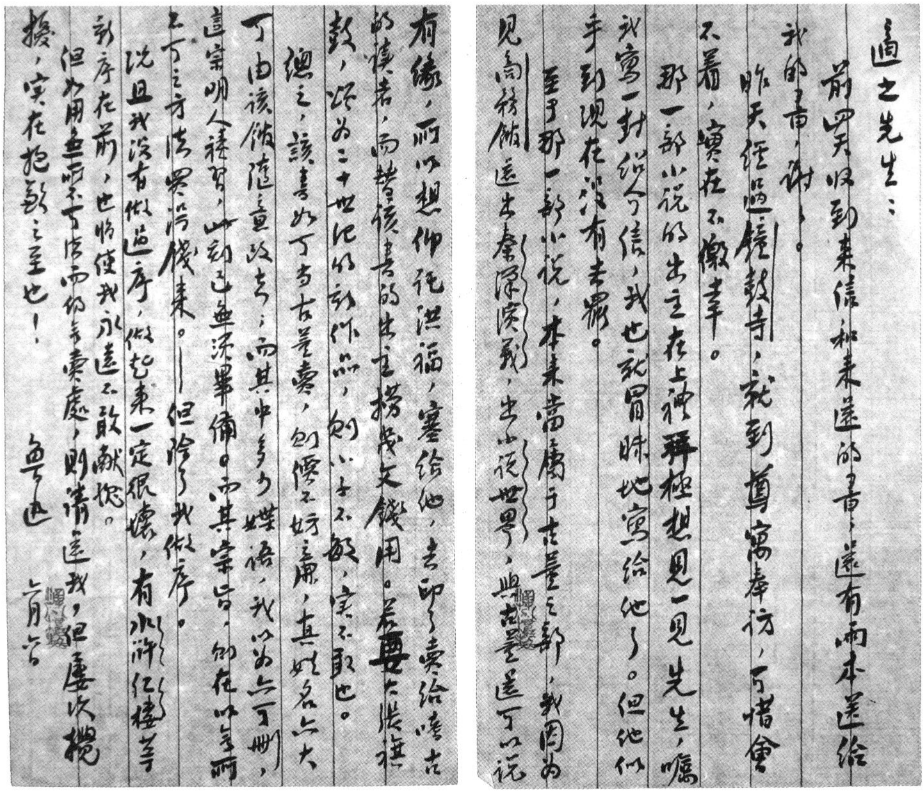

适之先生：

前四天收到来信和未还的书，还有两本送给我的书，谢谢。

昨天经过钟鼓寺，就到尊寓奉访，可惜会不着，实在不凑巧。

那一部小说的出主在上海，非常想见一见先生，嘱我写一封绍介信，我也就冒昧地写给他了。但他似乎到现在没有去罢。

至于那一部小说，本来当属于古董之部，我因为见商务馆连出秦汉演义，出小说世界，与古董还可以说有缘，所以想仰托洪福，塞给他，去印了卖给嗜古的读者，而替该书的出主捞几文钱用。若要大张旗鼓，评为二十世纪的新作品，则小子不敏，实不敢也。

总之，该书如可当古董卖，则价不妨廉，真姓名亦大可由该馆随意改去；而其中多少媟语，我以为亦可删，这宗明人习气，此刻已无须毕备。而其宗旨，则在以二百元之方法，卖得钱来。——但除了我做序。

况且我没有做过序，做起来一定很坏，有水浒红楼等新序在前，也将使我永远不敢献丑。

但如用无所不可法而仍无卖处，则请还我，但屡次搅扰，实在抱歉之至也！

鲁迅 十二月廿八

《中国小说史略》1920 年油印本讲义，26.8cm × 18.5cm；1922 年铅印本讲义，29.5cm × 24cm。新潮社初版本（1923 年出版上册，1924 年出版下册）。鲁迅藏。现存北京鲁迅博物馆

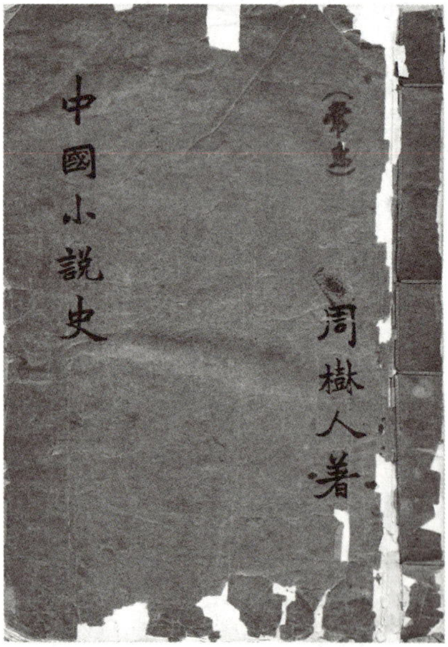

1920 年《中国小说史》油印稿

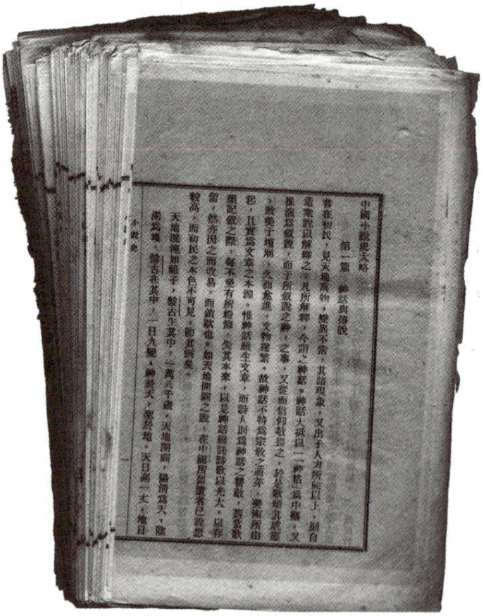
中國小說史大略

第一篇 神話與傳說

昔在初民，見天地萬物，變異不常，其諸現象，又出于人力所能以上，則自造衆說以解釋之：凡所解釋，今謂之神話。神話大抵以一「神格」爲中樞，又推演爲敘說，而于所敘說之神，之事，又從而信仰敬畏之，於是歌頌其威靈，致美于壇廟，久而愈進，文物遂繁。故神話不特爲宗教之萌芽，美術所由起，且實爲文章之淵源。惟神話雖生文章，而詩人則爲神話之仇敵，蓋當歌頌記敘之際，每不免有所粉飾，失其本來，是以神話雖託詩歌以光大，以存留，然亦因之而改易，而銷歇也。如天地開闢之說，在中國所留遺者已設想較高，而初民之本色不可見，即其例矣。

天地混沌如雞子，盤古生其中，一萬八千歲，天地開闢，陽清爲天，陰濁爲地，盤古在其中，一日九變，神於天，聖於地，天日高一丈，地日

小說史

1922 年《中国小说史大略》讲义

从日本回国到北上北京之前，他就辑录了唐以前的三十六种小说逸文，集为《古小说钩沉》，并在1912年署周作人名发表的序中透露说："余少喜披览古说。"此后辑录的还有《唐宋传奇集》《小说旧闻钞》。这构成鲁迅讲授和撰写《中国小说史略》的主要史料。

正如鲁迅所说，因为"在中国，小说不算文学，做小说也不能称文学家"，自然也没有做学问的人愿意把中国小说作为研究对象，对它进行系统的梳理与探讨，所以"中国之小说自来无史"。讲授中国小说史，撰写《中国小说史略》，便是一项艰苦的学术拓荒工作了。他必须从繁杂的故书中搜寻可用的资料，他必须对散乱的材料做去粗取精、去伪存真的清理和考证，他必须从杂陈的头绪中理出清晰的脉络，更要对千年的流变做出精到的评说，没有深厚的学养，没有独到的史家眼光，是绝对不敢涉足的。

从20世纪20年代初北京大学印发讲义，20年代中出版社正式出版，到30年代数次修订，1935年第10版最后定稿，前后经过了十五年。《中国小说史略》从上古的神话传说、鬼神志怪，到唐宋传奇、宋元话本，再到明清小说，鲁迅清晰地描述出我国古代小说萌生、成长、成熟的全过程，勾勒出我国小说发展的基本轮廓，为小说史作为一门独立的学科奠定了坚实的基础。

鲁迅的史家眼光，突出地表现在他从广泛的、历史的、社会的条件下考察分析小说的发展，对历史上的重要文学现象和重要小说作品提出自己的独到见解。如分析《三国演义》的人物时说："至于写人，亦颇有失，以致欲显刘备之长厚而似伪，状诸葛之多智而近妖。"作为附录的《中国小说的历史的变迁》，虽说大体上是《中国小说史略》的缩编，但又补充了不少新的观点与例证。如论证诗歌起源于劳动和宗教，而小说，"我以为倒是起于休息的。人在劳动时，既用歌吟以自娱，借它忘却劳苦了，则到休息时，亦必要寻一种事情以消遣闲暇。这种事情，就是彼此谈论故事，而这谈论故事，正就是小说的起源”。再如关于《红楼梦》,《中国小说史略》中说“正因写实，转成新鲜”,《中国小说的历史的变迁》中则进一步说：“至于说到《红楼梦》的价值，可是在中国底小说中实在是不可多得的。其要点在敢于如实描写，并无讳饰，和从前的小说所叙好人完全是好，坏人完全是坏的，大不相同，所以其中所叙的人物，都是真的人物。总之自有《红楼梦》出来以后，传统的思想和写法都打破了。——它那文章的旖旎和缠绵，倒是还在其次的事。”鲁迅关于中国小说的许多论断，一直为后来的研究者所引用。

因为研究中国小说史，鲁迅同也研究中国小说史的胡适的关系进一步密切了。他们相互之间有着较多的学术切磋、学术交流。鲁迅的《中国小说史略》出版前后，都曾征求和采纳过胡适的意见，也引用了胡适的研究成果。胡适原想做一部《中国小说史》，也拟过几条办法，未能如愿，看到鲁迅的书出版了，他很高兴地说：“在小说的史料方面，我自己也颇有一点贡献。但最大的成绩自然是鲁迅先生的《中国小说史略》；这是一部开山的创作，搜集甚勤，取材甚精，断制也甚谨严，可以替我们研究文学史的人节省无数精力。”陈源诬指鲁迅的《中国小说史略》有“剽窃”日本学者盐谷温著述之嫌，鲁迅非常气愤，写文章予以回击。胡适也说话了，他在1936年12月致苏雪林的信中为鲁迅鸣不平：“通伯先生（陈源。笔者注）当日误信了一个小人之言，说鲁迅之小说史是抄袭盐谷温的，就使鲁迅终身不忘此仇恨！现今盐谷温的文学史已由孙俍工译出了，其书是未见我和鲁迅之小说研究以前的作品，其考据部分浅陋可笑。说鲁迅抄袭盐谷温，真是万分的冤枉。盐谷温一案，我们应该为鲁迅洗刷明白。”

无意做导师的导师

1925年4月3日下午，北京大学学生冯至跟随讲完课的鲁迅到教员休息室，把他们编辑的一本刊物赠送给鲁迅。过了整整一年后，鲁迅在《一觉》中写道：“我在北京大学的教员预备室里，看见进来了一个并不熟识的青年，默默地给我一包书，便出去了，打开看时，是一本《浅草》。就在这默默中，使我懂得了许多话。阿，这赠品是多么丰饶呵！可惜那《浅草》不再出版了，似乎只成了《沉钟》的前身。那《沉钟》就在这风沙澒洞中，深深地在人海的底里寂寞地鸣动。”

冯至读到这些文字时激动不已：“大约是四月里的一个星期日，我一如既往地从报童手中买到刚刚出版的《语丝》，当我在鲁迅的《一觉》中看到‘浅草’和‘沉钟’的字样时，我的心里多么意想不到的激动啊！那一天，我们好像度过一个小小的节日。”从此以后，冯至同浅草——沉钟社的朋友们多次到鲁迅家中拜访。当停刊后的《沉钟》周刊改为半月刊出版时，鲁迅亲自写信请陶元庆作封面，并为联系印刷发行等事。后又先后把自己的《坟》及译作《小约翰》寄给冯至等。

对与自己关系并不紧密的文学社团、文学流派尚且如此关心，可以想见鲁迅对文学青年的成长，对以青年为主的文学社团、文学流派的发生与发展，倾注了多大的心血！

1924年，孙伏园因为受到晨报馆的排挤辞职之后，提议创办《语丝》周刊，得到鲁迅的大力支持。孙伏园辞职办《语丝》的直接原因是代理总编辑抽去了他已发排的鲁迅的稿子，深层原因则是为了不受人牵制，“用自己的钱，说自己的话”，打破中国思想界的沉闷。鲁迅对《语丝》，从筹划、筹集经费、印刷发行，到编辑指导、撰稿等各方面都给予了有力的支持。第1期出版就付了超出商定量的印刷费。《语丝》创刊第一年，发表作品四十三篇，《野草》中二十四篇散文诗，全部发表在《语丝》上。《论雷峰塔的倒掉》《再论雷峰塔的倒掉》《说胡须》《论睁了眼看》等名篇，也是首见于《语丝》的。鲁迅始终是《语丝》的主帅。《语丝》形成鲁迅所倡导的特色：“任意而谈，无所顾忌，要催促新的产生，对于有害于新的旧物，则竭力加以排击。”由于这一鲜明的个性，《语丝》一出世就受到欢迎，第1期就再版七次，发行一万五千份，成为中国文化界极有影响的刊物，对于新文学的发展，起到了承前启后的历史作用。

鲁迅出力最大的是组织创办未名社，编辑出版发行《未名丛刊》《未名新集》《莽原》半月刊和《未名》半月刊。未名社的起因，是鲁迅看了李霁野、韦丛芜的译稿后，极力扶持青年们的翻译，而当时一般的出版部门不肯印行文学青年的译作，便建议他们自己成立出版社。鲁迅在《两地书》中还说过：“中国现今文坛（？）的状况，实在不佳，——但究竟做诗及小说者尚有人。最缺少的是‘文明批评’和‘社会批评’，我之以《莽原》起哄，大半也就为了想由此引些新的这一种批评者来，虽在割去敝舌之后，也还有人说话，继续撕去旧社会的假面。”据李霁野统计，鲁迅日记中关系未名社的记事，约七百则，寄未名社成员信三百多封。鲁迅为未名社，为指导青年们的文学活动，付出大量的时间与精力。除了写什么、译什么的随时指导，更多的是为社员们看稿、改稿、校稿，还兼管装帧设计，考虑销售发行。除鲁迅的几部作品外，共出版其他成员的译作、创作二十多种。

在鲁迅大量的藏书中，有不少是文学青年、青年作家留言签名后赠送给他的。大部分书上写有“请鲁迅先生教正”，“鲁迅先生指正”，“赠鲁迅先生批评教正”，“敬请鲁迅先生诲正”，“呈鲁迅师”等。青年作家愿意把自己的作

鲁迅主编及参与编辑的部分刊物。鲁迅藏

品呈送鲁迅先生，希望得到先生的指教，绝非一般应酬性礼节表示，而是发自内心深处的真诚愿望。他们用这种特殊的方式，衷心感谢他们心中的导师。为鲁迅《野草》设计封面的孙福熙，在送给鲁迅的《山野掇拾》的扉页上写道："豫才先生，当我要颓唐时，常常直接或间接从你的语言文字的教训得鞭策，使我振作起来；这次你欲付印'山野掇拾'，也无非藉此鼓励我罢了，我不敢使你失望，不得不重新做起；而我没有时候再来说这本书中的缺点了。"作者在送给鲁迅的《北京乎》上写的是："豫才先生：你是如此希望青年的前进的，所以我在《山野掇拾》出版后，想努力写成一本较好的书，然而现在连我自己也知道愈写愈没有生气了，这也可证明你'救救孩子'的呼喊是难免失望的。"鲁迅与文学青年的关系，他在青年作家心目中的重要位置，由此可见一斑。

较早受到鲁迅直接指导的"湖畔诗人"汪静之回忆说："《蕙的风》原稿在1921年鲁迅先生曾看过，有不少请他曾略加修改，并在来信里指导我应该怎样努力，特别举出拜伦、雪莱、海涅三个人的诗要我学习。"在创作上不断受到鲁迅耐心的较长时间指导的是许钦文。仅在鲁迅日记书信中，涉及许钦文的就有二百五十多处。1924年1月至5月，许钦文与鲁迅面谈

“大红袍”的出品有一段非常有趣的故事。一天晚上，许钦文和陶元庆到北京天桥去看戏，“演的是古装戏，剧中人多半穿着单色的青衣、绿衫或者大红袍。看完戏，已是半夜，元庆躺在床上，一夜没有睡熟，摇动着两脚咿咿唔唔地吟诗”。许钦文知道他来了灵感，并为之构思，不敢去打扰他。第二天一早，陶元庆“起身就作画，没有盥洗，也没有吃点心。直到傍晚，《大红袍》就画好了”。他又把这件作品装入画框，并双手捧着画框“侧着脸，这样看，那样看，擎远点看，逼近点看，也倒竖着看”，自己满意后，又拿给许钦文征求意见，许钦文看后，惊喜地称赞道“很好！”陶元庆听后，更是高兴不已。之后，许钦文在和鲁迅的一次闲聊中，把陶元庆创作“大红袍”的经历和过程讲给了鲁迅，鲁迅听后，非常感动。

鲁迅曾嘱许钦文：“这幅难得的画，应该好好地保存。钦文，我打算把你写的小说结集起来，编成一本书，定名《故乡》，就把《大红袍》用作《故乡》的封面，这样，也就把《大红袍》做成印刷品，保存起来了。”“而且要赶快做！”因了鲁迅，这幅书籍装帧史上的经典之作“大红袍”才能流传至今。

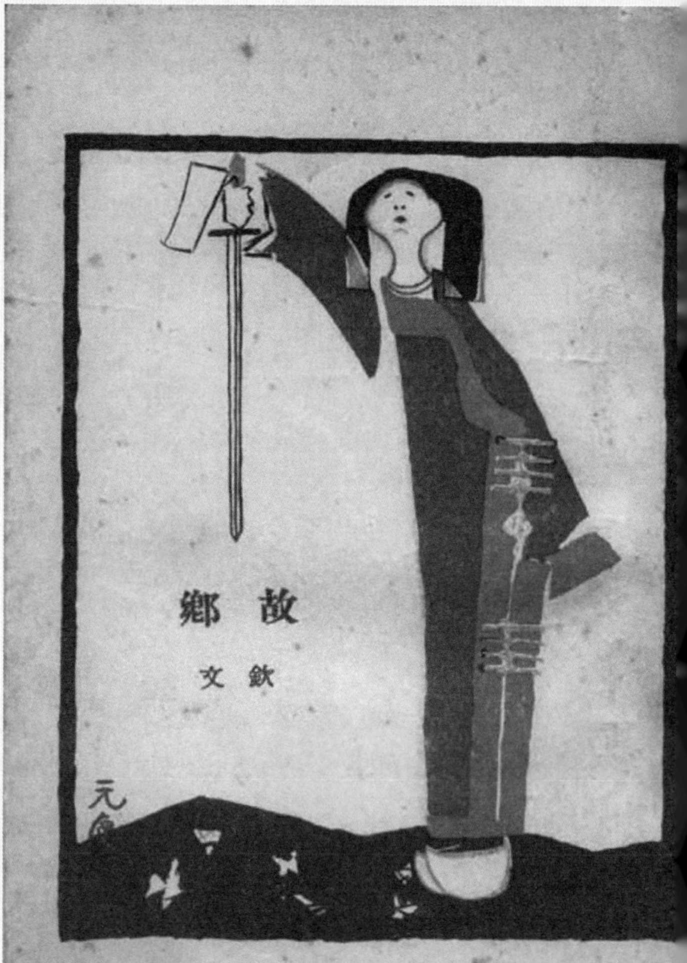

陶元庆为《故乡》设计的名为“大红袍”的封面

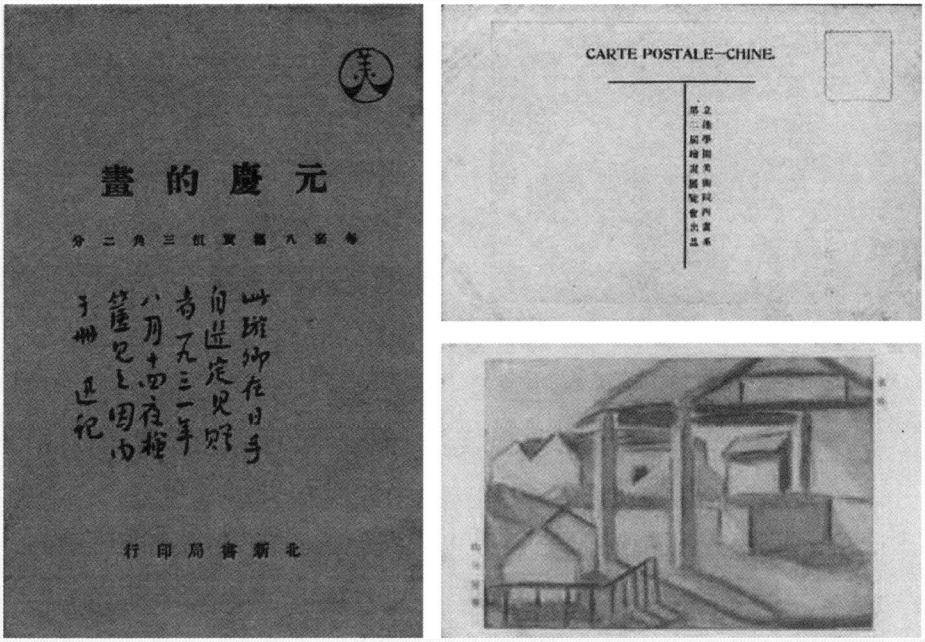

鲁迅收藏的部分《元庆的画》明信片

鲁迅帮助青年编选、校订、出版的部分译著。鲁迅藏。现存北京鲁迅博物馆。高长虹的《心的探险》由鲁迅编选并制作封面。鲁迅说："我这几年来，常想给别人出一点力，所以在北京时，拼命地做，忘记吃饭，减少睡眠，吃了药来编辑、校对、作文。"李霁野译俄国安德烈夫的《往星中》，鲁迅编入《未名丛刊》之一

不下十七次，每月近三次。鲁迅收藏有许钦文小说集十二本。第一本小说集《故乡》由鲁迅选编而成。编成一年未能出版，其间又写了不少，鲁迅便重新选编一次。出版没有经费，鲁迅垫上《呐喊》的版税。《故乡》排印了，又是鲁迅代为校对，其时鲁迅正在医院避难，是在木匠房里睡地铺的情况下校对的。许钦文说鲁迅“是我的私淑老师，我可以算作他的私淑弟子”并不为过。

鲁迅很喜欢和青年人来往，他只想做青年的朋友，而青年们却自然而真诚地把鲁迅先生当作心中的文学上乃至人生道路上的导师。在结识鲁迅之前，他们受到的是鲁迅作品巨大力量的感召，在结识鲁迅之后，又格外受到鲁迅人格力量的吸引。甚至仅仅是书信往来，也往往产生决定甚至改变人生道路与文学道路的重大作用——鲁迅从而成为他们献身文学事业的终生的精神导师。

“风子是我的爱”

鲁迅的魅力，对青年学生的吸引力，除他的作品、学识外，更多来自他对年轻人向来怀有特别好感的善良真诚的天性。

随着在几所高等学校的连续兼课，鲁迅与青年的交往日渐增多。一批又一批热情好学的青年成了鲁迅寓所的常客，四处来的书信文稿在鲁迅的书桌上聚散。年轻人固然由此受到鲁迅极大的影响，鲁迅自己的生活也因此发生了不小的变化。原本冷清的寓所热闹起来了，原本沉闷的空气被欢声笑语打破了。尤其是《新青年》阵营分化之后以及与周作人失和之后造成的精神寂寞、苦痛、失落，在很大程度上得到了弥补。

1925 年早春三月，在西三条安定下来的鲁迅，正准备在小小的院内栽植紫丁香、白丁香的时候，收到了许广平的第一封信——

鲁迅先生：

现在执笔写信给你的，是一个受了你快要两年的教训，是每星期翘盼着希有的，每星期三十多点钟中一点钟小说史听讲的，是当你授课时，坐在头一排的座位，每每忘形地直率地凭其相同的、刚决的言语，在听讲时好发言的一个小学生。她有许多怀疑而愤懑不平的久蓄于中的话，这时许是按抑不住吧，所以向先生陈诉。

只读了开头一段，鲁迅眼前就浮现出这位给他留下很深印象的女学生来：高高的个头，壮实的身体，每次听课却总是坐在第一排，神情专注，又爱发言。

鲁迅并且知道，她还是学生自治会的干事，年龄好像偏大些，能力很强，很有威信。

许广平在信中敞开心扉，直言自己在学校风潮中遇到的想不通的人、事，请鲁迅指教。因为她自信自己是一个刚率的人，更信先生比她刚率十二万分，所以她才尽量地直言，望先生给她真切的明白的引导。信的最后呼请先生拯拔青年的灵魂："能够拯拔得一个灵魂就先拯拔一个！先生呀！他是如何的'惶急待命之至'！"

"直率""刚决"，急迫的声音，不能不打动鲁迅的心。鲁迅当天即提笔作答，复信写得很认真、很长。鲁迅从未写过这么长的信，洋洋洒洒、齐齐整整地写满了四大张红线信笺。流畅洒脱的毛笔行书赏心悦目。

从 3 月 11 日开始第一封通信，到 4 月 10 日，一个月之内，书信往来达十一封之多。4 月 12 日，西三条院内刚刚栽好的丁香正在生根发芽吐蕾的时候，许广平首次登门拜望。到 7 月底，双方通信突然中止。四个多月里总计通信四十一封。翻阅原信，从师生间关于学校教育、学生运动、社会问题、人生哲学、思想

许广平（1898—1968），自号景宋，广东番禺人，1923 年进入女子高等师范学校（后改为北京女子师范大学）国文系学习

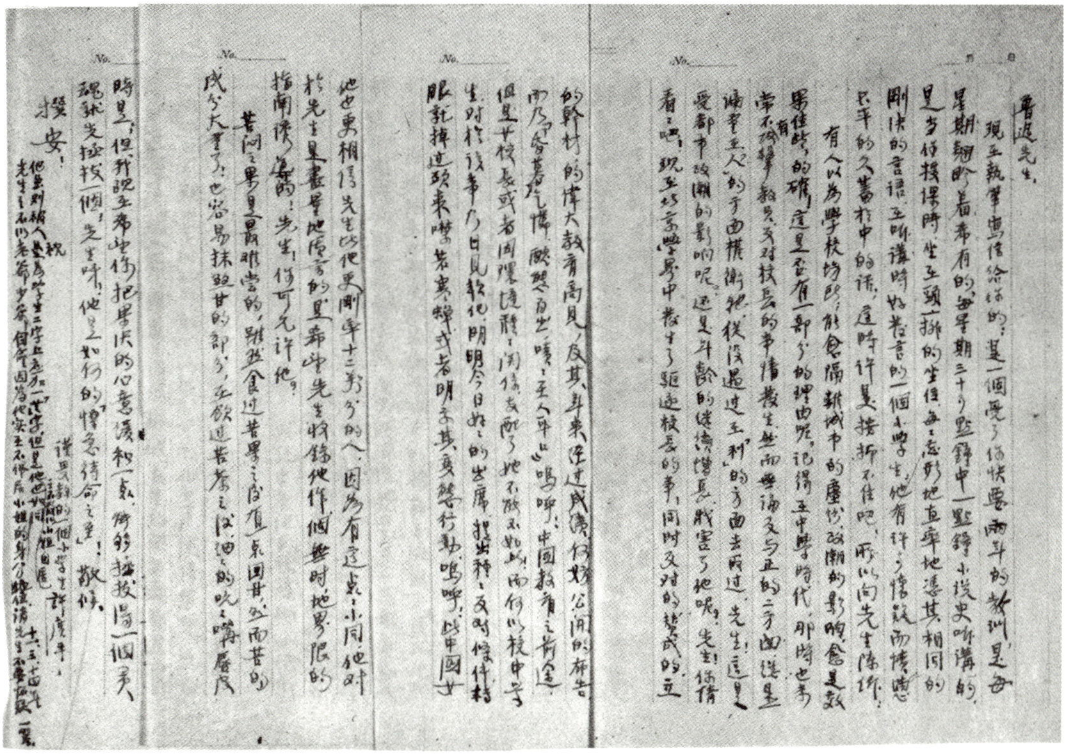

1925 年 3 月 11 日，许广平首次致信鲁迅，就女师大之事向鲁迅请教。
22cm × 14.8cm。鲁迅藏

苦闷等的讨论、交心、谈心，发展到关于家庭、关于吃饭、关于是否喝醉酒的戏谑；从署名“小学生许广平”到署名“（鲁迅师所赐许成立之名）小鬼许广平”；从署名“鲁迅”到只署一个“迅”字；从称许广平为兄到戏称为“大人”“阁下”“害马”；从许广平自称“愚兄”到称呼鲁迅为“嫩弟弟”，同气相求的师生之谊很快发展到心心相印的异性间的愉悦与爱恋，真切生动地记载着从师生到恋人“所经历的真相”。

此后，仍然同在北京的一年多的时间里，两人再未通信，他们之间的感情

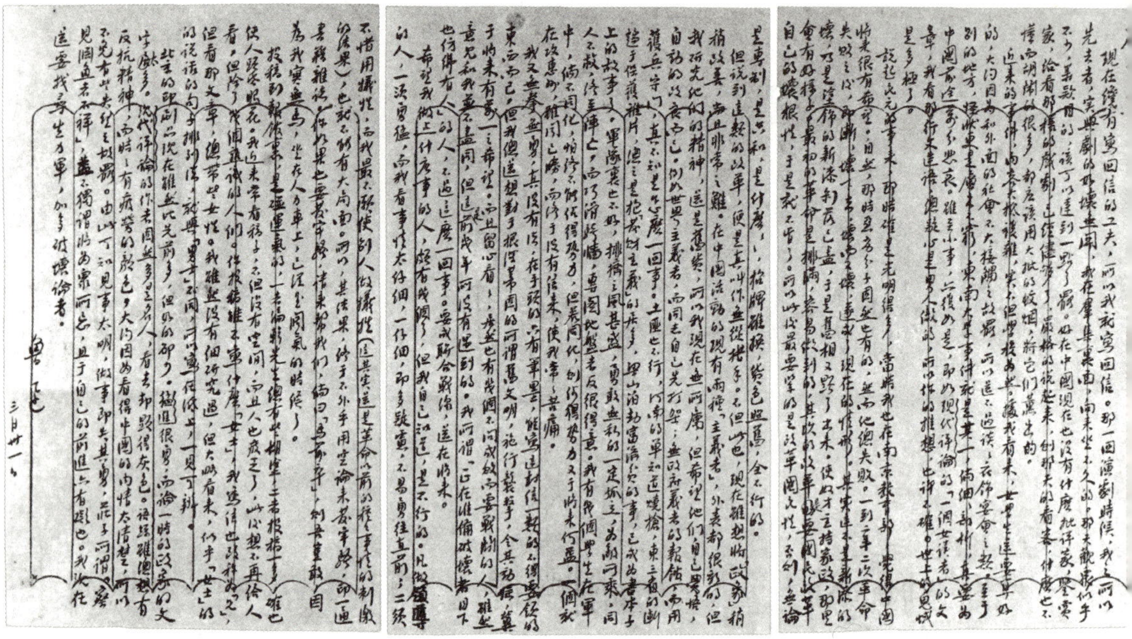

鲁迅得许广平信后，当日即复，书信往来由此开始

交流已由面见的方式取代了书信的传递。大约在两人关系发生“质变”之时，许广平写过一篇《风子是我的爱》的文章，许广平写道：“风子是我的爱，于是，我起始握着了风子的手。”“奇怪，风子同时也报我以轻柔而缓缓的紧握，并且我脉搏的跳荡，也正和风子呼呼的声音相对，于是，它首先向我说：‘你战胜了’！真的吗？偌大的风子，当我是小孩子的风子，竟至于被我战胜吗？”

在此之前的近二十年内，鲁迅一直被困于没有爱情的婚姻的城堡中。这城堡没有门，也没有窗。尽管他早已为他自己，为有着相同不幸的人们“叫出没有爱的悲哀，叫出无所可爱的悲哀”，并表示“要叫到旧账勾消的时候”，但他从未有过从围困自己的城堡上开一扇门出来的打算。这时候许广平帮他开了一扇门，并把手伸了进去；鲁迅本能地握住了许广平的手，但他还在为能不能出来，可不可出来而犹疑，而痛苦。因为就在他们握手的地方，东侧有母亲在，西侧有朱安在；还因为他们之间相差十七岁，而且一方已婚，一方未婚。

多少年来，一直咀嚼着无爱的婚姻苦果的鲁迅，不是不知道爱、不懂得爱才无爱，他是理解爱、懂得爱而默默地充当着无爱婚姻的悲剧的主角，他的无爱的苦痛更甚于他人。他应该挣脱出来，但他太有理性，也是太懂得爱了，他有爱情之外的种种顾忌，现在，他又有了爱情之内的种种顾忌。他不是敢不敢而是肯不肯走出无爱的囚笼。他的焦虑，他的痛苦，与他的渴望成正比。假如他要紧拉着许广平的手走出来，就必须战胜自我，同过去之我决然告别，并要寻找一种告别的方式。

《孤独者》《伤逝》，还有《腊叶》，就写在这个时候。这些作品至少透露出这样一些信息：他决心要同一位“孤独者”告别了，他要同过去之我告别了。他在思索，他在寻求适当的告别方式。但无论用什么方式告别，他都无法拒绝一位年轻的异性的生命之爱了。当然，他有可能选择如《腊叶》所表示的那种方式——只是默默地将对方的爱珍藏在自己心底。这种爱的回报只有他一个人知道。他有可能仍然是一位“孤独者”。

在女师大风潮中

北京女子师范大学是当时国内女子最高学府。鲁迅应聘任教时，好友许寿裳为该校校长。1924 年，许寿裳因反对彭允彝任教育总长愤而辞职，继任者为曾经留学日本和美国的女学者杨荫榆。按说，女子出任大学校长，出任女子大学校长，在中国，在学界，在女界，也算开风气之先，学校师生原本是抱有希望的。不料杨荫榆上任不到两个月，其所作所为，大多不按章程，不依手续，不尊重教师和学生，恣意妄行，刚愎自用，很快就引起全校师生的强烈不满。1924 年 11 月，因江浙战争期间道路被阻，三名学生未能按时返校，缺课两月余，杨荫榆以违章为由勒令三人退学。学生自治会代表据理要求杨荫榆收回成命，被杨辱骂，酝酿已久的“女师大风潮”由此爆发。1925 年 1 月，学生会开会做出决定，不承认杨荫榆为校长；派学生代表赴教育部诉述杨治校以来种种黑暗情形，请求撤换校长；召开记者招待会，散发驱杨宣言。3 月，孙中山病逝，北京各界举行公祭活动，杨荫榆阻挠学生参加，诬蔑“孙中山实行共产共妻”。5 月，杨荫榆利用学生举行“五七”国耻纪念活动之机，借故开除学生自治会领导成员刘和珍、许广平等六名学生。学生自治会针锋相对，于 5 月 11 日召开全体成员紧急大会，议决驱逐杨荫榆出校，封锁其办公室，在校门口张贴启事，上写：“杨荫榆先生注意！同人等早已否认先生为校长，请以人格为重，幸勿擅入校门。”鲁迅为学生自治会代拟了呈文，说明女师大学潮真相，斥责杨荫榆“视学生如土芥，以大罚为儿戏”。5 月 12 日，女师大学生将呈文递交教育部。5 月 21 日，鲁迅出席了学生自治会召开的校务维持讨论会，当天，写成《“碰壁”之后》一文，揭露了杨荫榆以“婆婆”

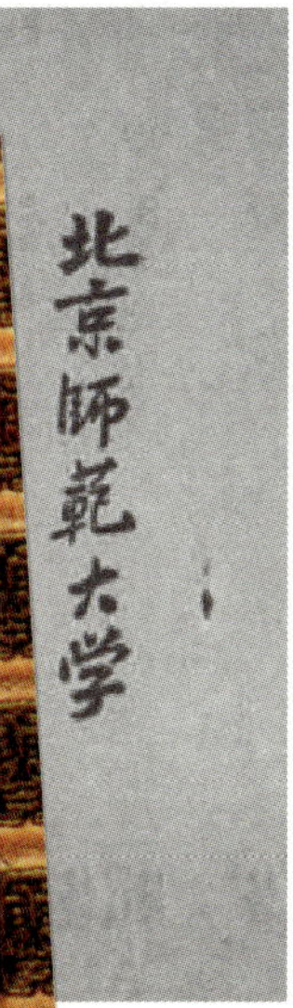

的五卅惨案，
编印的《五卅
5cm×12.6cm。

北京女子师范大学。1924 年秋至 1925 年底，这里发生了波及全国的“女师大风潮”

自居，把学生当作“一群童养媳”的封建家长式的统治。5 月 27 日，鲁迅拟稿，与马裕藻、沈尹默、钱玄同、周作人等共同签署的《对于北京女子师范大学风潮的宣言》在《京报》发表。三天后，震惊中外的五卅惨案发生，女师大学生的“驱杨运动”汇入全国范围的反帝反封建斗争之中。

7 月底，杨荫榆在教育总长章士钊的支持下，开始策划镇压女师大风潮。

7 月 30 日深夜，杨荫榆趁住校学生熟睡之际，派人潜入校内，张贴布告，宣布解散女师大学生自治会。8 月 1 日，杨荫榆带武装军警百余人包围女师大，亲自率领打手、私党二十余人入校，解散班级，武力驱逐学生，学生受伤者十余人。当天晚上，为堵塞杨荫榆之流散布的“男女学生混杂”的流言，鲁迅应学生请求，在女师大教务处值夜，替学生做证。8 月 6 日，章士钊在国务会议上提请通过停办女师大令。8 月 7 日，女师大学生召开紧急会议，成立了由学生与教员代表组成的校务维持会。8 月 8 日，鲁迅与马幼渔等五名教员向全体教员发出“倡议信”，倡议召开教员全体会议，“共商善后之法”，

鲁迅在北京用的砚台

以“冀中国唯一之女子最高学府不至陷于绝境”。8 月 10 日，北洋政府颁布停办女师大令，女师大师生立即在《京报》发表启事，宣告“章士钊欺内媚外，摧残教育”，“若章士钊在部，敝校与教部完全脱离关系”。8 月 17 日，章士钊召集部务会议，正式决定将女师大改组为国立北京女子大学，自任女子大学筹备处处长。8 月 19 日，在武装巡警保护下，章士钊派人强行接收女师大，学生七人受伤，十四人被捕。女师大学生通电全国。这天，鲁迅在校务维持会，研究对策至深夜方归。8 月 20 日和 22 日，章士钊派人率巡警打手第二次、第三次冲入女师大，武力驱逐学生出校，造成多人受伤、七人失踪的严重事件，激起北京教育界及各界团体联合举行声势浩大的“恢复教育，驱章大示威运动”。紧急中鲁迅得不到许广平的消息，焦急万分，托人各处打听，找到许广平后让她住在西三条自己寓所的客房里，躲过最危急的几天。8 月 26 日，鲁迅与四十余名北大教员联名发表《反对章士钊的宣言》。与此同时，他与校务维持会其他成员一起，另赁宗帽胡同房屋作新校址，并决定义务上课，竭力维持女师大的存在。

控告章士钊

1925年下半年，是鲁迅最忙碌最紧张的时候。除教育部公务外，同时在七所大、中学校兼课。8月中旬至月底，单是参加女师大校务维持会，不到二十天就有十余次。8月到次年1月，创作和译作总计五十余篇。此外，还要接待一批又一批的青年来访者，组织未名社，帮青年们改稿、编稿、校稿、印稿。偏偏在这个时候，发生了杨荫榆、章士钊虐待青年学生的种种劣行。已经到了20世纪20年代中期，在堂堂女子最高学府，居然有人做起中国式的“婆”“媳”之梦，这是鲁迅无法容忍的。他不能不义愤填膺，不能不奋起抗争。也是在这个时候，在他和许广平交往的情感世界中，陷入了退与进、拒绝与接受的两难困境之中。

劳累过度，外感内焦，鲁迅病了，病得很重很重，但他不声不响。不声不响地喝酒、抽烟。十一年后，鲁迅在给母亲的信中说：“男所生的病，报上虽说是神经衰弱，其实不是，而是肺病，且已经生了二三十年，被八道湾赶出后的一回，和章士钊闹后的一回，躺倒过的，就都是这病……男自己也不喜欢多讲，令人担心，所以很少人知道。”

“和章士钊闹”，指的就是在女师大风潮中，同章士钊斗争，被章士钊借故免职，鲁迅愤而状告章士钊一事。

章士钊是在女师大学生发起驱逐杨荫榆运动后的1925年4月，以司法总长之职兼任教育总长的。章士钊上任一周之后，鲁迅在致许广平的信中表示了自己的担心：“此人之来，以整顿教育自命，或当别有一反从前一切之新法（他是大不满于今之学风的）。”

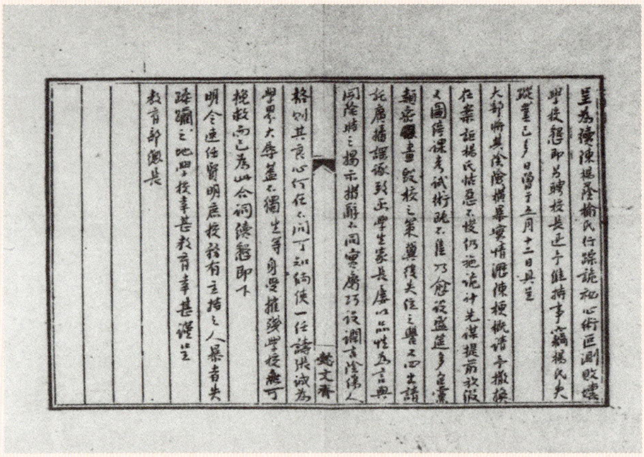

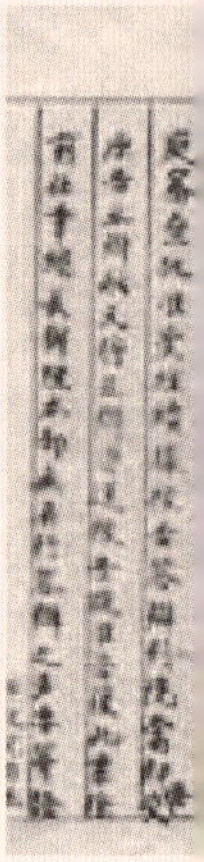

鲁迅帮助女师大学生起草的驱逐校长杨荫榆呈教育部文手稿。25.4cm × 31.8cm。鲁迅藏。现存北京鲁迅博物馆

鲁迅的担心是对的，而且，章士钊的整顿直接拿鲁迅开刀了。以鲁迅在文化界的地位，在青年学生中的声望，在风潮中始终站在进步学生一边，指导学生的斗争，所起的作用是可想而知的。支持杨荫榆镇压学生运动的章士钊，自然要想法除掉眼中之钉。他先来软的，派人传话给鲁迅：“你不要闹，将来给你做校长。”这简直是对鲁迅人格的侮辱，只能激起鲁迅更大的愤怒。接着来硬的。章士钊于提请北洋政府颁布停办女师大令后的 8 月 12 日，呈请段祺瑞将鲁迅免职。13 日段祺瑞明令照准，14 日免职令正式发表。鲁迅受到迫害，立即引起教育部内外人士的强烈反响。15 日，《京报》发表《周树人免职之里面》一文，文中指明：“自女师大风潮发生，周颇为学生出力，章士钊甚为不满，故用迅雷不及掩耳手段，秘密呈请执政准予免职。”

教育部不少同人以提出辞职表示抗议，鲁迅的好友，教育部常任编译员许寿裳、教育部视学齐宗颐公开在《京报》发表《反章士钊宣言》，谴责章士钊“秘密行事，如纵横家”，表示“今则道揆沦丧，政令倒行，虽在部中，义难合作。自此章士钊一日不去，即一日不到部，以明素心而彰公道”。鲁迅本人立

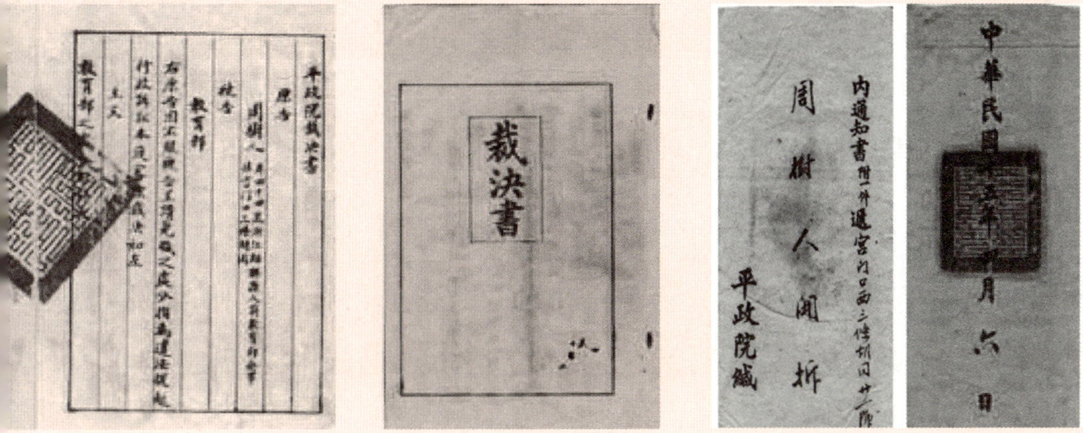
平政院裁決書
原告
周樹人
被告
教育部
主文

裁決書

內通知書 附一件
周樹人
平政院緘

中華民國

1925 年 8 月，鲁迅赴平政院递诉，控告教育总长章士钊，平政院裁决鲁迅胜诉。这是 1926 年 3 月 23 日鲁迅收到的平政院送达裁决书的通知及裁决书

即采取更为激烈的行动，于免职令正式公布的第二天，即起草起诉书，控告章士钊。这当然需要非凡的勇气，因为他控告的是在位的司法总长兼教育总长，反对的是执政府的命令，无疑使自己与政府、与司法部门、与顶头上司形成尖锐紧张的对立。对立面是如此地强大，鲁迅明白，无论胜败，他自己都不会有好的结果。但鲁迅不眨眼，不皱眉，以硬碰硬，决绝而从容。这就是鲁迅的性格。自然，鲁迅也不是蛮干，自知有得理之处。他查明章士钊对他的处分，在程序上违反了政府颁布的《文官惩戒条例》及《文官保障法草案》，便紧紧抓住不放，并且很自信，连律师也不请。他对前去看望他的学生说："老虎没有办法，下了冷口"，"这是意料中的事，不过为着揭穿老虎的假面目，我要起诉。"他对去看他的郁达夫说，他在扮演周处或武松打老虎的角色。

8 月 22 日，鲁迅赴平政院投递控告章士钊的诉状。8 月 26 日，与北大四十余名教员联名发表《反对章士钊的宣言》。8 月 31 日，赴平政院缴纳诉讼费三十元。从 9 月 1 日开始，病倒的鲁迅一边接连不断地往医院跑，一边置重病于度外，继续与青年学生一起，同章士钊、同执政府斗争。9 月 21 日，

北京女子师范大学师生斗争获胜，1926 年 1 月 13 日，欢迎新校长到校，会后合影。第一排左起第六人为鲁迅。19.5cm×106cm。鲁迅藏。现存北京鲁迅博物馆

北京各校等团体举行示威请愿大游行，要求“明令恢复女师大”，“罢免并惩办破坏教育的章士钊”，与此同时，女师大师生在西城宫门口南小街宗帽胡同新校址举行了开学典礼，鲁迅在讲话中说：“我相信被压迫的决不致灭亡，但看今天有许多同学教员来宾，可知压力是压不倒人的。”11 月 28 日，在全国范围内的“反奉倒段”斗争中，北京各界的游行队伍提出“驱逐段祺瑞”“打死章士钊”的口号，捣毁了章士钊的住宅，章士钊再次逃避天津。30 日下午，鲁迅同女师大师生百余人高举校旗和“胜利归来”的标语，从宗帽胡同步行返回石驸马大街女师大原址。12 月 24 日，段祺瑞明令恢复女师大。12 月 31 日，章士钊辞去教育总长之职，由易培基接任。1926 年 1 月 13 日，易培基到女师大任校长之职时，全校师生及国立各校校长、学生代表五百余人盛会欢迎。许寿裳主持大会，鲁迅代表校务维持会致欢迎词。会后摄影留念。三天以后，教育部发布关于鲁迅在北京女子师范大学的“复职令”，宣布：“被告呈请免职之处分系属违法，应予取消。”两个多月后，鲁迅收到平政院的裁决书。至此，这场轰动一时的控告章士钊的官司以原告鲁迅获胜而告终。

鲁迅“和章士钊闹”，胜败并不是鲁迅的唯一目的，也不是个人之间的一争长短。鲁迅是把章士钊作为某一种力量的代表或典型来看待的，来进行斗争的。这种力量是鲁迅向来竭力攻击的守旧复古专制的力量。鲁迅在此期间写成的批章士钊鼓吹复古运动的《答 KS 君》，批其鼓吹“尊孔读经”“读经救国”的《十四年的“读经”》《读经与读史》，批其鼓吹文言文、反对白话文的《古书与白话》，批教育部用“整顿风化令”束缚青年思想、压制学生运动的《坚壁清野主义》等，即是明证。特别是写于章士钊被迫辞职前两天的《论“费厄泼赖”应该缓行》一文，针对有些人如吴稚晖、周作人、林语堂等以为段祺瑞、章士钊等既已在民众的反对下纷纷逃匿，就不必“打死老虎”“打落水狗”了，应当有宽容大度、穷寇勿追的“费厄泼赖”（Fairplay）精神的言论，鲁迅总结历史经验，特别是辛亥革命的血的教训，研究中国国情和中国复古的专制黑暗势力的特征，旗帜鲜明地提出痛打“落水狗”的彻底革命原则。鲁迅后来强调说：这篇文章“虽然不是我的血所写，却是见了我的同辈和比我年幼的青年们的血而写的”。这足见鲁迅在对恶势力的斗争中，所发挥的是硬骨头精神。

出离愤怒的祭奠

仿佛特意检验一个人到底有多大的承受力、多强的抗争力似的，还没容鲁迅从气愤与疾病中喘过气来，刚刚加害于他的段祺瑞政府又一次激起鲁迅更强烈的愤怒。

1926年3月18日下午，在西三条“老虎尾巴”里的书桌前，鲁迅宁神静气地写着《无花的蔷薇之二》。刚刚写完第三节，女师大学生许羡苏急匆匆地跑了进来，上气不接下气地告诉鲁迅：执政府的卫队向请愿群众开枪射击，打死打伤了好多人，同学刘和珍被打死了。

鲁迅的脸色变作铁青。熟识的温和的微笑着的刘和珍浮动在眼前。他一句话也说不出来，铁铸似的怔怔地坐了半天，缓缓提起笔来——

> 已不是写什么“无花的蔷薇”的时候了。虽然写的多是刺，也还要些和平的心。
>
> 现在，听说北京城中，已经施行了大杀戮了。当我写出上面这些无聊的文字的时候，正是许多青年受弹饮刃的时候。呜呼，人和人的魂灵，是不相通的。
>
> 中国只任虎狼侵食，谁也不管。管的只有几个年青的学生，他们本应该安心读书的，而时局漂摇得他们安心不下。假如当局者稍有良心，应如何反躬自责，激发一点天良？然而竟将他们虐杀了！

鲁迅哀痛至极。鲁迅悲愤至极：

北京各界追悼“三一八”死难烈士大会会场

这不是一件事的结束，是一件事的开头。墨写的谎说，决掩不住血写的事实。

血债必须用同物偿还。拖欠得愈久，就要付更大的利息！

文章结尾处，鲁迅特别加上一笔：“三月十八日，民国以来最黑暗的一天，写。”这一天将永远铭刻在历史上。鲁迅用他的“史笔”，将这一天永远铭刻在人们的心中。连续三天，鲁迅饭也不吃，话也不说。他的心中充塞着痛苦与愤怒。三天后才沉痛地说出一句话来：“刘和珍是我的学生！”

3 月 25 日，鲁迅赴女师大参加刘和珍、杨德群追悼会。在一片哀痛哭泣声中，鲁迅实在难以承受悲愤的重压。他独自在礼堂外沉思徘徊。一学生

“三·一八”惨案后，为躲避北洋政府迫害，鲁迅多次外出避难。这是平时置于床下，避难时携带随身用品的竹网篮。46cm × 42cm。现存北京鲁迅博物馆

问道：“先生可曾为刘和珍写了一点什么没有？”“先生还是写一点罢，刘和珍生前就很爱看先生的文章。”

当晚，鲁迅就写了《“死地”》。

“三一八”惨案后，段祺瑞政府在密令严拿李大钊等人的同时，还开列了一个人数不少的黑名单，密令军警缉捕。在友人的敦促下，鲁迅从3月26日开始四处避难，先后避居西城莽原社、山本医院、东交民巷德国医院、法国医院，一直到5月2日才回到“老虎尾巴”内。避难期间，为“三一八”惨案，鲁迅又写下了《可惨与可笑》《记念刘和珍君》《空谈》《淡淡的血痕中》。在这些文章中，鲁迅在揭露执政府的阴毒凶残的同时，一再为青年的流血牺牲，为年轻生命被虎狼吞食而痛惜，一再希望再不要向这样的政府请愿了，战斗者应当寻求更有效的“别种方法的战斗”。

最能表现此时此刻一位大勇、大智、大憎、大爱者震撼人心的情感世界的，是足以传诵千古的名篇《记念刘和珍君》。

> 可是我实在无话可说。我只觉得所住的并非人间。四十多个青年的血，洋溢在我的周围，使我艰于呼吸视听，那里还能有什么言语？长歌当哭，是必须在痛定之后的。……我已经出离愤怒了。我将深味这非人间的浓黑的悲凉；以我的最大哀痛显示于非人间，使它们快意于我的苦痛，就将这作为后死者的菲薄的祭品，奉献于逝者的灵前。

还能再找出什么言语来表达如此深彻骨髓的沉痛悼念？

我向来是不惮以最坏的恶意，来推测中国人的，然而我还不料，也不信竟会下劣凶残到这地步。

惨象，已使我目不忍视了；流言，尤使我耳不忍闻。我还有什么话可说呢？我懂得衰亡民族之所以默无声息的缘由了。沉默呵，沉默呵！不在沉默中爆发，就在沉默中灭亡。

还能再找出什么言语来表达如此充满心胸的愤恨与怒火？

当三个女子从容地转辗于文明人所发明的枪弹的攒射中的时候，这是怎样的一个惊心动魄的伟大呵！

我目睹中国女子的办事，是始于去年的，虽然是少数，但看那干练坚决，百折不回的气概，曾经屡次为之感叹。至于这一回在弹雨中互相救助，虽殒身不恤的事实，则更足为中国女子的勇毅，虽遭阴谋秘计，压抑至数千年，而终于没有消亡的明证了。倘要寻求这一次死伤者对于将来的意义，意义就在此罢。

苟活者在淡红的血色中，会依稀看见微茫的希望；真的猛士，将更奋然而前行。

还能再找出什么言语来表达对勇毅从容的中国女子的如此由衷的赞颂？《记念刘和珍君》是鲁迅用文字、用心血砌成的刘和珍的，也是所有“为了中国而死的中国的青年”的永恒纪念碑。

悲喜时节的歌哭

小说创作虽使鲁迅成名，但更能显示鲁迅力量、鲁迅个性、鲁迅风格的，则是鲁迅的杂文。

中国现代杂文如鲁迅所说，萌芽于五四新文化运动中的“文学革命”以至“思想革命”。从 1918 年《新青年》的“随感录”开始，鲁迅的杂文创作就没有停止过，而且愈写愈多，远远超过了其他文体的创作。到 1926 年离开北京时的八年间，鲁迅共创作杂文一百二十多篇，其中 1925 年和 1926 年不到两年所写，就占了一多半。

杂文既应“文学革命”“思想革命”之需而产生，又通过报刊等现代媒体及时与读者沟通，这一新文体的特点便仍如鲁迅所说，自然是“挣扎和战斗”了。相比之下，杂文更广泛地触及小说、新诗、戏剧等文体所没有或者不可能触及的社会问题，更尖锐地表达着反帝反封建的时代主题，更便于直接地参与激烈的社会文化斗争，更适应鲁迅利用文学来改造社会、改良人生的理想追求，更契合鲁迅的个性光彩与审美追求，所以，杂文更为鲁迅所重视：

> 也有人劝我不要做这样的短评。那好意，我是很感激的，而且也并非不知道创作之可贵。然而要做这样的东西的时候，恐怕也还要做这样的东西，我以为如果艺术之宫里有这么麻烦的禁令，倒不如不进去；还是站在沙漠上，看看飞沙走石，乐则大笑，悲则大叫，愤则大骂，即使被沙砾打得遍身粗糙，头破血流，而时时抚摩自己的凝血，觉得若有花纹，也未必不及跟着中国的文士们去陪莎士比亚吃黄

油面包之有趣。

——《〈华盖集〉题记》

在沙漠上，在飞沙走石中的乐则大笑，悲则大叫，愤则大骂——鲁迅北京时期的杂文，习惯上称作鲁迅前期的杂文，大体上以创作发表为序，分别收集在《坟》《热风》《华盖集》《华盖集续编》四本集子里。

鲁迅收集在《坟》中的文章写作时间跨度长达二十年之久，写于旧民主主义革命和新民主主义革命两个不同的历史时期，既反映了这两个时期的多次重大斗争，也记录了鲁迅个人的精神发展历程，是研究中国近代思想史和鲁迅思想发展的重要历史文献。《热风》是五四新文化运动蓬勃开展时期同形形色色的旧文化战斗的成果，其中最突出的是对社会基础广泛、顽固守旧的国粹主义的猛烈攻击。《华盖集》《华盖集续编》里的杂文，较多的是围绕“五卅”事件、女师大学潮、“三一八”惨案而写的，文章中涉及不少具体的事和具体的人，如鲁迅所说，虽大抵和个人斗争，但实为公仇，绝非私怨，因为贯穿其中的斗争是以重大的现实政治斗争为背景的。鲁迅在批评中所坚持的价值标准，是现实斗争中的政治态度和文化心态，从而远远超越了你争我夺的个人恩怨和你非我是的个人之争，这也是鲁迅总能从具体的人、事中，抽象出具有普遍社会意义、文化意义的“类型批评”的原因。

鲁迅的杂文，从一开始就显示出广泛的社会批评、文明批评的特色，涉及的问题很多，但无论是长论的气势跌宕，还是短文的凝练流畅，无论涉及多少问题，始终贯穿的是彻底的反帝反封建的、民主与科学的时代精神。

鲁迅曾把他的杂文统称为社会批评与文明批评。由于鲁迅对中国传统社会、传统文化的深刻理解，由于他广泛地汲取了人类现代文明的文化成果，他的着眼于现实的社会批评、文明批评远远地超越了就事论事的界限。他是以宏大的人类文化的眼光，是以全新的历史文化观念，是在中国社会与世界社会、

《热风》。收录1918—1924年杂文四十一篇。1925年11月北新书局出版，鲁迅自题书名，32开，毛边。鲁迅藏。现存北京鲁迅博物馆

《坟》。收录1907—1925年论文及随笔二十三篇。1927年3月未名社出版，32开，陶元庆作封面。鲁迅藏。现存北京鲁迅博物馆

中国人与外国人、中国文化与世界文化的比照中，大声地激烈地发表着自己的关于中国社会、历史、人生、文明的批评意见的。我们从中看到的是他的执着于现实、否定现实的基本思想特点，听到的是以思想文化革命为特色的伟大的革命家、思想家的声音。

与社会批评、文明批评的内容相应，贯穿在鲁迅杂文中的独特的文体精神，是鲁迅所说的批评“不留面子”，“任意而谈，无所顾忌”；是“偏不遵命，偏不磕头”，“偏要在庄严高尚的假面上拨它一拨”，偏要给那些一心一意营造专给自己舒服的世界的人们面前“放一点可恶的东西在眼前”；是“释愤抒情”的“悲喜时节的歌哭”；是“乐则大笑，悲则大叫，愤则大骂”的“灵魂的荒

《华盖集》。收录1925年杂文三十一篇。1926年6月北新书局出版，32开，毛边。鲁迅藏。现存北京鲁迅博物馆

《华盖集续编》。收录1926年杂文三十二篇，1927年杂文一篇。1927年5月北新书局出版，32开，毛边。鲁迅藏。现存北京鲁迅博物馆

凉和粗糙”。抗争专制独裁，抨击兽行兽道，直面惨淡人生，正视淋漓鲜血，鄙视猥琐人格，憎恶丑恶行径，明知恶势力之大，传统习惯势力之大，一己力量之小，明知奋力斗争未必能收到成效也不屈不挠。鲁迅杂文中的决然态度，正是他本人追求和具有的独立不依的人格精神、意志力量的体现，是他看重的“师心遣论、使气命诗”的魏晋风骨的体现，是他反抗绝望的斗争精神的体现。这一切，正是构成他的杂文独特的文体精神的最核心、最动人、最具魅力的地方，也是最优秀的文学所不可或缺的批判的本质特征。在中国，再没有人能比得上他了。在他后来更多的杂文创作中，他更把他的这种文体精神一步步地推向了极致。

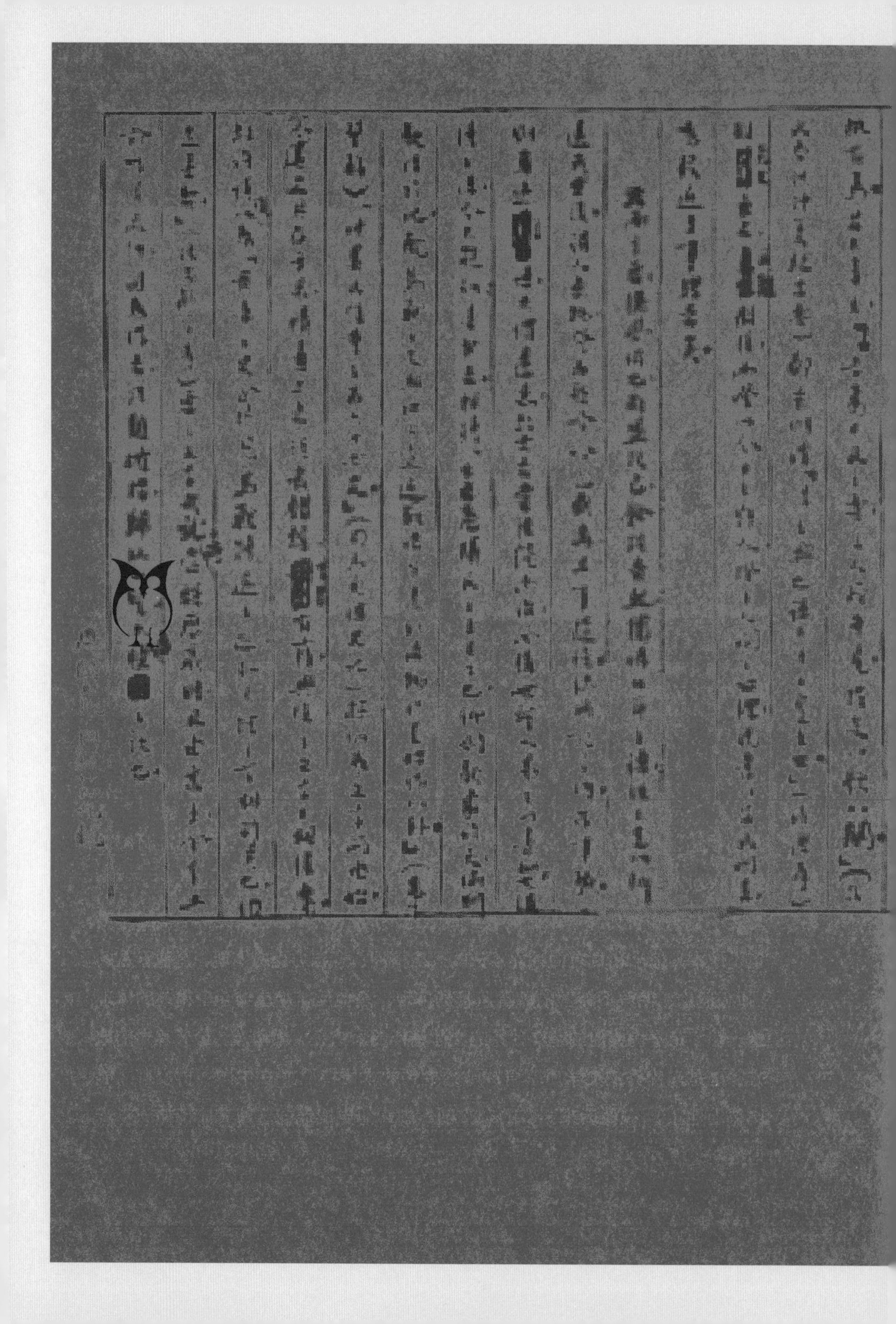

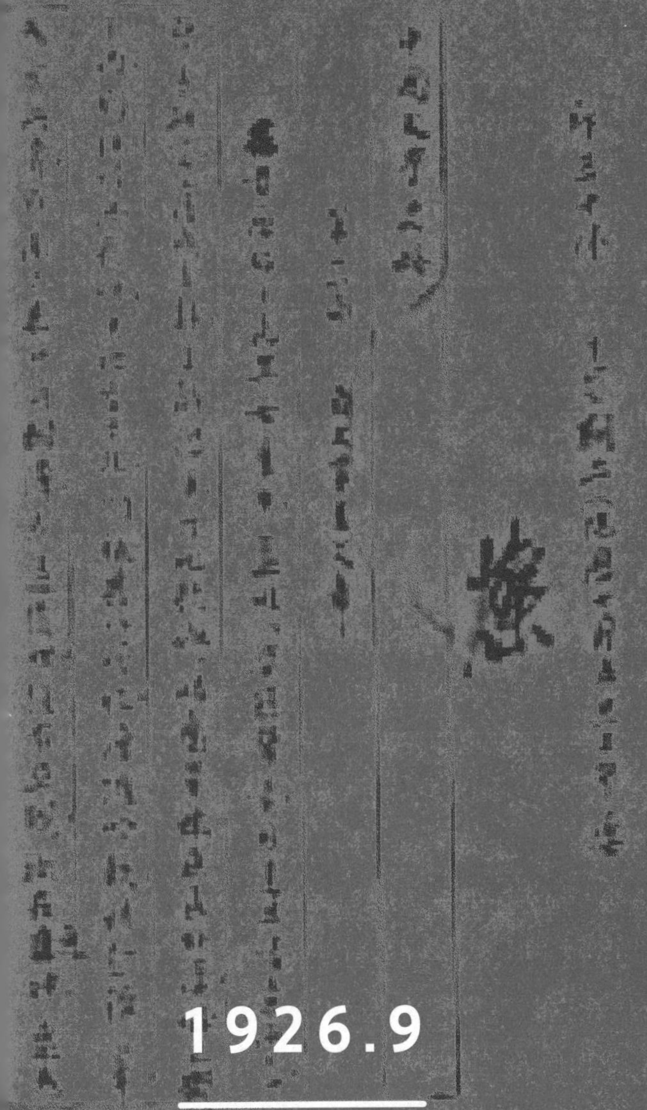

在厦门

1926.9

1927.1

南下

1926年8月26日，鲁迅离开生活居住了十四年之久的北京，告别了母亲、朱安，与许广平一起，乘车南下。

鲁迅匆匆离京，自然是“因为段祺瑞总理和他的帮闲们的迫压”。两年来，在与军阀政府、与当权执政者的对抗中，鲁迅发表了大量痛快淋漓的文字，赢得了道义上的胜利和民众的支持，但他心里早已明白：“我现在愈加相信说话和弄笔的都是不中用的人，无论你说话如何有理，文章如何动人，都是空的。他们即使怎样无理，事实上却着着得胜。”鲁迅事实上却失败了。他得逃离北京。两个月前，他在致李秉中的信中说过：“从去年以来，我因为喜欢在报上毫无顾忌地发议论，就树敌很多……今年春天，又有一般人大用阴谋，想加谋害”，“今年秋天，也许要到别的地方去，地方还未定，大约是南边……此后我还想仍到热闹地方，照例捣乱”。正在这个时候，经于5月离京赴厦门大学任文科主任兼国学研究院秘书的好友林语堂推荐，厦门大学聘请鲁迅任国文系教授兼国学研究院研究教授。恰好，这时候许广平也从女师大毕业了，被推荐回广州教书。于是，他俩相约，一同南下，“好好地为社会服务两年，一方面为事业，一方面也为自己生活积累一点必要的钱，两年之后再相见”。况且，南方国民革命、北伐战争的光明也吸引着他们。临行前四天，鲁迅在女师大毁校周年纪念会上讲演道：“希望是附丽于存在的，有存在，便有希望，有希望，便是光明……将来是永远要有的，并且总要光明起来；只要不做黑暗的附着物，为光明而灭亡，则我们一定有悠久的将来，而且一定是光明的将来。”

1926 年 9 月初鲁迅到厦门后，即寄此“厦门大学全景”明信片给已到广州的许广平，并在明信片上说明所住生物楼位置。8.8cm × 13.8cm。现存北京鲁迅博物馆

鲁迅和许广平一起出离北京，心绪不错。当日抵天津，寓中国旅馆。27 日乘特别快车从天津向浦江。28 日抵浦江，渡江到南京下关等车，“同许广平阅市一周”。七年前护送家眷到北京走的也是这条路，不过方向是相反的，意味也大不相同。下关还是七年前的下关，“那时是大风雨，这回却是晴天”。鲁迅说：“板鸭、插烧、油鸡等类，也依然价廉物美。喝了二两高粱酒，也比北京的好。这当然只是‘我以为’；但也并非毫无理由：就因为它有一点生的高粱气味，喝后合上眼，就如身在雨后的田野里一般。”鲁迅陶醉在田野里了。

29 日抵上海，许广平至亲戚处，鲁迅见三弟周建人。30 日晚，郑振铎在消闲别墅为鲁迅接风，刘大白、夏丏尊、陈望道、沈雁冰、胡愈之、朱自清、叶圣陶、王伯祥、周建人等作陪。9 月 1 日晚，鲁迅登“新宁”号，许广平登“广大”号，次日晨，两船分别驶向厦门、广州。鲁迅 4 日抵厦门，林语

1926年9月25日，鲁迅自生物楼移居集美楼二层西侧的一个大房间内

堂、沈兼士、孙伏园接往厦门大学，夜即给许广平写信说："我在船上时，看见后面有一只轮船，总是不远不近地走着，我疑心就是'广大'。不知你在船中，可看见前面有一只船否？"

"硬将一排洋房，摆在荒岛的海边上"的厦门大学，为著名爱国华侨陈嘉庚于1921年创办。陈嘉庚1925年在南洋经营橡胶业获利，增拨经费，厦门大学得以大规模扩展。鲁迅就住在海边的楼上，虽然日夜被海风呼呼地吹着，虽然在第六天晚上有拔树揭屋的飓风袭来，连林语堂住宅的房顶、门窗也被吹破了；虽然厦门话一句也听不懂，但靠山环水、山光海气、花木繁茂的风景还是很好的。鲁迅看山看水，在乱坟中沉思，大海边散步，沙滩上拾贝，尤其不能忘怀于离住处不远的郑成功的遗迹。

9月20日，厦门大学开学。鲁迅每周任课四小时，中国小说史、中国文学史各两小时。小说史在北京讲了多年，无须预备；文学史须编讲义，鲁迅说："看看这里旧存的讲义，则我随便讲讲就很够了，但我还想认真一点，编

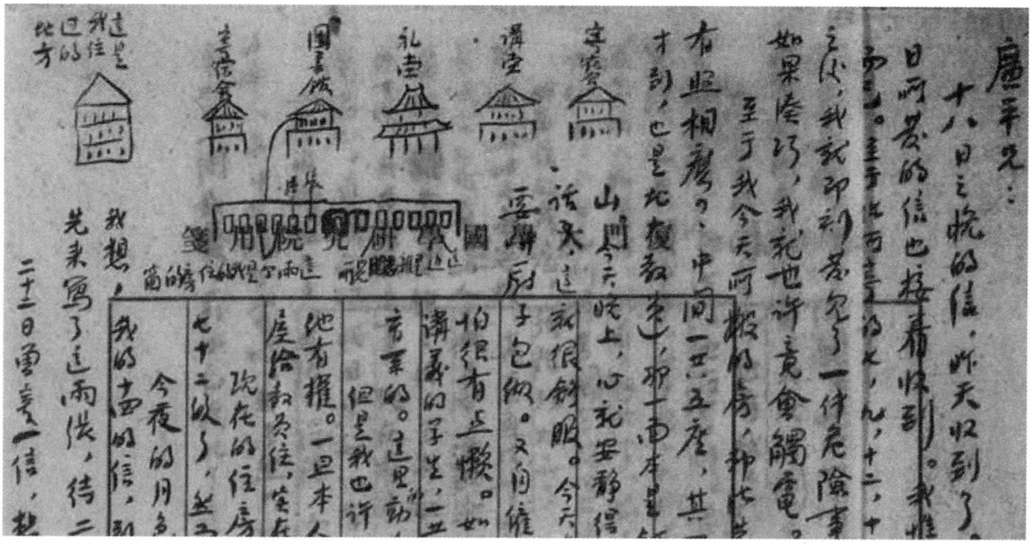

鲁迅致许广平信中手绘居住及工作环境图

成一本较好的文学史。”鲁迅的课极受欢迎，据当时的学生回忆：“本来在文科教室里，除必修的十来个学生外，老是冷清清的。可是自从鲁迅先生来校讲课以后，钟声一响，教室里就挤满了人，后来的只好凭窗站着听了，教室里非但有各科学生来听讲，甚至助教和校外的报馆记者也来听讲了。”

鲁迅受欢迎的程度，与北京大学讲课时相仿；不同的是，那时是兼课，现在是以教书为业了。不到两个月，鲁迅就怀疑起来，这教授生活是否适于自己。11 月 1 日，他在致许广平信中说：“我对于此后的方针，实在很有些徘徊不决，那就是：做文章呢，还是教书？因为这两件事，是势不两立的：作文要热情，教书要冷静。兼做两样的，倘不认真，便两面都油滑浅薄，倘都认真，则一时使热血沸腾，一时使心平气和，精神便不胜困惫，结果也还是两面不讨好。看外国，兼做教授的文学家，是从来很少有的。我自己想，我如写点东西，也许于中国不无小好处，不写也可惜；但如果使我研究一种关于中国文学的事，大概也可以说出一点别人没有见到的话来，所以放下也似乎可惜。但

集美楼鲁迅居室内景

我想，或者还不如做些有益的文章，至于研究，则于余暇时做，不过倘使应酬一多，可又不行了。”

想归想，矛盾归矛盾，但书还得教，讲义还得编，文章也要写。编成的讲义就是《中国文学史略》(未完稿)。鲁迅本有写一部完整的中国文学史的计划，并已经做了长期的收集资料的工作。可惜的是，这未完稿只写了先秦至西汉部分，而且只是纲要(后以《汉文学史纲要》为名收入《鲁迅全集》)。但这“纲要”取材的谨严、见解的新颖，已经为中国的文学史研究开了新面，岂止是“说出一点”，简直是说出许多“别人没有见到的话来”。假如鲁迅做教授的时间再长一点，假如鲁迅把他的文学史讲义编完，那么，我们眼里的中国文学史也许就不仅仅是现在见到的模样了。所以，不管什么原因，鲁迅的中途“放下”实在可惜。

坐在厦门的坟中间

时间是在编定《坟》以后，鲁迅突发奇想，在紧邻厦门大学的南普陀寺边上的坟堆间照起相来。

坟主姓“许”。

鲁迅打算把照片放在《坟》的前面。在《坟》的后面，他写道：“当呼吸还在时，只要是自己的，我有时却也喜欢将陈迹收存起来”，“这小小的丘陇中，无非埋着曾经活过的躯壳”。他埋藏自己的过去，但逝去的时光也值得留恋。

“一个人住在厦门的石屋里，对着大海，翻着古书，四近无生人气，心里空空洞洞”的鲁迅，如暂时休息于旅途中一个僻静的驿站，在孤独中检点自己的行程。“逝去，逝去，一切一切，和光阴一同早逝去，在逝去，要逝去了”，他明白一切事物，包括自己，在转变中，在行进中，在进化的链子上，“都是中间物”，所以，他甘愿做桥梁中的一木一石。他说他的确时时解剖别人，然而更多的是更无情地解剖他自己。他怕他寻路中的未熟的果实偏偏毒死了偏爱他果实的人，所以迟疑不敢下笔；但又觉得还是毫无顾忌地说话，对得起喜爱他作品的青年。他苦于自己背了不少古老的鬼魂，摆脱不开，时常感到一种使人气闷的沉重……就在动笔写这篇《写在〈坟〉后面》的时候，他分明感到“今夜周围是这么寂静，屋后面的山脚下腾起野烧的微光；南普陀寺还在做牵丝傀儡戏，时时传来锣鼓声，每一间隔中，就更加显得寂静。电灯自然是辉煌着，但不知怎地忽有淡淡的哀愁来袭击我的心”。

鲁迅的情绪极不稳定，甚至在厦门立足未稳，就厌烦了厦门的生活。在

鲁迅在厦门郊外龙舌兰许姓坟中间。摄于 1927 年 1 月 4 日

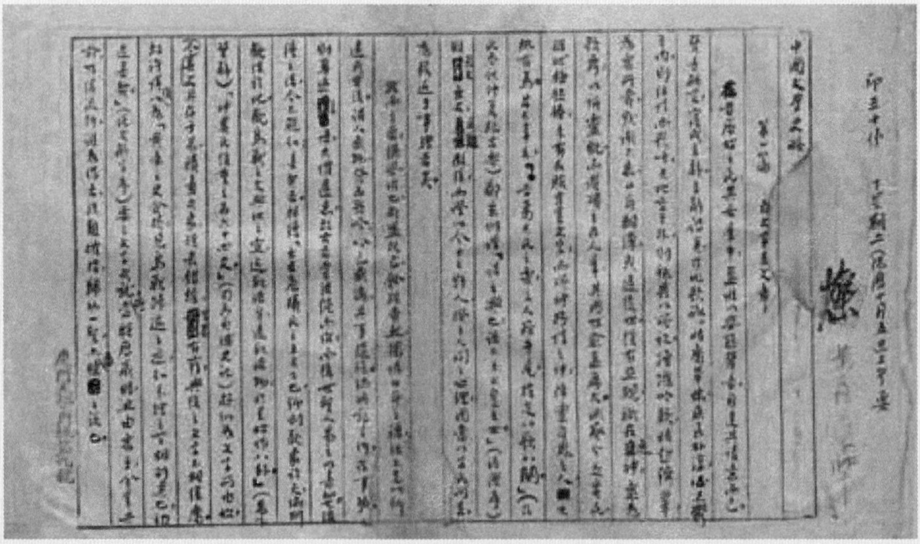

鲁迅在厦门大学讲授中国文学史时编写的讲义。29.8cm × 21cm。鲁迅藏。现存北京鲁迅博物馆

鲁迅《坟》的题记手稿

许广平给鲁迅邮寄的印章

鲁迅设计的《坟》

致许寿裳的信中说："此间功课并不多……但无人可谈，寂寞极矣。为求生活之费，仆仆奔波，在北京固无费，尚有生活，今乃有费而失了生活，亦殊无聊。"他简直无法待下去了。

自然，与许广平分处两地的相思之苦，也是造成这心境、这情绪的一个重要原因，或者说是主要的原因。当他们相约一同南下，共同做出两年后相会的承诺之时，就显得过分冷静和勉强。许广平在上海一登船，也即分手的第一天，就伏在"闷热极了"的船舱里给鲁迅写信说："临行之预约时间，我或者不能守住，要反抗的。"船到厦门，她又急切地打听厦门到广州的最佳路线，供鲁迅异日参考。鲁迅在船中也情不自禁地打听往广州的路线。两人分开后短短四个多月时间，牵肠挂肚的往来信件就多达八十余封，足见相思之情的浓烈。但在鲁迅一面，顾忌本来就多，自他们结伴南下，围绕他们的关系问题，亲属、朋友、对手，以至敌人方面，议论纷纷，流言四起，弄得鲁迅"确也有莫名其妙的悲哀"。许广平和他心心相印，他自然足以自慰的，并因此使他自勉。但偶一想到爱，总立刻自己惭愧，怕不配。又总顾虑许广平为他做了牺牲。每每想到此，心绪便沉寂下去了。但他又特别希望真心爱他的、他真心爱着的许广平和他在一起。为此他很苦恼、很痛苦，心里常常乱云似的。甚至因此还生出误会来。当鲁迅急于往广州时，许广平在信中透露欲往汕头任教的意思，鲁迅顿时紧张起来，怀疑许广平是否想离他而去。闷想了几天后，才在复信中拐弯抹角地请许广平帮他选条路，给他一道光。鲁迅在《写在〈坟〉后面》所说自己背了不少摆脱不开的古老的鬼魂，大约也包括与许广平关系中的他的种种顾忌和犹疑；他要用"坟"来埋藏过去的痕迹，大约也包括结束两地相思的痛苦。终于，在许广平赤诚相爱的、比鲁迅“有决断得多”的鼓励下，鲁迅终于下了“我可以爱！”的决心，也就意味着他可以毫不迟疑地奔往广州，奔向许广平身边了。

鲁迅离开厦门大学，也有厦门大学方面的原因。校长林文庆博士是英国籍的中国人，虽然对鲁迅很恭敬，但鲁迅总觉得他不像中国人，而像英国人，可是又开口闭口，不离孔子，还做过一本讲孔教的书，这使鲁迅很不满意。学校里的情形也不好，给鲁迅的感觉是“中枢是‘钱’，绕着这东西的是争夺，骗取，斗宠，献媚，叩头”，“在骗取陈嘉庚之钱而分之，学课如何，全所不顾”。鲁迅认为这学校不死不活，没有希望：“此地很无聊，肚子不饿而头痛。”鲁迅早有去意。他在致李小峰的信中说得明白：“我最初的主意，倒的确想在这里住两年，除教书之外，还希望将先前集成的《汉画象考》和《古小说钩沉》印出。这两种书自己印不起，也不敢请你印。因为看的人一定很少，折本无疑，惟有有钱的学校才合适。及至到了这里，看看情形，便将印《汉画象考》的希望取消，并且自己缩短年限为一年。其实是已经可以走了，但看着语堂的勤勉和为故乡做事的热心，我不好说出口。后来豫算不算数了，语堂力争；听说校长就说，只要你们有稿子拿来，立刻可以印。于是我将稿子拿出去，放了大约至多十分钟罢，拿回来了，从此没有后文。这结果，不过证明了我确有稿子，并不欺骗。那时我便将印《古小说钩沉》的意思也取消，并且自己再缩短年限为半年。语堂是除办事教书之外，还要防暗算，我看他在不相干的事情上，弄得力尽神疲，真是冤枉之至。”

鲁迅不仅自己决计要走了，还为林语堂的处境担忧。鲁迅走后不久，一心想为家乡做点事的林语堂也无可奈何地离开了厦门大学。

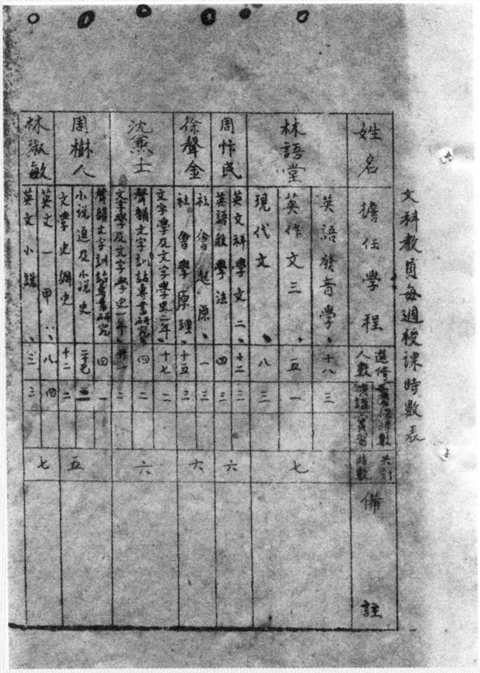

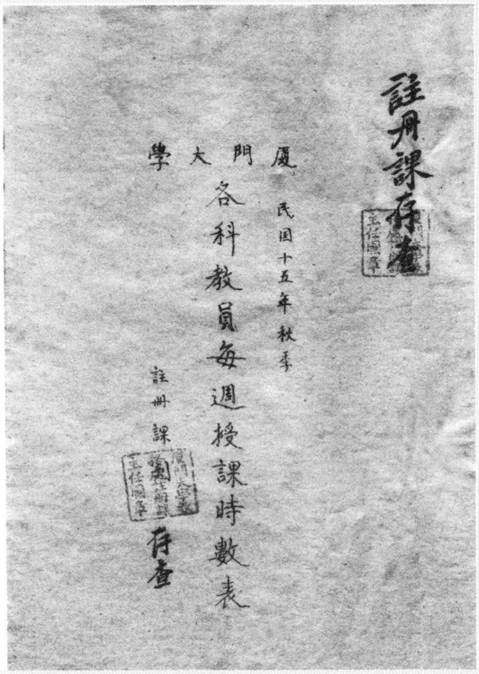

鲁迅在厦门大学授课时数表

厦门大学教职员合影。第四排右起第一人为鲁迅。摄于 1926 年 11 月 17 日。21.7cm × 27cm

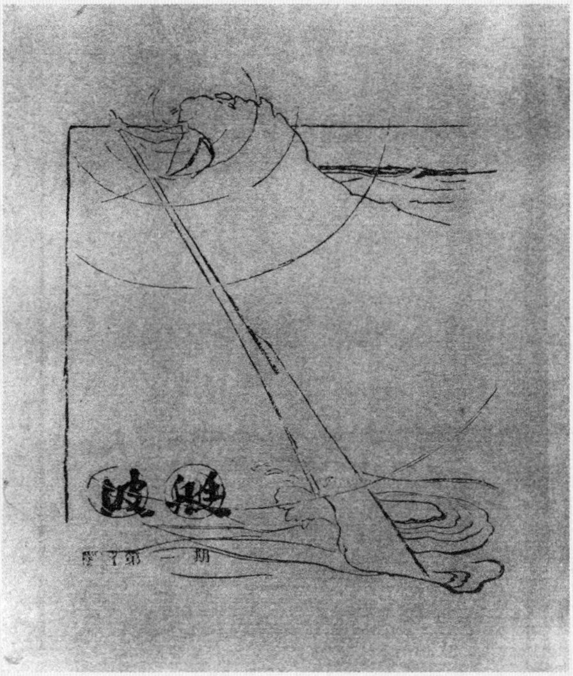

鲁迅帮助泱泱社创办的刊物《波艇》，1926 年 12 月由上海北新书局发行

厦门浙江同乡会欢送鲁迅赴粤合影。第二排左起第七人为鲁迅。1927 年 1 月摄

鲁迅（左三）、林语堂（左二）与厦门大学学生文学团体“泱泱社”成员合影。1927 年 1 月 2 日摄于南普陀

厦门大学学生会欢送鲁迅大会摄影。第二排右起第十一人为鲁迅。1927 年 1 月 4 日摄

致清逸如杜、
亦不必學也。

東籬秋五

在广州

1927.1

1927.9

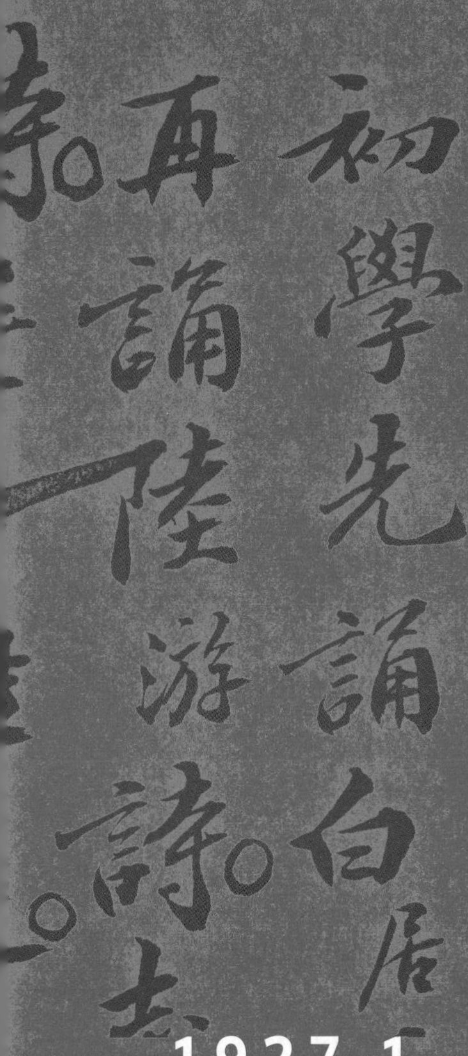

去留迎送

1927年1月16日，鲁迅登上了厦门开往广州的“苏州轮”。航线正是按照四个月前许广平经过厦门时在船上事先为鲁迅打听好的，中间途经香港再到广州。

二等舱内，同舱的是一位中国台湾人，能说厦门话，鲁迅不懂。只好笔谈，知是丝绸商，于是无话。商人睡觉，鲁迅给李小峰写信，诉说他离开厦门时见识的新的世故，说他先前只以为要饭碗不容易，现在才知道不要饭碗也是不容易的。信末写道：“从去年以来，我居然大大地变坏，或者是进步了。虽或受着各方面的斫刺，似乎已经没有创伤，或者不再觉得痛楚；即使加我罪案，也并不觉着一点沉重了。这是我经历了许多旧的和新的世故之后，才获得的。我已经管不得许多，只好从退让到无可退避之地，进而和他们冲突，蔑视他们，并且蔑视他们的蔑视了。”离开厦门的鲁迅心劲十足。“海上的月色是这样皎洁；波面映出一大片银鳞，闪烁摇动；此外是碧玉一般的海水，看去仿佛很温柔。我不信这样的东西是会淹死人的。但是，请你放心，这是笑话，不要疑心我要跳海了，我还没有跳海的意思。”赶赴广州的鲁迅心情不错。17日夜，船泊香港海上时，鲁迅明知第二天即可见到许广平，也明知信不如人快，还是忍不住给许广平写了信。18日下午到广州，他当晚即往高第街许家大宅访许广平。

鲁迅是1926年11月间得到中山大学聘书的。中山大学原名国立广东大学，为纪念孙中山先生，1926年秋改名为国立中山大学。校务委员会的委员长是戴季陶，实际主持学校工作的是朱家骅。朱家骅曾经担任过北京大学的教授，与鲁迅相识。据郭沫若回忆，鲁迅“受段祺瑞的压迫，被逐出北京的

〽 国立中山大学。1927 年 3 月摄

时候，我在做着广东中山大学的文学院长，那时曾商同校长，聘鲁迅做教授”。郭沫若参加北伐之后，中共广东区委派人向学校提出聘请鲁迅主持文学院的建议。在此前后，鲁迅在致许广平的信中谈道：“其实我也还有一点野心，也想到广州后，对于‘绅士’们仍然加以打击，至多无非不能回北京去，并不在意。第二是与创造社联合起来，造一条战线，更向旧社会进攻，我再勉力写些文字。”到广州没几天，鲁迅即走访创造社广州分部，可惜郭沫若、成仿吾、郁达夫等已相继离去，未能面见。

当鲁迅决定辞职赴中山大学的消息传开后，立刻在厦门大学掀起了不小的风波。因为鲁迅不仅是学生拥戴的名教授，他还热情地支持学生创办的文艺团体“泱泱社”和“鼓浪社”，帮助指导他们编辑出版《波艇》月刊和《鼓浪》周刊。学生们感到“鲁迅先生像一阵温暖的春风，把沉睡的厦大吹醒了”。殷切希望鲁迅先生能留下的学生们先是三三两两，再是由学生会派出代表挽留

中山大学礼堂。中国国民党第一次全国代表大会会址。鲁迅于 1927 年 1 月 25 日欢迎会上和 3 月 11 日孙中山逝世纪念会上在这里发表演说

先生，挽留不成，许多学生纷纷表示要随鲁迅而去。接下来是一个又一个的送别会，一次又一次地合影留念。当学生得知造成鲁迅坚决辞职的原因在学校方面，于是，挽留鲁迅的运动便转为改革学校的运动。学生们提出“重建新厦大”的强烈要求，学校里到处贴出要求改革的标语。校长一看事态严重，一再挽留鲁迅；挽留不成，又一再为鲁迅设宴饯行。但在举杯惜别的后面，却又放出流言，说鲁迅是“放火者”，是来厦门大学“捣乱”的，说不留厦门往广州，是奔“月亮”（指许广平）而去的。本来“死海”般的学校，因鲁迅要走，突然热闹起来。

这边送走的热闹还未平静，那边迎来的热闹又起来了。广

州当时是第一次国共合作、北伐革命的策源地。鲁迅在厦门时，就十分关注北伐的进展，向往革命的策源地。广州的革命气氛，至少在表面上是浓烈的。鲁迅未到，广州的报纸上已登出“久为国内青年所倾倒”的“著名文学家鲁迅”“不日来粤”的消息；中山大学校报报道校委会聘得力倡新文化的巨子鲁迅来校主教文科，函电敦促，至三四次，允即南下，并说北大、厦大近百名学生拟随其转学本校。青年学生更是怀着一睹他们认定的“中国思想界的权威，时代的战士，青年叛徒的领袖”的风采而翘首以待。鲁迅一到中山大学，“访问的，研究的，谈文学的，侦探思想的，要做序，题签的，请演说的，闹得个不亦乐乎”。单是请演说，就不下七八次。鲁迅向来谦虚，冷静，阅历既多，对这类事情看得很透；实在推辞不过，就低调处理。鲁迅在《通信》中说，在第一回欢迎会上的演说中，就首先“声明我不是什么‘战士’‘革命家’。倘若是的，就应该在北京、厦门奋斗；但我躲到‘革命后方’的广州来了，这就是并非‘战士’的证据”。“不料主席的某先生（朱家骅。笔者注）——他那时是委员——接着演说”，“说这是我太谦虚，就我过去的事实看来，确是一个战斗者，革命者。于是礼堂上噼噼啪啪一阵拍手，我的‘战士’便做定了。拍手之后，大家都已走散，再向谁去推辞？我只好咬着牙关，背了‘战士’的招牌走进房里去，想到敝同乡秋瑾姑娘，就是被这种噼噼啪啪的拍手拍死的。我莫非也非‘阵亡’不可么”？鲁迅总结道：“在厦门，是到时静悄悄，后来大热闹；在广东，是到时大热闹，后来静悄悄。肚大两头尖，像一个橄榄。我如有作品，题这名目是最好的，可惜被郭沫若先生占先用去了。”（郭沫若的小说散文集《橄榄》，出版于 1926 年 9 月）

中山大学的大忙人

到广州的第二天，在许广平、孙伏园的帮助下，鲁迅搬进中山大学。

我住的是中山大学中最中央而最高的处所，通称“大钟楼”。一月之后，听得一个戴瓜皮小帽的秘书说，才知道这是最优待的住所，非“主任”之流是不准住的。……

然而这优待室却并非容易居住的所在，至少的缺点，是不很能够睡觉的。一到夜间，便有十多匹——也许二十来匹罢，我不能知道确数——老鼠出现，驰骋文坛，什么都不管。只要可吃的，它就吃，并且能开盒子盖，广州中山大学里非主任之流即不准住的楼上的老鼠，仿佛也特别聪明似的，我在别地方未曾遇到过。到清晨呢，就有“工友”们大声唱歌，——我所不懂的歌。

——《在钟楼上》

如在厦门一样，生活中最大的障碍是言语不通，不过，比厦门方便的是，鲁迅这位“外江佬”身边有广州人许广平陪伴，便可以兴致勃勃地游览观光了。在越秀山游览时，兴之所至，鲁迅居然从高处跃下，致使足部扭伤，多日行走不便。经鲁迅推荐，好友许寿裳于2月间亦来中山大学任教，鲁迅安排其与自己同居一室。当晚与许广平在东堤一景酒家以上好的菜肴为老友接风。次日晚到国民餐店用餐，许寿裳要付账，鲁迅不允，说先由他付过十次再说。第三日至陆园饮茶，往公园游，至大观茶店夜餐……吃馆子，看电影，

鲁迅到广州后，住中山大学大钟楼内。1927 年 3 月摄

星期日远足旅行，如是者十余日，豪兴才稍减。

也许是心情非常好的原因吧，广州给鲁迅的印象很强烈，和其他地方比较，鲁迅觉得“黄河以北的几省，是黄色和灰色画的，江浙是淡墨和淡绿，厦门是淡红和灰色，广州是深绿和深红”。“广东的花果，在‘外江佬’的眼里，自然依然是奇特的。我所最爱吃的是‘杨桃’，滑而脆，酸而甜……我常常宣传杨桃的功德，吃的人大抵赞同，这是我这一年中卓著的成绩。”

鲁迅住在大钟楼二楼，住室下层，即是著名的可容数百人的大礼堂。1924 年春，中国国民党第一次全国代表大会在这里举行。孙中山主持会议，大会确定了“联俄、联共、扶助农工”三大政策，重新解释了三民主义。共产党人李大钊、毛泽东、瞿秋白等参加大会。自 1924 年 6 月起，孙中山每周到此演讲三民主义，直到离开广州。1927 年 1 月 25 日，欢迎鲁迅的大会在这里举行。站在孙中山发表演讲的主席台上，鲁迅大声说：“广州地方实在太沉

大钟楼内鲁迅居室

寂了”，“有声音的，应该喊出来了。因为现在已再不是退让的时代……”3月11日晚，广州各界在这里举行纪念孙中山逝世两周年大会，鲁迅第二次站在大礼堂的主席台上发表演说。

从2月10日肩负起文学系主任兼教务主任的重任开始，鲁迅就成了中山大学的大忙人了。他上的课也不少，文艺论、中国小说史、中国文学史各三小时，而且选学他的课的学生最多。好在这些课他在北京、厦门都讲过，不用备课也可以上。鲁迅的精力大都耗费在烦琐的教务工作上了。2月10日至4月14日，共召开七次教务会议，每次都是鲁迅当主席主持会议，朱家骅、傅斯年、何思源等科系主任参加。每次开会前由鲁迅恭读总理遗嘱，然后议事。“于是点头开会，排时间表，发通知书，秘藏题目，分配卷子……于是又开会，讨论，计分，发榜。”“于是辩论：分数多寡的辩论；及格与否的辩论；教员有无私心的辩论；优待革命青年，优待的程度，我说已优，他说未优的辩论；补救落第，我说权不在我，他说在我，我说无法，他说有法的辩论；试

〇 1927年鲁迅。摄于广州

题的难易，我说不难，他说太难的辩论。”“现在想起那时的辩论来，人是多么和有限的生命开着玩笑呵。然而那时却并无怨尤。”因为，鲁迅那时是很有抱负的。当时的经济学系主任何思源教授回忆：“我在广州中山大学与鲁迅同事一段时间，无论在一块开会或听他在其他场合发言，甚至一般讲话，给我印象，他来中大是有一种抱负和希望的”，“那时北大许多人齐集广州中大，又有‘国共合作’、‘三大政策’的政治条件，我看他心中是有所希望的”。在3月1日的开学典礼上，鲁迅演说道：“中山先生一生致力革命，宣传，运动，失败了又起来，失败了又起来，这就是他的讲义。他用这样的讲义教给学生，后来大家发表的成绩，即是现在的中华民国。中山先生给后人的遗嘱上说：‘革命尚未成功，同志仍须努力。’这中山大学就是‘努力’的一部分。”鲁迅希望中山大学的青年“读书不忘革命，革命不忘读书”，因为中国“地方上的一切还是旧的，人们的思想还是旧的”，他希望青年们敢于向一切旧制度、旧习惯、旧思想猛烈开火，做孙中山先生事业的继承者。这就是鲁迅的希望所在。

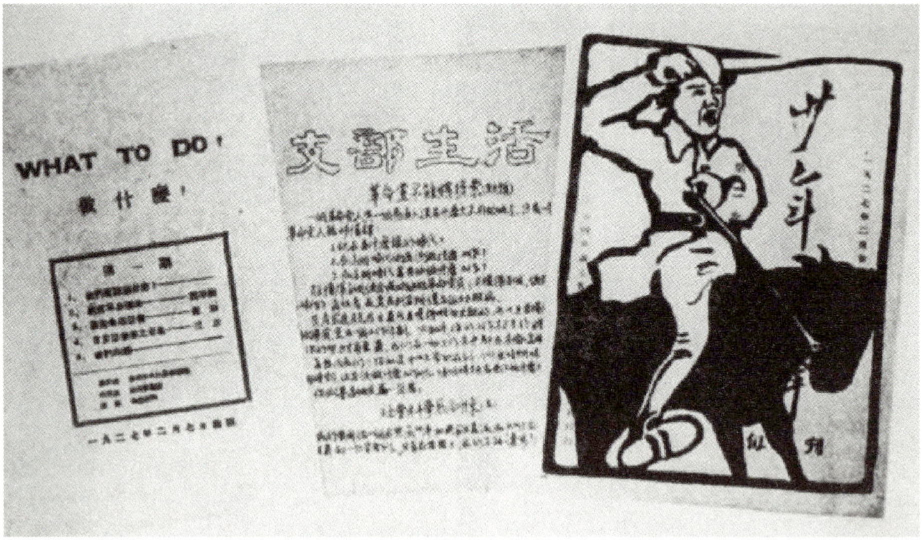

中共广东区学生运动委员会副书记毕磊送鲁迅的党团刊物

中共广东区委在鲁迅到达广州之前，就研究和布置了如何欢迎鲁迅的工作。他们认为鲁迅之所以受到和值得青年人欢迎，是他在“思想革命”方面的努力，“在中国的思想界中，像鲁迅一般的坚决彻底反抗封建文化的理论，是很少的”。除组织写文章欢迎鲁迅外，中国共产党的组织还专派中山大学英文系学生、中共党员、广东区委学生运动委员会副书记毕磊等公开与鲁迅联系，给鲁迅送党团刊物《人民周刊》《少年先锋》《做什么？》等。并由毕磊陪同，鲁迅与当时的中共广东区委负责人陈延年秘密会晤。陈延年是鲁迅在北京《新青年》时期的战友和朋友陈独秀的儿子。当时的中大学生、中共中山大学总支书记徐文雅回忆：“有一回鲁迅和我谈起党的事情，问陈延年是否负责广东党的工作，还说陈延年是他的‘老仁侄’，人很聪明。这件事我向陈延年谈了，陈延年也说鲁迅是他的父执。不久，鲁迅向毕磊表示希望与陈延年见面，陈延年听到毕磊的反映，立即同意了。”与中国共产党人的密切接触，无疑使鲁迅对广州的政治形势有了进一步的了解。

老调子已经唱完

鲁迅的到来，给文学上尤为沉寂的广州带来阵阵热风。鲁迅的所有著作，在短时间内被抢购一空。1927 年 3 月 17 日鲁迅写信给李霁野说："我所做的东西，买者甚多，前几天至涨到照定价加五成，近已卖断。而无书，遂有真笔板（即油印本。笔者注）之《呐喊》出现，千本以一星期卖完。《坟》如出版，可寄百本来。"自己著作热销，文学书籍看好，同时也是为了打破"没有对新的讴歌，也没有对旧的挽歌"的广州文艺界的寂寞，鲁迅想办一个书店了。于是，他接过孙伏园租好的中山大学后面芳草街的一处房子，付房租六十元，从北京未名社、北新书局调集书籍，请许广平的妹妹许月平料理代售业务，一个叫"北新书屋"的书店便开张了。

当然，热烈欢迎鲁迅的广州青年更希望读到鲁迅的新作。可是鲁迅实在太忙了，"如活在旋涡中，忙乱不堪，不但看书，连想想的工夫也没有"。在中山大学期间，鲁迅的确很少写文章；但他的几次精彩的讲演，他的演说的独异之声，却长久地回荡在人们的心中。

1927 年 2 月 18 日，应香港青年会的邀请，在许广平等陪同下，鲁迅赴香港。当晚，在哗哗的大雨声中，做了题为《无声的中国》的演说。第二天下午演说的是《老调子已经唱完》。两次演说均由许广平担任粤语翻译。脚伤未愈的鲁迅之所以欣然应邀，是因为英国殖民主义者正在香港鼓吹"国粹"，鼓吹尊孔、读经，提倡文言文、旧道德。鲁迅不会放弃就地回击封建文化和殖民文化合流的机会。在这种情况下，有非常鲜明的强烈针对性的讲演受到当地政府的刁难就可想而知了。鲁迅后来在《略谈香港》中说："我去讲演的时候，主持其事的人大约很受了许多困难，但我都不大清楚。单知道先是颇遭干涉，中途又有反对者派人索取入场券，收藏起来，使别人不能去听；后来又不许将讲稿登报，经交涉的结果，是削去和改窜了许多。”

在《老调子已经唱完》的讲演中，鲁迅把延续数千年的最老、最旧、最没有变化的中国传统的旧思想、旧道德文章，亦即旧文化形象地称为“老调子”。对这样的“老调子”，鲁迅毫不客气地予以整体性否定：

> 老调子将中国唱完，完了好几次，而它却仍然可以唱下去。
>
> 中国的文化，都是侍奉主子的文化，是用很多的人的痛苦换来的。保存旧文化，是要中国人永远做侍奉主子的材料，苦下去，苦下去。

鲁迅指出，将中国唱完了好几回的“老调子”，同时也是杀人不觉死的“软刀子”。殖民主义者，也鼓吹中国的封建文化，其目的是“利用了我们的腐败文化，来治理我们这腐败民族。他们对于中国人，是毫不爱惜的”。鲁迅正是以中国民众的利益为价值标准做出对“老调子”的评判的。为了中国人民的根本利益，鲁迅呼吁要从“老调子”的思想牢笼里解放出来，中国人应该唱出争取自由幸福的新的声音来，变封建文化专制的“无声的中国”为唱出民主自由新声的有声的中国。这正是《无声的中国》的讲演主题。在香港的疾风骤雨中，鲁迅大声疾呼：“青年们先可以将中国变成一个有声的中国。大胆地说话，勇敢地进行，忘掉了一切利害，推开了古人，将自己的真心的

香港青年会礼堂。1927 年 2 月中旬，鲁迅应邀赴香港青年会，先后发表了题为《无声的中国》《老调子已经唱完》的讲演

陆军军官学校，俗称黄埔军校。1924 年摄。1927 年 4 月 8 日，鲁迅在共产党员应修人的陪同下，到黄埔军校做题为《革命时代的文学》的讲演

话发表出来。”“只有真的声音，才能感动中国的人和世界的人；必须有了真的声音，才能和世界的人同在世界上生活。”

在中国大革命的高潮中，鲁迅在主张叫出新声的同时，也极为关注更为有效的革命方式。4 月 8 日，应著名的黄埔军校的邀请，鲁迅在中国共产党人应修人的陪同下，赴黄埔军校做了题为《革命时代的文学》的讲演。鲁迅坦率地讲了文学的声音的力量是很有限的，“天天呐喊，叫苦，鸣不平，而有实力的人仍然压迫，虐待，杀戮”。“鹰的捕雀，不声不响的是鹰，吱吱叫喊的是雀；猫的捕鼠，不声不响的是猫，吱吱叫喊的是老鼠；结果，还是只会开口的被不开口的吃掉。”中国的现状实情，实地的革命战争才能解决问题。“一首诗吓不走孙传芳，一炮就把孙传芳轰走了。”鲁迅说他“自然倒愿意听听大炮的声音，仿佛觉得大炮的声音或者比文学的声音要好听得多似的”。

不过，在倾听大炮的声音之时，在与广州的民众分享大炮声音带来的革命胜利的喜悦之时，冷静的鲁迅思虑更多的是庆祝胜利的“另一面”。自到“革命策源地”广州之后，无论在讲演中还是在文章中，鲁迅一再强调孙中山遗嘱中的“革命尚未成功”。“所谓‘革命成功’，是指暂时的事而言；其实是‘革命尚未成功’的。革命无止境，倘使世上真有什么‘止于至善’，这人间同时变了凝固的东西了。”1927 年 3 月 22 日，上海工人第三次武装起义成功，3 月 24 日北伐军攻克南京，消息传来，广州响彻欢庆锣鼓的声音。4 月 10 日，鲁迅写下《庆祝沪宁克复的那一边》。文中引用了列宁的论述，以“革命的老手”列宁的观点作立论根据，指明在胜利的“那一边”，在“黑暗的区域里，反革命者的工作也正在默默地进行”；“最后的胜利，不在高兴的人们的多少，而在永远进击的人们的多少”；庆祝的歌呼，“其实和革命毫无相干。这样的人们一多，革命的精神反而会从浮滑，稀薄，以至于消亡，再下去是复旧”。鲁迅重提打“落水狗”的主张，并提醒人们一定要警惕“只用其名”的革命投机者。

愤而辞职

就在鲁迅写下《庆祝沪宁克复的那一边》的第三天，就在鲁迅提醒人们警惕革命后方可能出现革命精神“消亡”及“复旧”的危机的第三天，1927年4月12日，国民党右派集团经秘密策划，突然在上海发动收缴工人纠察队枪支，屠杀共产党人和革命群众的反革命政变。三天内，三百多人被杀，五百多人被捕，五千多人失踪。4月15日，广东军阀在广东残杀共产党员及革命群众两千一百多人，解除黄埔军校及省港罢工委员会工人纠察队武装，封闭工会、农会。中山大学遭到军警搜捕，右派学生头目上蹿下跳，指挥抓人。尽管鲁迅已有某种预感，但变化如此之快，现实如此之残酷，仍使他目瞪口呆。

4月15日下午，狂风大作，暴雨倾盆，鲁迅从新居白云楼顶风冒雨赶到中山大学，主持召开各系主任紧急会议。参加了这个会的何思源回忆道：

鲁迅坐在主席座位上，朱家骅坐在鲁迅的正对面。鲁迅说：“学生被抓走了，学校有责任，校长不出来，现在我来召开会，请大家来说话，我们应当是学生的家长，要对学生负责，希望学校出来担保他们。我们也要知道为什么抓走他们？有什么罪？被抓的不是一个两个，而是几十人！”

这时，朱家骅说：“关于学生被捕，这是政府的事，我们不要对立。”鲁迅对朱家骅说：“学生被抓走了，是公开的事实，被捕的学生究竟违背了孙中山总理的三大政策的哪一条？”朱家骅以势压人，则说：“我们要听政治分会的，党有党纪，我们要服从。”鲁迅继续驳

中山大学会议室。1927年4月15日下午，鲁迅冒雨赶到中山大学，在这里主持召开各系主任紧急会议，设法营救被捕学生

斥："五四运动时，学生被抓走，我们营救学生，甚至不惜发动全国工商界都罢工罢市。当时朱家骅、傅斯年、何思源都参加过，我们都是五四运动时候的人，为什么现在成百成千个学生被抓走，我们又不营救了呢？"朱家骅强词夺理说："那时候反对北洋军阀。"鲁迅坚决地说："现在根据三大政策活动，就是要防止新的封建统治。"

鲁迅和朱家骅的对立已公开到了最尖锐的时候了，无转圜之地。鲁迅主张营救学生，他坚持说："这么多学生被抓去，这是一件大事，学校应该负责，我们应该对学生负责。"在那样的情形下，公开支持鲁迅的人不多，会议没收到预期的效果。

回到白云楼，鲁迅一语不发，晚饭也未进一口。第二天，鲁迅捐款慰问被捕学生。在后来的几天里，陆续听到被捕的许多人被杀害的消息。鲁迅熟悉的毕磊，那个瘦小精干、常来谈天的湖南青年，受严刑拷打，坚贞不屈，被锁住手脚，装入麻袋，投入珠江。鲁迅失眠了。每每和许寿裳提起毕磊来，鲁迅就无法抑制自己的悲愤。血的教训，比一年前的“三一八”惨案更深一层了。虽然被屠杀的都是他的学生，然而，那时候是反对军阀政府而被军阀政府屠杀，现在却是因革命而被口喊革命的当政者屠杀，简直是诱杀与谋杀。那时候，还可以开追悼会，所有的青年学生、知识界联合起来声讨军阀政府的罪行；现在，作为学校的教务主任，鲁迅无能为力，无法拯救自己的学生，而且，知识界、青年学生中居然有不少人站在屠杀者一边。鲁迅决意辞职了。4 月 21 日，他辞去中山大学一切职务。中山大学当局还想利用鲁迅的声望，想法挽留，推选鲁迅为校“组织委员会委员”，在校刊上发表《挽留周树人教授》的消息，三次“去函挽留”，数次派人登门挽留，朱家骅四次“来访”，均遭鲁迅坚决拒绝。4 月 26 日，鲁迅在《〈野草〉题辞》中写道：“地火在地下运行，奔突；熔岩一旦喷出，将烧尽一切野草，以及乔木，于是并且无可腐朽。”5 月 6 日，日本友人山上正义来访，刚好有一群经过改组的工人纠察队队员举着工会旗和纠察队旗，吹着号从大路上走过，鲁迅愤然说道：“真是无耻之徒！直到昨天还高喊共产主义万岁，今天就到处去搜索共产主义系统的工人了。”

> 革命，反革命，不革命。
>
> 革命的被杀于反革命的。反革命的被杀于革命的。不革命的或当作革命的而被杀于反革命的，或当作反革命的而被杀于革命的，或并不当作什么而被杀于革命的或反革命的。
>
> 革命，革革命，革革革命，革革……
>
> ——《小杂感》

革命与反革命的戏剧性演化，翻手为云、覆手为雨的风云变幻，潮起潮落间的世态世相，如惊涛拍岸，冲击着、震撼着鲁迅。对于这位中国最深邃的思想者，对于这位中国最坚定的思想斗士来说，还有什么能比这种亲眼所见、亲身经历的事实给他更大的启示？还有什么能比得上这种事实更能丰富他的思想？

> 我一向是相信进化论的，总以为将来必胜于过去，青年必胜于老人，对于青年，我敬重之不暇，往往给我十刀，我只还他一箭。然而后来我明白我倒是错了。这并非唯物史观的理论或革命文艺的作品蛊惑我的，我在广东，就目睹了同是青年，而分成两大阵营，或则投书告密，或则助官捕人的事实！我的思路因此轰毁。
>
> ——《〈三闲集〉序言》

> 我的一种妄想破灭了。我至今为止，时时有一种乐观，以为压迫，杀戮青年的，大概是老人。这种老人渐渐死去，中国总可比较地有生气。现在我知道不然了，杀戮青年的，似乎倒大概是青年，而且对于别个的不能再造的生命和青春，更无顾惜。……但事实是事实，血的游戏已经开头，而角色又是青年，并且有得意之色。我现在已经看不见这出戏的收场。
>
> ——《答有恒先生》

如在厦门时的《写在〈坟〉后面》那样，鲁迅又一次解剖自己："我知道我自己，我解剖自己并不比解剖别人留情面。"鲁迅又在扪心自问了：在社会进化过程中不能再造的生命和青春的杀戮与牺牲，或者说这种生命和青春的杀戮与牺牲换来的社会进化进程中，"我发现了我自己是一个……。是什么呢？我一时定不出名目来。我曾经说过：中国历来是排着吃人的筵宴，有吃的，有被吃的。被吃的也曾吃人，正吃的也会被吃。但我现在发见了，我自己也帮助着排筵宴"。"中国的筵席上有一种'醉虾'，虾越鲜活，吃的人便越高兴，越畅快。我就是做这醉虾的帮手，弄清了老实而不幸的青年的脑子和弄敏了他的感觉，使他万一遭灾时来尝加倍的苦痛，同时给憎恶他的人们赏玩这较灵的苦痛，得到格外的享乐。"鲁迅怀疑甚至后悔自己写下的那么多弄清了青年的脑子和弄敏了青年的感觉的文字的作用了："现在倘再发那些四平八稳的'救救孩子'似的议论，连我自己听去，也觉得空空洞洞了"，"所以，我终于觉得无话可说"。鲁迅企图寻找到新的反抗这个社会、反抗现实的斗争方式。但在眼前的枪炮社会里，手中只有一支笔的鲁迅，能找到什么适于他的方式呢？他只能"一面挣扎着，还想从以后淡下去的'淡淡的血痕中'看见一点东西，誊在纸片上"。

朝花夕拾白云楼

从1927年1月到3月，从厦门到广州的两个多月的时间里，除了写信，鲁迅几乎没写什么。已负盛名的鲁迅，最善于用文字表达思想、影响社会的鲁迅，虽然有种种理由安慰自己，但他的不安，他的焦灼和痛苦依然与日俱增。而且，他知道，喜爱他的文字的读者，已经在寻找“鲁迅”了。

3月17日，鲁迅在致李霁野的信中说：“我太忙，每天胡里胡涂地过去，文章久不作了，连《莽原》的稿子也没有寄，想到就很焦急。但住在校内，是不行的，从早十点至夜十点，都有人来找。我想搬出去，晚上不见客，或者可以看点书及作文。明天我想去寻房子。”3月29日，黄花节，鲁迅往岭南大学讲演之后，即与许寿裳、许广平一起移居东堤白云路白云楼。白云楼是一幢西洋式三层建筑，底层为邮局、商店，二楼和三楼为住宅。鲁迅他们合租二楼西户三室一厅，人各一间。窗前临小港，远望有青山。生活上又有许广平照料，忙完校内的事情，鲁迅即可躲进自己的屋子里看书作文了。搬入新居一个月内，鲁迅就作文七篇，整理书稿两部。

“四一五”之变鲁迅愤而辞职后，在险恶的环境中，在激愤的情绪下，鲁迅更是只好“躲进小楼成一统”了。

广州的天气热得真早，夕阳从西窗射入，逼得人只能勉强穿一件单衣。书桌上的一盆“水横枝”，是我先前没有见过的：就是一段树，只要浸在水中，枝叶便青葱得可爱。看看绿叶，编编旧稿，总算也算在做一点事。做着这等事，真是虽生之日，犹死之年，很可以驱除炎热的。

——《〈朝花夕拾〉小引》

满天炎热的阳光，时而如绳的暴雨；前面的小港中是十几只蜑户的船，一船一家，一家一世界，谈笑哭骂，具有大都市中的悲欢。也仿佛觉得不知那里有青春的生命沦亡，或者正被杀戮，或者正在呻吟，或者正在“经营腐烂事业”和作这事业的材料。然而我却渐渐知道这虽然沉默的都市中，还有我的生命存在，纵已节节败退，我实未尝沦亡。

——《〈小约翰〉引言》

绿叶，阳光，暴雨，谈笑，哭骂，青春的生命的被杀戮，使鲁迅更加强烈地感受到生命的存在，更加痛楚地思考自己和别个的生命的价值、生存的意义。无论为己还是为人，为友还是为仇，为现在还是为将来，他还得从退路中寻找进路，在败退中反抗沦亡。

辞去中山大学一切职务的鲁迅，把自己关闭在清静的白云楼上。远眺青山，近观流水，他想写点什么了。他在《怎么写》中写道：“我靠了石栏远眺，听得自己的心音，四远还仿佛有无量悲哀，苦恼，零落，死灭，都杂入这寂静中，使它变成药酒，加色，加味，加香。这时，我曾经想要写，但是不能写，无从写。”那就先整理自己的旧稿吧。他把在北京时发表在《语丝》上的“小感触”收集起来，结为一集，谓之《野草》。4月26日，作《〈野草〉题辞》，鲁迅写道：“当我沉默着的时候，我觉得充实；我将开口，同时感到空虚。”“过去的生命已经死亡。我对于这死亡有大欢喜，因为我借此知道它曾经存活。死亡的生命已经朽腐。我对于这朽腐有大欢喜，因为我借此知道它还非空虚。”

鲁迅与许广平、何春才、廖立峨合影。1927年8月19日摄于广州西关图明照相馆

然而，过去的生命却因此在鲁迅的心中复活了。他又一次想起了故乡，想起小时候的生活，想起了儿时所吃的蔬果："菱角，罗汉豆，茭白，香瓜。凡这些，都是极其鲜美可口的；都曾是使我思乡的蛊惑。后来，我在久别之后尝到了，也不过如此；惟独在记忆上，还有旧来的意味留存。他们也许要哄骗我一生，使我时时反顾。"于是，把《野草》稿寄往北京后，"便轮到陆续载在《莽原》上的《旧事重提》，我还替他改了一个名称：《朝花夕拾》。带露折花，色香自然要好得多，但是我不能够。便是现在心目中的离奇和芜杂，我也还不能使他即刻幻化，转成离奇和芜杂的文章。或者，他日仰看流云时，会在我的眼前一闪烁罢"。5月1日，鲁迅编定《朝花夕拾》后，在《小引》中写下上面这样一些话。

组成《朝花夕拾》的《狗·猫·鼠》《阿长与〈山海经〉》《〈二十四孝图〉》《从百草园到三味书屋》《藤野先生》等广为传诵的十篇散文，鲁迅说这些文章全部"是从记忆中抄出来的"。前两篇写于北京的"老虎尾巴"，中间三篇写于因受北洋政府通缉外出避难的医院和木匠房里，后五篇写于厦门大

鲁迅、许广平、蒋径三合影。1927 年 9 月 11 日摄于广州艳芳照相馆

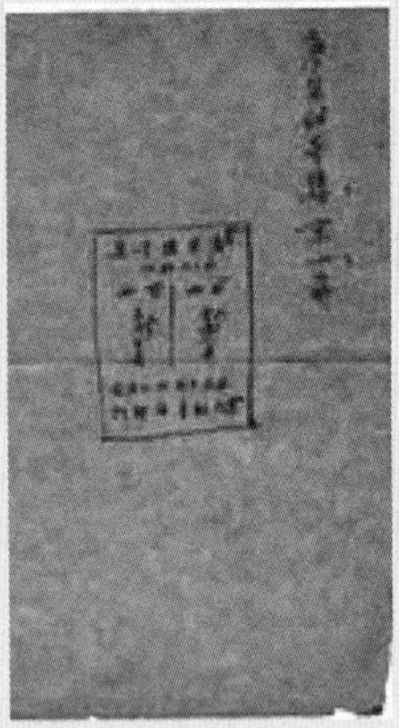

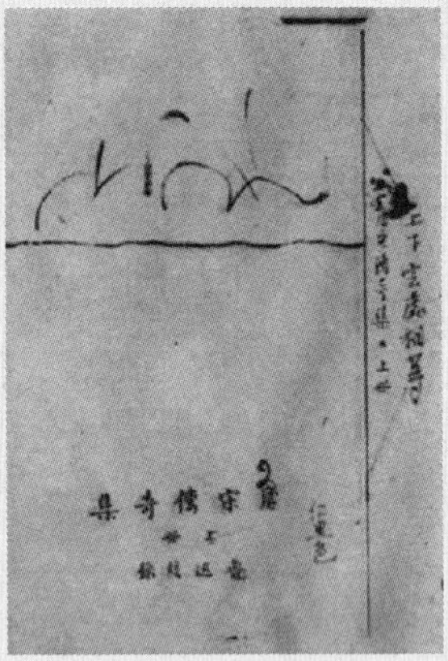

鲁迅设计的《唐宋传奇集》封面版样。20cm×16cm。鲁迅藏。现存北京鲁迅博物馆

《唐宋传奇集》。鲁迅选录编校，以不同版本勘定，共8卷，收唐、宋传奇故事四十五篇，书末附《稗边小缀》，详细考证了每篇传奇的来源及版本。鲁迅纂集此书是为了研究唐、宋时期传奇故事发生及演变过程。1927年12月、1928年2月北新书局分上、下两册出版。32开，毛边。鲁迅藏。现存北京鲁迅博物馆

鲁迅设计的《朝花夕拾》扉页。

《朝花夕拾》收录1926年所作回忆散文十篇，1928年9月未名社出版，32开，毛边。鲁迅藏。现存北京鲁迅博物馆

学图书馆的楼上。由于鲁迅的经历，由于鲁迅的手笔，薄薄一册《朝花夕拾》，生动有趣地勾画出从少年到青年的生命历程，色调鲜明地描绘出从城镇到农村、从家庭到社会、从国内到国外的开阔境界。流畅清新、舒卷自如的笔致，回忆与联想的多时空交织，叙事与抒情中讽刺性议论的杂文手法的引入，不仅突破了中国传统散文的格套，更为中国现代散文文体做出了开拓性的贡献。鲁迅曾同青年朋友谈过这本集子的写作：撒开手，只要抓住辔头，就不必害怕跑野马；过于拘谨，很容易走到小摆设的路上去。诚为经验之谈。

安排好《野草》《朝花夕拾》的出版印制，处于生存困境中时时感到空虚的鲁迅觉得充实了许多。接着又埋头编定《唐宋传奇集》8卷，并写了长篇"札记"，为《稗边小缀》卷，置于书末。写完《序例》后特附一笔："中华民国十有六年九月十日，鲁迅校毕题记。时大夜弥天，璧月澄照，饕蚊遥叹，余在广州。"

显然，尽管"在西屋中九蒸九晒，炼得遍身痱子"，但已是气爽神朗，《热风》与《华盖集》时期的意气风发的状态再次降临。"这半年我又看见了许多血和许多泪"，"泪揩了，血消了"，"用钢刀的，用软刀的"，"屠伯们逍遥复逍遥"，但是，在"淡淡的血痕中"，"只有杂感而已"的鲁迅不允许"屠伯们""逍遥复逍遥"。9月，在离开广州前的二十四天之内，鲁迅一口气写下十四篇杂文。《答有恒先生》《谈激烈》《扣丝杂感》《可恶罪》《小杂感》等文章，集中揭露和抨击了国民党反动派屠杀政策和手段的险恶与卑劣。即便如《魏晋风度及文章与药及酒之关系》那样的学术文章，在鲜明的历史、社会、文化批评之中，亦含有明显的批判现实社会的色彩。鲁迅说过："在广州之谈魏晋，盖实有慨而言。"当我们读到关于乱世，关于找借口随意杀人，杀不同政见者，杀不同派系者，杀敢于议论者时，即会和"四一二""四一五"之后的中国现实联系起来。寓时论于史论，显示着既是思想家，也是社会批评家，又是史学家的鲁迅的深厚功底和巨大能量。

華蓋集

在上海

1927.10

1936.10

梦醒后的选择

辞去中山大学的一切职务之后，鲁迅去意已定。但何去何从，今后的路怎么走，饭碗问题如何解决，都是必须慎重考虑的。况且，此时已经不只是他一个人的事了，身边还有许广平，得一同认真商量，仔细筹划。

浙江省政府方面聘请他的好友许寿裳担任“视察”，浙江又是鲁迅的家乡，有人建议鲁迅到杭州去；也有人请他到南京去；北京的燕京大学表示要聘他做教授。从北京到厦门再到广州，一年多来，鲁迅说他“漂流了两省，幻梦醒了不少”，“政、教两界”，决不涉足了，“因为实在外行，莫名其妙”。政界，先有在北洋政府教育部对旧官僚的领教，后有在广州对新政客的认识，鲁迅在给朋友的信中谈了他的看法：“我常叹新官僚不比旧官僚好，旧者如破落户，新者如暴发户，倘若我们去当听差，一定是破落户子弟容易侍候，若遇暴发户子弟，则贱相未脱而遽大摆其架子，其蠢臭何可向迩哉。”杭州是国民党浙江省政府所在地，南京是国民党中央政府所在地，都是新旧官僚麇集的地方。何况鲁迅已经目睹了国民党政客是怎样举着孙中山的旗帜，念着孙中山的遗嘱，去大肆捕杀前一天还是同盟者的共产党人及青年学生的。他对国民党彻底失望了，并从心底厌恶蔑视他们了。杭州、南京他是不去的。他原以为教育界干净清静些，但厦门大学、中山大学的人事纠葛、繁杂琐事弄得他心烦意乱，他不想再陷进去了。他很想静下心来，专做译著的事，看来最适合他的还是一个人读书作文。他想折回居住时间最长也最熟悉的北京去，虽然北京已为新军阀张作霖控制，虽然北京的“国故”太多，但还算得上适于他专心译著的理想地方。可是，北京有母亲、朱安，还有周作人夫妇，他和许广平一起回

1927 年的上海南京路

去，确有诸多不便，在这种境况下，实在是近处不如远离为妙。

比起杭州、南京、北京的旧的和新的“官僚气”来，广州的“蛮气”、上海的“洋气”倒要好一些。但广州“生活费太贵”，“可看的刊物也没有”，“什么都不知道”，根本不是写文章的地方；写了文章也卖不出去，换不回生活费来。而此时的上海已经成为中国的经济中心，且有了国际都市的地位，文化中心也由北京南移到上海，光书店就有四十多家，到上海卖文章自然是较为便当的。

鲁迅对许广平说：“一同走吧，先到上海再说。”1927 年 9 月 27 日下午，鲁迅与许广平携带十六只书箱和提包、衣箱、提篮，登上太古公司的“山东”轮。一年前两人从上海分乘两船分别赴厦门和广州，一年后两人同乘一船从广州赴上海。在此后漫长的航程中，不管风平浪静还是波涛汹涌，鲁迅不再孤独，不再寂寞。

28日船泊香港后，却遭受了一场意想不到的“劫难”。两名手持铁签的“英属同胞”，在洋主子的监督下，借“查关”之机变着法儿地勒索钱财。他们把鲁迅的书箱翻倒，纸包撕破，书籍搅乱，衣服抖开，茶叶瓶和食品坛捅破，弄了个乱七八糟后，拿了十元钱扬长而去。这使鲁迅愕然而愤然：“香港虽只一岛，却活画着中国许多地方现在和将来的小照：中央几位洋主子，手下是若干颂德的‘高等华人’和一伙作伥的奴气同胞。此外即全是默默吃苦的‘土人’，能耐的死在洋场上，耐不住的逃入深山中，苗瑶是我们的前辈。”

殖民当局的侮辱性“检查”，或许是一个征兆。鲁迅和许广平前去的上海，是除香港、澳门外殖民地、半殖民地色彩最为鲜明的地方。鲁迅这位在北京古都名震华夏的彻底反封建斗士，将要在十里洋场迎战殖民主义敌人。他的社会批评、文明批评的锋刃，不仅要继续攻打封建文化的残破堡垒，还要剥露殖民文化的侵略本质，更须扫荡封建文化与殖民文化合流带来的污泥浊水。

10月3日，秋高气爽，阳光灿烂。经过一周的漫长旅行，“山东”轮停靠在太古码头。黄浦江上船来船往，上海外滩高楼林立，中国的文化中心迎接鲁迅的到来。一年多来，随着中国革命的潮起潮落，敏感的文化精英们大多经历了从北京、上海进军到广东、武汉，再撤退到上海的大转移。在大革命失败的打击下，他们又纷纷回归到文化战线上来，郭沫若、茅盾、郁达夫等已经相继到达上海。即将掀起的声势浩大的中国革命文学运动，期待着文化革命主将鲁迅的参与和指导。

旧友新朋话上海

鲁迅、许广平到上海后，暂住共和旅馆。当天下午，未及检点行李，即一起往北新书局访问李小峰，随后又邀在商务印书馆做编辑的三弟周建人同至陶乐春吃晚饭。当晚，林语堂、孙伏园、孙福熙闻讯来旅馆看望，互道厦门、广州别后的情形，一直谈到很晚。第二天，林语堂、孙伏园等特意请鲁迅、许广平一起合影留念。第三天又见到了郁达夫、王映霞、潘梓年、许钦文等。

初到上海，鲁迅并没有下定长住久安的决心，打算两三日后到杭州西湖一游，再定何往。因游杭州的计划未能实现，便听从亲朋好友的意见，先在上海住下来再说。于是与三弟商量，在三弟住处景云里租房一处，10 月 8 日与许广平一起迁入。10 月 10 日，在三弟陪同下，访问了住在旁边的茅盾。茅盾是于大革命失败后的 1927 年 8 月中旬潜回上海的，为躲避南京政府的通缉，在寓所蛰居写作。茅盾回忆道："10 月 8 日，鲁迅搬到景云里来了，住在 23 号，他家前门正对着我家后门。过了两天，周建人陪鲁迅来看我。这是我第二次见到鲁迅，第一次见面是一年前他去厦门大学路过上海的时候，郑振铎在'消闲别墅'请鲁迅吃饭，我是陪客之一，当时只寒暄了几句。这一次见面，我们谈得就多些。我向他表示歉意，因为通缉令在身，虽知他已来上海，而且同居住在景云里，却未能去拜会。鲁迅笑道，所以我和三弟到府上来，免得走漏风声。我谈到我在武汉的经历以及大革命的失败，鲁迅则谈了半年来在广州的见闻，大家感慨颇多。他说革命看来是处于低潮了，并且对于当时流行的革命仍在不断高涨的论调表示不理解。他说他要在上海定居下来，不

1927 年 10 月 4 日摄于上海。前排左起：周建人、许广平、鲁迅；后排左起：孙福熙、林语堂、孙伏园。15cm × 20cm。鲁迅藏。现存北京鲁迅博物馆

打算再教书了。他已看到了登在《小说月报》上的《幻灭》，就问我今后作何打算。我说正考虑写第二篇小说，是正面反映大革命的。至于今后怎么办，也许要长期蛰居地下，靠卖文维持生活了。”

在以后的几天里，鲁迅陆续会见了叶圣陶、易培基、陈望道、胡愈之、潘汉年、夏丏尊、赵景深、章锡琛、章衣萍、许寿裳、黎锦明、江绍原、蒋光慈、段可情、许杰、黄源、陶元庆、丰子恺等。在这些文化界的新老朋友中，有昔日的同事、学生，有大学的校长、主任，有书局的老板、报刊的编辑，有作家、艺术家，有文学研究会的，也有创造社的，还有秘密从事共产党的宣传工作的。连续的会晤，访谈，吃饭喝酒，看电影，不到一个月时间里接连到七八所大学的讲演，虽然使鲁迅应接不暇，但在同各方面的接触中，在同朋友们的交往中，鲁迅很快了解了上海的形势，特别是了解了上海文化界的状况。他真切地感受到上海不愧是全国的经济中心和文化中心。上海在文化方面的优势是其他任何地方都无法相比的。在广州期间时时困扰着他的文化孤独感、文化寂寞感为之一扫。周围有这么多旧友新朋，有这么多书局报刊，这对于下决心以译著为生的他来说，上海是最为理想的生存环境了。鲁迅觉得真可以大干一番了。

当然，鲁迅也看到了上海的另一面。作为经济中心，这里有太重的商人气，洋场气，绅士气，庸俗气，唯利是图，势利，算计，斤斤计较，太多的交际、应酬、周旋，太多的猜忌、虚饰、肤浅……他在给广州的学生的信中谈到对上海的观感：“这里的情形，我觉得比广州有趣一点，因为各式的人物较多，刊物也有各种，不像广州那么单调。我初到时，报上便造谣言，说我要开书店了，因为上海人惯于用商人眼光看人。”

初到上海的鲁迅，也深为多方面接连不断地来访问，各学校接连不断地来邀请讲演、邀请讲课，书局出版社邀请做事所苦：“本很想静下来，专做译著的事，但很不容易。闹惯了，周围不许你静下。所以极容易卷入旋涡中。”“本想从事译书，今竟不知可能如愿。”他在写给北京未名社李霁野的信中说：“本来我也可以在此编辑，因为我原想躲起来用用功。但看近来情形，各处来访问，邀演讲，邀做教员的很多，一点也静不下，时常使我想躲到乡下去。”鲁迅急切地盼望周围能很快清静下来，他好安安静静地读书，译书，做文章。

鲁迅也注意到商业社会对文化的冲击与侵蚀，并深为这种状况担忧。他说“到上海后，看看各出版店，大抵是营利第一”。这时现代评论派也到上海安营扎寨了。鲁迅说《语丝》在北京被禁，北新被封门的时候，“‘正人君子’们在此却都很

鲁迅在光华大学演讲。鲁迅到上海后的一个月里，陆续接到了七八所学校的演讲邀请，这是在光华大学演讲后的留影。1927 年 11 月 16 日摄于光华大学

鲁迅在光华大学演讲时留影。1927 年 11 月 16 日摄于光华大学

得意，他们除开了新月书店外，还开了一个衣服店，叫‘云裳’，‘云想衣裳花想容’，自然是专供给小姐太太们的。张竞生则开了一所‘美的书店’，有两个‘美的’女店员站在里面，其门如市也”。对张竞生用如此手段宣扬色情文化，招揽顾客，鲁迅表示了极大的蔑视。对兼开衣服店的新月书店，鲁迅的看法是：“新月书店我怕不大开得好，内容太薄弱了。虽然作者多是教授，但他们发表的论文，我看不过日本的中学生程度。”在商品社会、商人气息的重重包围中，知识分子如何保持清醒的头脑，如何保持严肃文化的独立品格和高雅品位，是到上海之后的鲁迅必将承担起的重大责任。

景云深处是吾家

鲁迅与许广平自1925年建立恋爱关系，到1926年双双离京南下，经上海，至厦门、广州，兜了一个很大的圈子，再折回上海，才终于正式宣布结合了。

无论对鲁迅，还是对许广平来说，这都是一个值得纪念的日子——1927年10月8日。这一天，鲁迅与许广平在景云里第二弄的最末一家23号，建立起两个人的家庭。鲁迅在1929年3月22日致韦素园信中谈到这段艰难的爱情旅程时说，当时“似乎是京沪都在传说，说我携了密斯许同住于厦门了。那时我很愤怒。但也随他们去罢。其实呢，异性，我是爱的，但我一向不敢，因为我自己明白各种缺点，深恐辱没了对手。然而一到爱起来，气起来，是什么都不管的。后来到广东，将这些事对密斯许说了，便请她住在一所屋子里——但自然也还有别的人。前年来沪，我也劝她同来了，现就住在上海，帮我做点校对之类的事——你看怎样，先前大放流言的人们，也都在上海，却反而哑口无言了”。

鲁迅与许广平的结合完全是新式的，简单而朴素。没有通知家人，没有宴请亲朋，没有收受礼品；每人一床、一桌、两椅而已。两人事前已约定：两性生活，贵在情投意合，彼此信任，除当事人外，无人可以束缚，日后如有一方不满意，觉得不必在一起生活了，绝不要争吵，也不用法律解决，各自走开，反正都能独立谋生。

最简单的方式的基础是最深沉最真挚的情感。度过了大半生无爱的婚姻和独身生活的鲁迅，到了四十六岁的时候，才强烈地感受到自己深爱着的女性日夜陪伴在身边是多么幸福，强烈感受到有一个幸福的家庭是多么重要。许广平大胆争得的爱情也属得来不易。他们自然格外珍惜共有的美好情感和幸福的生活。但他们并没有沉浸和停滞在安宁的幸福之中。鲁迅说过，爱情必须有所附丽，必须时时更新、生长、创造，才能巩固和发展。在北京时没有积蓄，厦门、广州来去匆匆的就职辞职，也难有积蓄，要在上海立足，又选定了卖文为生，他们必须用辛勤的劳动，共同创造稳定而有意义的生活。

蜜月之后，生活稍稍安定下来，鲁迅教许广平学日语了。许广平回忆道："从 12 月起，我就开始读书。先是教单字，但并不是照日文教学所排列的字母，而是鲁迅自己编出讲义来教的。教书时逐步深入，而又灵活地每天按时地学习。一共自编自教了二十七课。大约在 1927 年 12 月学了一个月，就换了课本。每天都是晚上授课，非常严肃认真地教着，除非晚上有人邀请，回来太迟了，才在这一晚上停学。"新换的课本是一本浅明的谈论艺术的书——日文本《尼罗河之草》，"内容从原始社会讲

鲁迅与许广平于 1927 年 10 月 8 日住进景云里 23 号。这是他们在上海的第一处寓所

在景云里寓所。1928 年 3 月 16 日《良友》画报主编梁得所摄

在景云里寓所。1928 年 3 月 16 日《良友》画报主编梁得所摄

起，包括埃及的人首狮身，罗马的维纳斯，中世纪的十字军及文艺复兴，以至新时代的小方块石砌像以及偶象破坏；后来的美术又包括雕刻与绘画；至十五世纪油绘的发明，十六世纪礼拜堂的建筑；到近古欧洲各国的艺术，及宗教改革时代等的艺术与近世法国革命后的艺术以及现代艺术等；凡有关欧洲文化的一些基本知识，都尽量设法给与一个从事文学工作者以初步认识，这和他一向叫人在文学之外多得一些普通知识，或各方面的知识的主张是符合的”。鲁迅教许广平用的另一个课本是日文本的《马克思读本》，从序文开始，先后又学了五个多月。学到可以翻译文学作品的时候，在鲁迅指导下，许广平试译了《小彼得》，鲁迅在批阅许广平试译的稿件之后，亲自译出一遍以做示范。

当年，许广平只是鲁迅许多学生中的一个；现在，她是鲁迅唯一的学生，又是鲁迅的爱妻。多少个晚上，夜深人静之后，在温馨的卧室里，在柔和的灯光下，鲁迅手把手地教她学日语，和她谈论人类文化、艺术、哲学……这大约是他们二人世界中最幸福、最甜蜜的一段时光吧。

虽然许广平没有如鲁迅所期望的那样精通日语，但她由此真切地感受到和鲁迅在一起，生活是多么丰富、多么充实、多么有情趣，她更真切地感受到鲁迅对她的爱是那么深厚、那么博大、那么长远。作为一位有胆识有抱负的新的知识女性，许广平既想周到地照顾好鲁迅的生活，也想到社会上做事，但是，当她征求鲁迅意见的时候，鲁迅满脸忧愁地说：“你要出去，我的生活又要改变了，又要恢复到以前一个人干的生活中去了。”鲁迅的一句话，彻底打消了许广平出去工作的念头。协助鲁迅，使鲁迅为社会做出更大的贡献，发挥更大的作用，或许更有价值更有意义。于是，她把无微不至地照顾体贴鲁迅，协助鲁迅著书立说作为自己应尽的职责。料理家务，换洗衣服，安排饮食，购买书籍，整理材料，查寻资料，抄写稿件，校对书刊……在艰苦危难的环境中，许广平成为鲁迅须臾不可离开、别人无可替代的得力助手。在许广平全力的支持和协助下，鲁迅作为自由撰稿人、职业作家，得以全身心地投入译著编撰工作之中。

几乎与鲁迅到上海的同时，国民政府在南京设立最高教育、学术机构“中央大学院”，蔡元培出任院长。大学院设特约撰述员，聘请国内在学术上有贡献而又不从事其他职业的作家学者担任，听其自由撰述，每月酌送补助费。1927年12月，蔡元培聘鲁迅为第一批特约撰述员。12月18日鲁迅日记记：

“晚收大学院聘书并本月份薪水泉三百。”大学院于1928年10月改称教育部，1931年12月，蒋介石“以行政院长兼理部务”后，鲁迅即被裁撤。

1928年2月28日，青年画家司徒乔（1902—1958）为鲁迅作炭笔速写画像。同年4月，《良友》画报刊登了这幅画像

诗赠"邬其山"

鲁迅到上海的当天晚上，就到北新书局门市部浏览了一番，取书刊数种。第三天，他到位于北四川路的内山书店买书。这是一家日本人经营的以销售日文书籍为主的特色书店。也许是为了弥补厦门、广州期间无书店可逛的缺憾，也许是又找到了当年在东京找书买书的感觉，仅10月份之内，鲁迅就九次光顾内山书店，共买书二十五本，用款五十余元。

当鲁迅第二次走进内山书店的时候，立即引起精明和善的老板内山完造的注意。内山完造回忆说，一位身穿蓝布长衫，鼻下蓄着浓厚短髭的人物，以一种非同一般的步子走进店来，清澈如水晶似的眼睛透着几分威严，个子虽小，却带有浩然之气。来人挑好了书后，在沙发上坐了下来，一边喝着内山的妻子美喜子送上的茶，一边点上烟，指着挑好的一摞书，用漂亮的日本话说："老板，请你把这些书送到横滨路景云里23号去。"内山立即问："尊姓？""叫周树人。""啊——你就是鲁迅先生吗？久仰大名了，而且也听说是从广东到这边来了，可是因为不认识，失礼了。"

从这一天起，鲁迅与内山完造的交往便开始了。在日渐密切的来往中，他们结下了深厚的友谊。内山完造成为鲁迅在上海十年中，也是一生中最亲密的朋友之一。

鲁迅频频出入于内山书店，一方面因为从这里能买到他所喜爱的书和其他地方不易得到的书，如不少日文版的马克思主义经典之作和社会科学书籍，就是从这里买到的。其中有马克思、恩格斯的《共产党宣言》，恩格斯的《社会主义从空想到科学的发展》《婚姻及家庭的发展过程》，列宁的《论中国革

四川北路和位于北四川路的内山书店

命问题》，还有《俄国工人党史》《阶级斗争理论》《唯物论与辩证法的基本概念》《唯物史观解说》《文学与革命》《无产阶级文学理论》《苏俄的文艺政策》《新俄国文化的研究》等。十多年来，鲁迅从内山书店购买了大量书籍。鲁迅喜欢到内山书店的另一个原因，是极为欣赏书店的购书氛围。内山为了顾客的休息和叙谈之便，特辟一块地方设了茶座。这种很便于联络感情结交朋友的设施，是其他书店没有的。鲁迅每次去，总要在这里与内山老板聊聊。随着友谊的加深，内山特向鲁迅表明："就是不出卖朋友的人，在日本人中也有的。"鲁迅凭直感与留心观察内山全家及店友，感到他们确实是值得信赖的。书店位置和内山寓所距鲁迅先后的几处住处又都很近，于是内山书店便

成为鲁迅社会活动和文化活动的重要场所了。不少给鲁迅的信件通过书店转交，鲁迅常在这里与国内外友人漫谈，一些生疏的或特殊的客人，往往约在这里见面。不少日本作家、汉学家、文艺界和新闻出版界人士，都是经由内山完造介绍和引见同鲁迅会面的。内山完造还和鲁迅合作，组织举办过三次国内外版画展览和国外书籍插图展览。尤其令人难以忘怀的是，在险恶的社会环境中和白色恐怖下，内山以其特殊的身份，设法保护鲁迅的安全，先后数次帮助鲁迅避难，其中有三次避居内山书店和内山寓所。

鲁迅那首很有名的《赠邬其山》的旧体诗，就是题赠给内山完造的。内山的“内”字，日语发音为“邬其”，与“山”合成类乎汉人的姓名“邬其山”。这首诗写于1931年二三月间。据许广平回忆说，那时候鲁迅差不多每天都要到内山书店与内山先生欢谈，“一天，内山先生感慨地说：‘我在上海居住了二十年之久，眼看中国的军阀政客们的行动，和日本的军阀政客的行动，真是处处相同；那就是等待时机，一朝身在要职，大权在握时，便对反对他们的人们，尽其杀害之能事，可是到了局势对他们不利的时候，又像一阵风似的销声匿迹，宣告下野，而溜之大吉了。’鲁迅先生听了这番话后颇感兴趣，第二天便根据内山先生的谈话，写成一首诗赠给他”。这首诗活画出新老军阀政客争权夺利的丑态和屠杀人民的罪行，通过这首诗，鲁迅和他的亲密朋友一起，也和后来的无数

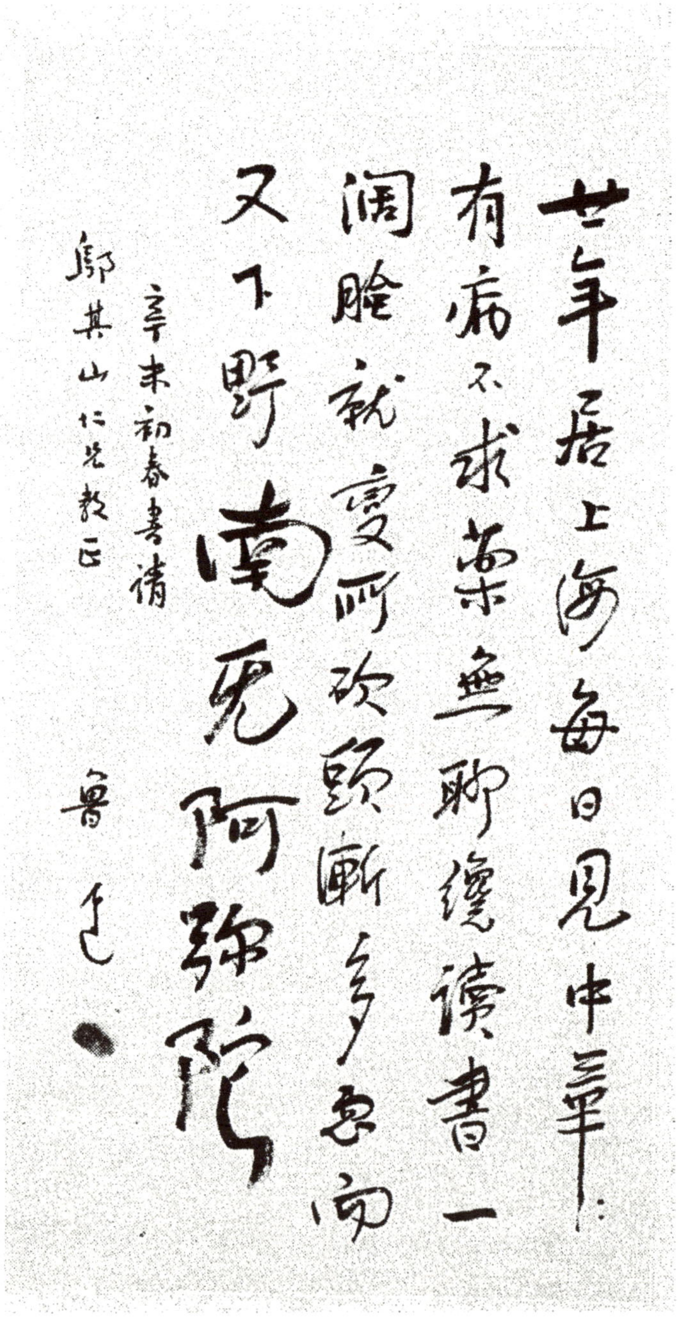

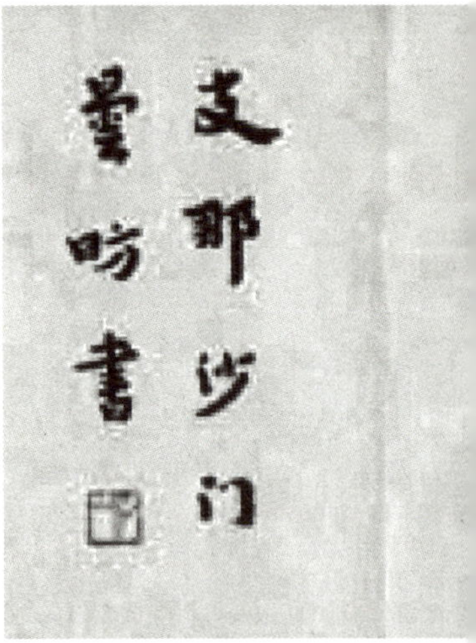

弘一法师（李叔同）书“戒定慧”。1931年3月，鲁迅往内山书店，向内山完造乞得弘一法师书法一幅

鲁迅1931年书赠内山完造诗：“廿年居上海，每日见中华。有病不求药，无聊才读书。一阔脸就变，所砍头渐多。忽而又下野，南无阿弥陀。”

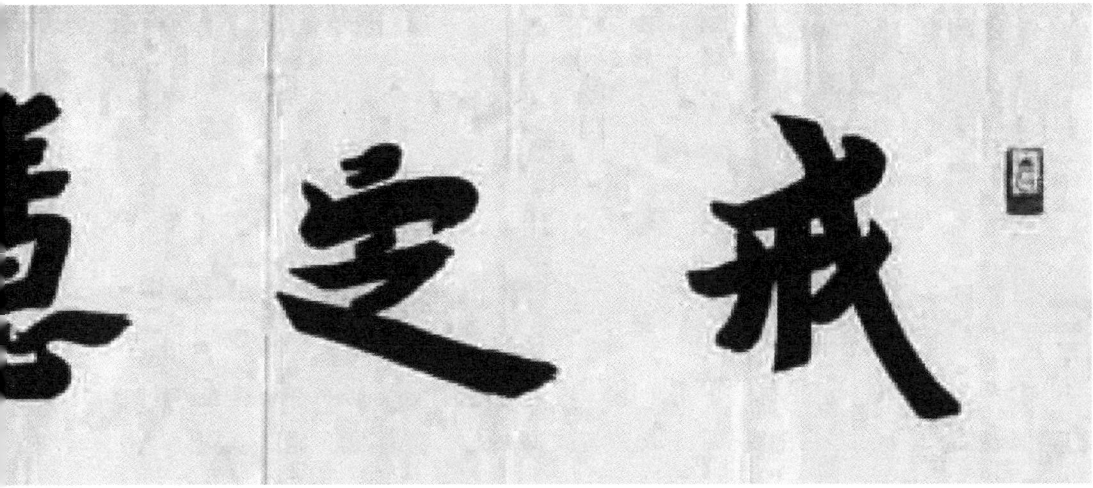

1933 年鲁迅与内山完造合影

读者一起，分享着辛辣地嘲讽人民的敌人的快意。

和鲁迅的密切交往，在很大程度上改变着内山完造对中国、对中国人的情感，甚至改变着他的生活。内山完造后来说，他能与鲁迅有十年的亲密关系，是他“一生的幸福”。他写过好几本关于中国的书。鲁迅曾为他的《活中国的姿态》一书作序。新中国成立后，内山多次访问中国，致力日中友好活动。1959年应邀参加中华人民共和国成立十周年庆典时，内山完造病逝于北京。他的遗体安葬在上海万国公墓，安葬在鲁迅最初安息地的旁边。

“论争”与“窃火”

自到“革命的策源地”广州以后，革命的言辞与口号盈耳充眼，甚至对共产党人和革命者的疯狂屠杀也是在“革命”的名义下喊着“革命”的口号进行的。这对于写过阿Q“革命”和“不准革命”的伟大作家鲁迅来说，无疑更加丰富和深化了他对革命的真与假、深刻与肤浅、长久与短暂等问题，以及文学与政治、文学与革命、文学与人民等关系问题的思考。在广州，他就做过《革命时代的文学》的演讲，到上海之初，在发表的为数不多的文章中，就有题为《革命文学》《文艺与革命》两篇；在一系列演讲中，他大多围绕文学与革命、文学与社会、文学与政治等论题发表自己的意见。

这类问题，同时也是大革命失败后，大部分从革命战争前线撤回到文化队伍中来的作家、艺术家们关注的问题。后期创造社的郑伯奇回忆说：“大革命失败后……我们觉得这么多进步作家聚集上海，大家联合起来，共同办一个刊物，提倡新的文学运动，一定会发生相当大的影响。政治革命暂时受了挫折，先从文艺战线上重整旗鼓，为迎接将来的革命高潮准备条件，岂不很好吗？蒋光慈和段可情也有同样的想法。我们取得沫若同志的同意和支持，同去访问鲁迅先生，谈出联合的意思，鲁迅先生立即欣然同意，他并且主张不必另办刊物，可以恢复《创造周报》，作为共同园地，他积极参加。我们都非常高兴。”同创造社结成联合战线，是鲁迅赴广州时就有的愿望。他在离广州的两天前致李霁野信中说：“创造社和我们，现在感情似乎很好。他们在南方颇受迫压了，可叹。看现在文艺方面用力的，仍只有创造、未名、沉钟三社，别的没有，这三社若沉默，中国全国真成了沙漠了。”看来，鲁迅与创造社在上海联手，掀起新的革命文学运动的愿望，可以顺利实现了。1927年12月3日，鲁迅与郭沫若、成仿吾、郑伯奇、蒋光慈、冯乃超等联名发表《创造周报》复刊广告，1928年1月1日，又联名发表《〈创造周报〉复活了》预告。可是，事态的发展却使鲁迅大吃一惊。就在这个月，蒋光慈、钱杏邨等在上海成立“太阳社”，出版《太阳月刊》；创造社编辑出版综合性理论刊物《文化批判》，两家的刊物接连不断地发表长篇大论，在鼓吹“革命文学”“无产阶级革命文学运动”的同时，否定五四新文学运动，指名道姓地把鲁迅当作批判和攻击的对象，从而引发了一场延续一年之久的关于“革命文学”的论争。

创造社、太阳社在严重的白色恐怖下，在不少知识分子的悲观、动摇、幻灭中，举起无产阶级革命文学的旗帜，强调要用革命文学促进革命运动，本是值得敬佩的壮举，但是，由于他们中的许多人，或是从战场上退下来，或是刚从日本留学归来，对革命与文学的关系缺乏深入的思考，对中国的社会实际缺乏深入的了解，又受到国内外“左”倾思潮的影响，无论是对中国革命的性质与形势的分析，还是对革命文学的理解认识，都表现出很严重的“左”倾幼稚病，在言行上表现出严重的主观主义与关门主义倾向。比如，他们否定五四以来的新文学，指责语丝派为“趣味文学”，把文艺抬到“组织生活”“创造时代”的高度，极力强调文艺的宣传武器作用，尤其是对鲁迅的批判攻击，到了不着边际的地步，居然说鲁迅是“绍兴师爷”“封建余孽”，资产阶级“最良的代言人”“二重反革命的人物”“不得志的 fascist（法西斯谛）”，等等。

以鲁迅的经历和眼力来看，创造社、太阳社的年轻人不过是幼稚好笑的“革命性游戏”而已，对这种连起码的规则也不讲的“游戏”

《艺术论》。苏联卢那察尔斯基著，鲁迅译，1929年上海大江书铺出版。32开，毛边。鲁迅藏。现存北京鲁迅博物馆

《文艺与批评》。苏联卢那察尔斯基著，鲁迅译，1929年上海水沫书店出版，为“科学的艺术论丛书”之一。32开，毛边。鲁迅藏。现存北京鲁迅博物馆

《文艺政策》。苏联文艺政策论文集，鲁迅译，1930年上海水沫书店出版，为“科学的艺术论丛书”之一。32开，毛边。鲁迅藏。现存北京鲁迅博物馆

本可以一笑置之，但鲁迅觉得与他们在提倡革命文学、推动文学发展的大方向上还是一致的，只要不是为了个人之利而攻击他，他都没有任何怨言。不过，为了革命文学的健康发展，鲁迅还得站出来说话。在《“醉眼”中的朦胧》《文艺与革命》《扁》《我的态度气量和年纪》等文章中，鲁迅毫不客气地批评了文艺工作中的“左”倾错误、宗派主义、脱离实际的空谈、挂招牌式的自封自吹，强调革命文学必须正视现实，先求内容的充实和技巧的上达。1931 年，鲁迅在《上海文艺之一瞥》中，还特别指出在论争中创造社、太阳社摆出的“左”倾面貌的危害，在于“将革命使一般人理解为非常可怕的事”，“好似革命一到，一切非革命者就都得死，令人对革命只抱着恐怖”。鲁迅说：“其实革命是并非教人死而是教人活的。”

就鲁迅个人而言，他并没有把主要精力放在同创造社、太阳社的论争上，而是放在了大量阅读和翻译科学的文艺论著上。因为鲁迅读过一些“以史的唯物论批评文艺的书”，“以为那是极直捷爽快的，有许多暧昧难解的问题，都可说明”。可是创造社、太阳社的人们围攻鲁迅，虽然满纸革命的新词语，却弄得一塌糊涂，让人摸不着头脑。这一现象，引起鲁迅的高度重视和深入思考，使鲁迅更加清醒地认识到，认真深入地而不是浮光掠影地，融会贯通地而不是生吞活剥地，联系实际地而不是教条主义地学习、传播马克思主义文艺理论的重要性和紧迫性。这也正是鲁迅集中精力大量阅读并翻译卢那察尔斯基、普列汉诺夫等人的文艺论著的主要原因。他把这一工作比作“窃火”：“我从别国里窃得火来，本意却在煮自己的肉的。”后来在《〈三闲集〉序言》中说，在上海遇到“文豪们的笔尖的围剿”中，倒“有一件事要感谢创造社的，是他们‘挤’我看了几种科学底文艺论，明白了先前的文学史家们说了一大堆，还是纠缠不清的疑问”。

无情未必真豪杰

与许广平结合之初，鲁迅就计划陪许广平游杭州，但忙起来，就顾不得了。1927 年深秋，西湖的芦花开了，杭州的友人章廷谦写信邀请，鲁迅复信说："杭州芦花，闻极可观，心向往之，然而又懒于行，或者且待看梅花欤。"梅花开了，鲁迅又说："游杭之举，恐怕渺茫。"1928 年 7 月暑假期间，章廷谦赴上海看望鲁迅，许钦文也来了。鲁迅正为编《奔流》终日奔忙，白天流汗，夜间蚊咬。两人见鲁迅实在太忙太累了，坚决邀请鲁迅夫妇到西湖放松放松，当即决定由章廷谦先返杭租定旅馆，许钦文第二天陪同前往。

杭州，鲁迅并不陌生。也许因为第一次到杭州是去看望狱中的祖父，杭州并没有给鲁迅留下好的印象，在别人看来美不胜收的湖光山色，鲁迅只觉得平平而已。但这一次是陪许广平去，心境自然两样了。他们游西湖，登孤山，饮茶虎跑，兜风苏堤，进灵隐寺，望飞来峰，在楼外楼、功德林品尝美味佳肴，兴致很浓。西湖向来是文人们产生浪漫情致和浪漫故事的地方，然而，鲁迅和许广平虽然兴致勃勃，却只游览了短短四天，便回上海了。尽管时间短暂，但在鲁迅一生中要算唯一的一次"奢侈"了。如果不是为了许广平，恐怕连这唯一的一次也不会有。

鲁迅前半生无爱的婚姻徒具形式。母亲抱不上孙子的不满有时只好向朱安发泄，朱安则抱怨说："大先生终年不同我讲话，怎么会生儿子呢？"是的，孩子应当是爱的结晶。可是，和许广平结合之后，鲁迅考虑到自己年近半百，国家动乱，处境艰险，而想做的事又是那么多，原本是不准备要孩子的，但因"偶失注意，遂有婴儿"了。1929 年 5 月，离开母亲将近三年的鲁迅去北京探

《思想·山水·人物》。日本鹤见祐辅著杂文集，鲁迅译，1928 年由上海北新书局出版。32 开，毛边。鲁迅藏。现存北京鲁迅博物馆

望母亲，因许广平怀孕在身，鲁迅只好孤身北上。5 月 15 日午后到北京，见过母亲，他急忙上街给许广平发电报报平安。当晚陪母亲长聊之后，他又坐在“老虎尾巴”内当年与许广平定情的书桌前给许广平写信了。鲁迅精心选了两张彩印信笺。第一张上印有三个浅红的枇杷，第二张上是两个嫩绿的莲蓬，莲蓬中有莲子，旁有一诗：并头曾忆睡香波，老去同心住翠窠。甘苦个中侬自解，西湖风月味还多。在漂亮的传情达意的信笺上，鲁迅写道：“我不知乖姑睡了没有？……我现在只望乖姑要乖，保养自己，我也当平心和气，度过预定的时光，不使小刺猬忧虑。”许广平拆信后，第一眼就看到三个红红的枇杷，那是她最喜欢吃的水果呀！而且是两大一小！再看那莲蓬，饱满的莲蓬中是饱满的莲子……她一遍又一遍地看着，读着，隔一会儿又打开看看，临睡放在床头，读一遍，起来之前又读一遍，每读一次，腹中的“小枇杷”“小莲子”仿佛总会动一次似的，一股股暖流涌上心头。两人分开二十二天，通信达二十一封。比起北京、厦门的恋人之间的通信，夫妻别后的情感更为浓烈，相互牵挂的情意更为绵长。鲁迅称许广平为“小刺猬”“乖姑”“乖而小的刺猬”“我的有莲子的小莲蓬”；许广平称鲁迅为“小白象”“姑哥”“乖乖莲蓬”；他们称即将出世的孩

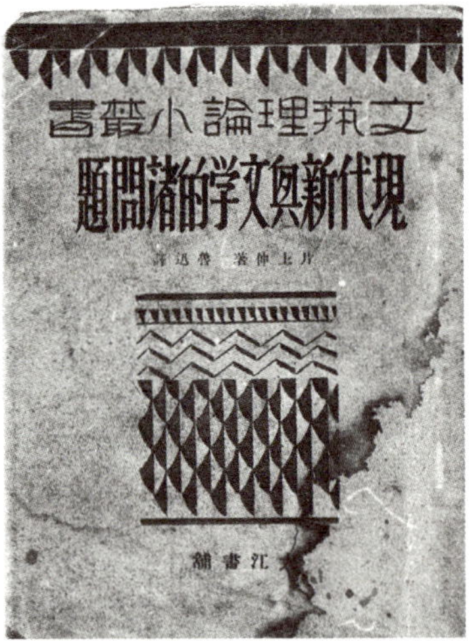

《现代新兴文学的诸问题》。日本片上伸著，鲁迅译，1929 年上海大江书铺出版，为陈望道编“文艺理论小丛书”之一。28 开，毛边。鲁迅藏。现存北京鲁迅博物馆

《壁下译丛》。文艺论文集，片上伸等著，鲁迅译，1929 年由上海北新书局出版。32 开，毛边。封面为鲁迅设计题写。鲁迅藏。现存北京鲁迅博物馆

以"民族底色彩"爲主
的
近代美術史潮論
日本 板垣鷹穗 著
魯迅 譯
上海 北新書局 印行
1929

《近代美术史潮论》。日本板垣鹰穗著，鲁迅译，1929年由上海北新书局出版。32开，毛边。鲁迅以米勒的《播种》作封面装饰图。鲁迅藏。现存北京鲁迅博物馆

子为“小小白象”“小小莲蓬”。

1929年9月27日，他们的“小小白象”出生了。第二天一早，鲁迅捧着特意从花店里选购的一盆翠绿的文竹，赶往医院，放在妻子的床头。往常送给妻子的，都是精美的书籍，此时，这盆绿意盎然，针叶如刺，苍劲沉郁，带着鲁迅性格及爱好的别致礼物，给产后的妻子带来无比的欢畅。鲁迅同许广平商量，给他们的孩子取名“海婴”，意为生在上海的婴儿，并解释说：“这名字读起来颇悦耳，字也通俗，但绝不会雷同。译成外国名字也简便，而且古时候男人也有用婴字的。”“至于小名嘛，你叫我‘小白象’，我看咱们就叫他‘小红象’吧。”

许广平出院回家后，惊喜地发现二楼卧室格外清洁整齐，家具换过了位

置，看起来更加舒适。为使妻子得到充分休息，为了不让香烟的气味熏了儿子，鲁迅由二楼搬到一楼工作，每天夜间12点上楼值班两小时。孩子一醒，他赶紧抱起来，一边轻轻漫步，一边吟唱着自编的平仄入调的催眠曲：

小红，小象，小红象，小象，红红，小象红；小象，小红，小红象，小红，小象，小红红。

一遍一遍，一直吟唱到儿子睡踏实了，他才下楼继续伏案工作。

生儿育女，是人生一大要事，也是大苦大累之事。既然有了孩子，鲁迅就有了思想准备。他早就写过《我们现在怎样做父亲》，主张“用无我的爱，自己牺牲于后起新人”，“父母对于子女，应该健全的产生，尽力的教育，完全的解放”。现在是他实践的时候了。幼子体弱多病，鲁迅日记中关于抱儿子去医院或请医生来家里看病的记载，就多达三百余次。此外还有关于买药、洗澡、种痘、晒太阳、量体重、做生日等种种记载。每一件事鲁迅都做得很仔细，很尽心。他对孩子倾注了全部的爱，他为孩子付出了极大的心血，花去了大量宝贵的时光。在教育方面，他与孩子平等相待，据其性情予以导引；孩子太淘气了，他“也往往只好对他说几句好话，以息事宁人”，鲁迅幽默地说：“我对别人就从来没有这样屈服过。如果我对父母能够这样，那就是一个孝子，可上‘二十五孝’的了。”朋友们笑说他太溺爱孩子了，鲁迅有诗答曰：

无情未必真豪杰，怜子如何不丈夫。知否兴风狂啸者，回眸时看小於菟。

舐犊之情，溢于言表。

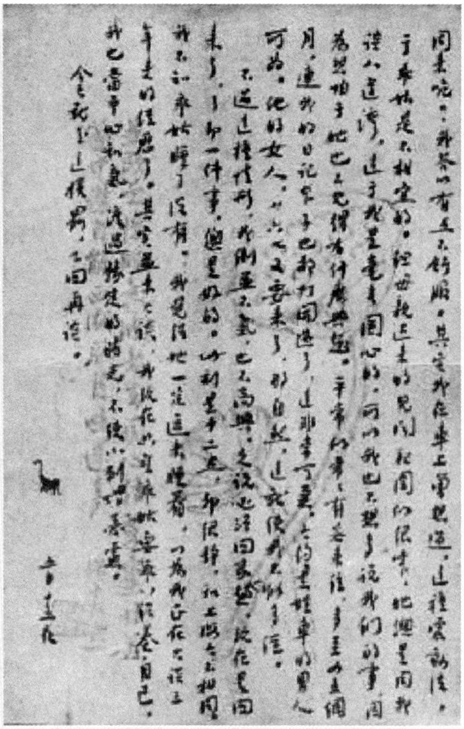

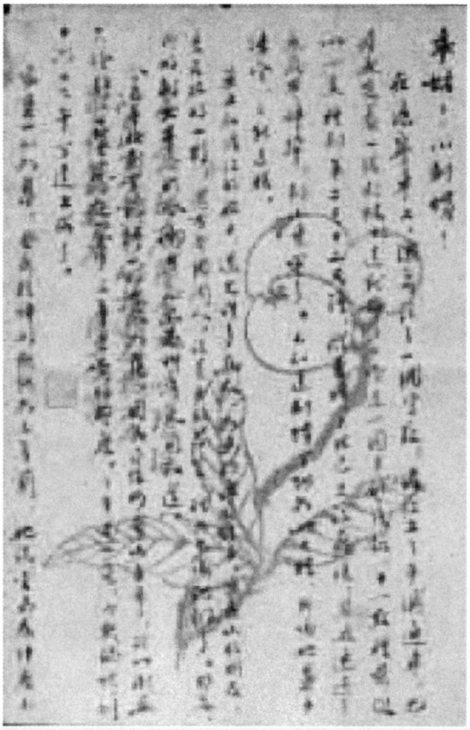

鲁迅致许广平信。1929 年 5 月 15 日，鲁迅到北京探望生病的母亲。当晚，鲁迅选用了两张非常有寓意的信笺，一张上画有许广平非常爱吃的红枇杷，两大一小；另一张上画有一枝籽实饱满的莲蓬，一高一矮。这封信，带着鲁迅的爱意，传到了远在上海怀孕待产的许广平手里

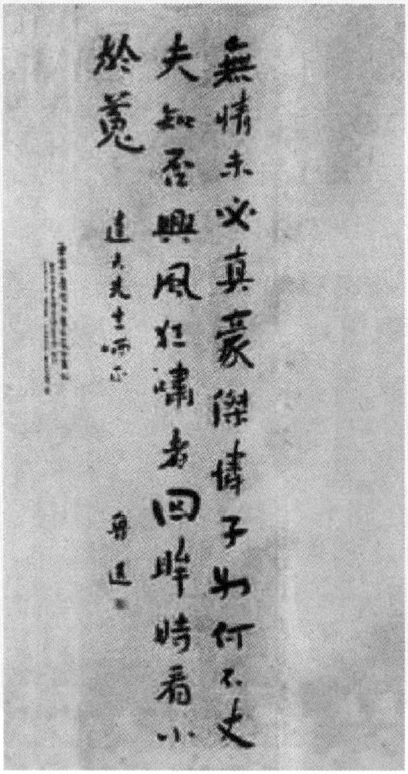

無情未必真豪傑
憐子如何不丈夫
知否興風狂嘯者
回眸時看小於菟
達夫先生哂正
魯迅

1932 年 12 月鲁迅书赠郁达夫诗：“无情未必真豪杰，怜子如何不丈夫。知否兴风狂啸者，回眸时看小於菟。”127.3cm × 30cm。现存北京鲁迅博物馆

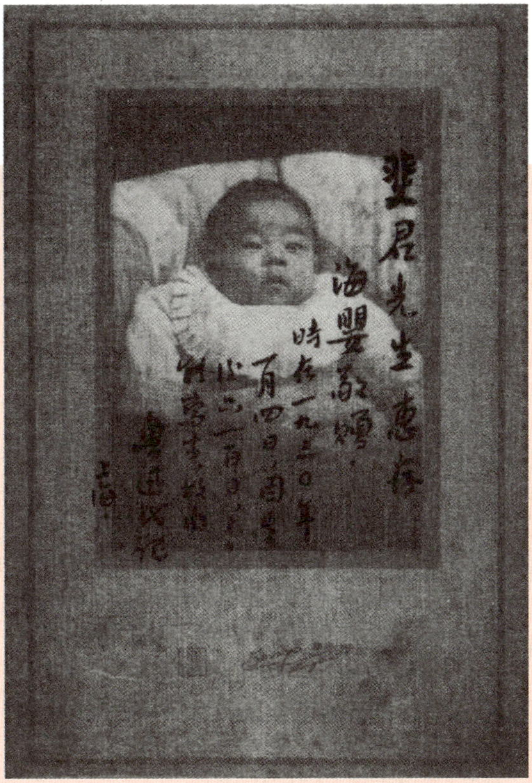

鲁迅题字代海婴送友人百日照。1930 年 1 月 4 日摄。14cm × 9.5cm。鲁迅藏。现存北京鲁迅博物馆

海婴一百天全家合影。1930 年 1 月 4 日摄

Lusin et Hain.
X/14.1930. Shanghai.

SHUNYO. 上海·春陽
Shanghai

“左”“右”之间

在中国革命处于低潮之际，在反革命的中心区域上海，突然出现持续一年多的颇为热烈的“革命文学”论争，既扩大了革命文学的影响，也有助于中国革命的宣传与发展，的确是一件鼓舞人心的事情。但这种革命队伍内部的公开论争，却形成了对鲁迅围攻的态势，实在不是一种正常现象。

中国共产党中央负责人之一的周恩来得知这一情况后，当即指出对鲁迅的批评是错误的，要求立即停止论争。周恩来的指示很快传达到上海文化界党的组织，创造社、太阳社的所有刊物一律停止了对鲁迅的围攻。党组织派冯雪峰、夏衍、冯乃超面见鲁迅说明情况，并说明党中央希望创造社、太阳社和鲁迅及其影响下的人们联合起来，以此为基础，成立一个革命文学团体。这和鲁迅到上海的初衷是一致的，鲁迅当然乐意。

1930 年 2 月 16 日，鲁迅参加了为成立革命文学团体——中国左翼作家联盟而秘密举行的筹备会议。《萌芽月刊》以《上海新文学运动者底讨论会》为题报道了会议内容：“以‘清算过去’和‘确定目前文学运动底任务’为讨论题目”，认为过去的文艺运动“有重要的四点应当指摘：（一）小集团主义乃至个人主义，（二）批判不正确，即未能应用科学的文艺批评的方法及态度，（三）过于不注意真正的敌人，即反动的思想集团以及普遍全国的遗老遗少，（四）独将文学提高，而忘却文学底助进政治运动的任务，成为为文学的文学运动。另外对于目前文学运动的任务，认为最重要者有三点：（一）旧社会及其一切思想的表现底严厉的破坏，（二）新社会的理想的宣传及促进新社会底产生，（三）新文艺理论的建立”。并一致认识到“有将国内左翼作家团结起

《萌芽月刊》。鲁迅与冯雪峰等合编，鲁迅绘制封面。1930年1月创刊于上海，从第3期起，成为中国左翼作家联盟机关刊物之一，出至第5期被查禁。鲁迅藏。现存北京鲁迅博物馆。左联刊物还有鲁迅主持的《前哨》、《十字街头》及《巴尔底山》、《世界文化》等

《奔流》月刊。鲁迅与郁达夫合编，鲁迅主持。鲁迅设计封面，书写刊名。1928年6月创刊于上海，鲁迅基本上每期都写了编校后记。郁达夫说：“虽则是我和他合编的刊物，但关于校对，集稿，算发稿费等琐碎的事务，完全是鲁迅一个人效的劳。”

来，共同运动的必要。在讨论会上已成立了这较广大的团体组织的筹备委员会”。显然，“左联”是在认识到并在很大程度上纠正了“革命文学”论争中的错误倾向之后筹备建立的。

3月2日，中国左翼作家联盟（简称“左联”）成立于上海。到会四十余人，入盟者五十余人。鲁迅出席大会，被推选为主席团成员，当选为常务委员，并在会上发表了重要讲话。鲁迅在“左联”的核心地位，固然和他在中国文学界及文化思想界的地位有关，更重要的是，事实证明，在“革命文学”论争中，鲁迅的立场、观点，对创造社、太阳社错误倾向的批评，基本上是正

确的；而且，他为中国革命文学的产生和发展所进行的艰辛的劳作是非同寻常的。到上海的两年多来，鲁迅除了编《语丝》周刊，编《朝花》周刊、旬刊，编《奔流》月刊，编《萌芽月刊》，编《艺苑朝花》外，除创作杂文、翻译小说外，单是翻译文艺论著，就有八本集子问世。一系列创作与理论方面的扎扎实实的开拓性、建设性工作，鲁迅所花费的心血，这些作品所产生的巨大影响和作用，是文学界有目共睹的。建立在卓越的创作实绩、丰富的实践经验与充分的理论准备基础上的凝聚力、号召力不言而喻，他在“左联”成立大会上，具有鲜明针对性的讲话，虽然不易为部分激进的自我感觉良好的左翼作家接受，但却理所当然地成为左翼文艺运动的指导性文献。

鲁迅的讲话从文学发展的历史要求的高度出发，从左翼作家正在从事的革命文学运动的现实出发，针对左翼作家队伍中存在的个人主义、宗派主义、脱离实际的“左”倾主义等问题，以历史的辩证的唯物主义观点，从政治上、思想上、组织上为中国革命文学运动的发展指明了正确方向。鲁迅开门见山地提醒大家注意：“我以为现在，‘左翼’作家是很容易成为‘右翼’作家的。为什么呢？第一，倘若不和实际的社会斗争接触，单关在玻璃窗内做文章，研究问题，那是无论怎样的激烈，‘左’，都是容易办到的；然而一碰到实际，便即刻要撞碎了。关在房子里，最容易高谈彻底的主义，然而也最容易‘右倾’。第二，倘不明白革命的实际情形，也容易变成‘右翼’。”

左翼作家投入实际的社会斗争，左翼作家组织起来开展革命文艺运动，应当注意什么问题呢？鲁迅指出：“第一，对于旧社会和旧势力的斗争，必须坚决，持久不断，而且注重实力”；“第二，我以为战线应该扩大”，要对准主要敌人，再不可局限在小的范围内，尤其不可局限在内部的小圈子里，弄成自己和自己斗，敌手反倒在旁边观战；“第三，我们应当造出大群的新的战士”；第四，要有韧的精神，要“在文化上有成绩，则非韧不可”，如果“出了一本或二本书，有了一点小名或大名”，便“永远不见了”，只会造成“在中国无

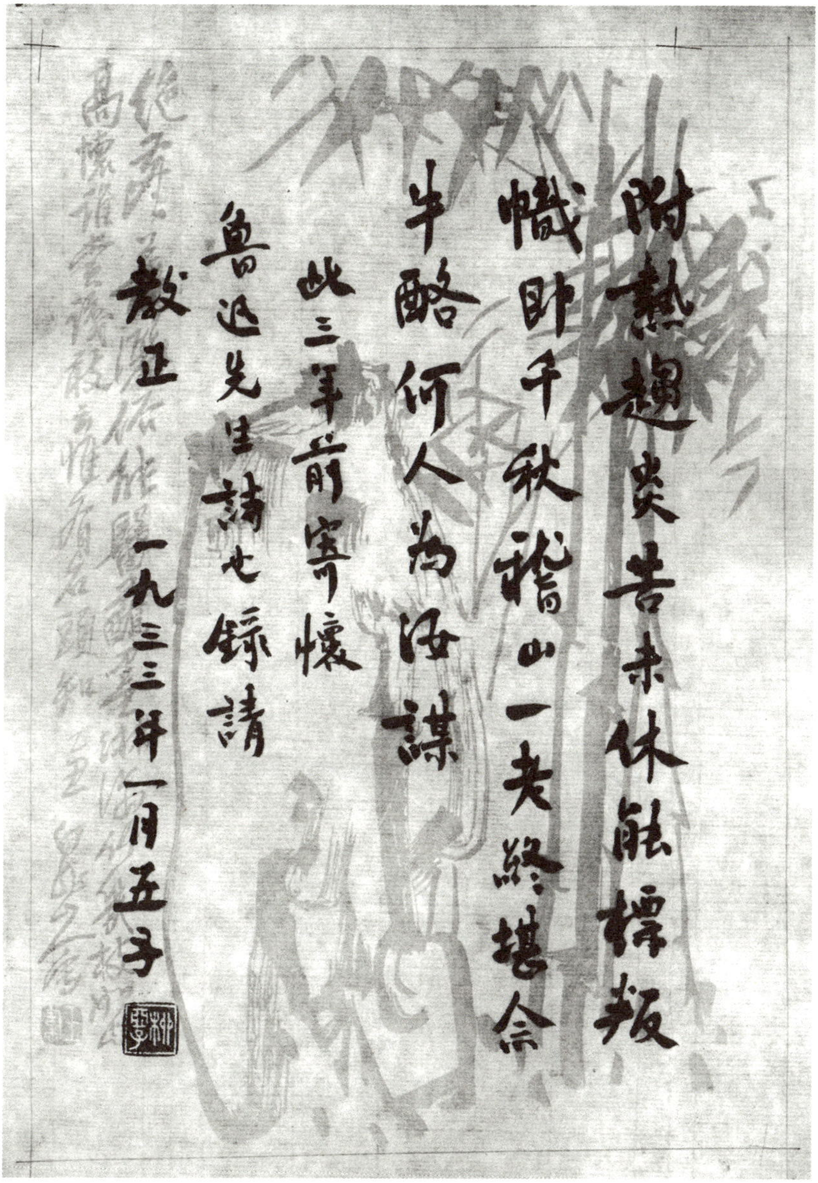
附熱趨炎苦未休能標叛
幟即千秋稽山一老終堪念
牛酪何人為汝謀
此三年前寄懷
魯迅先生詩也錄請
教正 一九三三年一月五日亞子

柳亚子赠鲁迅诗。这是1930年写的一首“寄怀鲁迅”，1933年1月19日郁达夫代送鲁迅。诗中对鲁迅不顾个人生命安危，敢于独树一帜，反抗黑暗势力，表示了由衷的关怀和崇敬

论文学或科学都没有东西”；第五，为了一个共同的目的——为工农大众，克服小团体主义、个人主义，团结一致，齐心协力地同旧势力作斗争。

中国左翼作家联盟的成立，是中国现代文学史上的一件大事，是文学革命运动发展到20世纪30年代革命文学运动的一个重要标志。鲁迅后来在回顾“左联”成立时说，这“是一件重要的事实。因为这时已经输入了蒲力汉诺夫、卢那卡尔斯基等的理论，给大家能够互相切磋，更加坚实而有力”。但他同时又指出左翼文艺队伍中那种分裂、高谈、故作激烈等现象，由于“左联起来，将这压下去了，但病根未除”，“我们有些人恐怕现在从左边上来，将来要从右边下去的”。鲁迅在“左联”成立大会上讲话的鲜明针对性，其实就表达了他的担忧。

在参与组织“左联”的前后，鲁迅还参加了以反对白色恐怖，援助救济受难革命者为宗旨的中国济难会（中国革命互济会）的工作；作为主要发起人，发起成立了以反对国民党反动统治，争取言论、出版、集会、结社自由为宗旨的中国自由运动大同盟。鲁迅多次参加这些组织的活动，多次捐款。他不只以文学的方式投入实际斗争，同时也是一位勇敢地投入现实革命斗争的社会革命家。

但鲁迅绝对不是一位盲目的唯命是从的革命家。鲁迅在“左联”成立前后的言论和行动中，以不同的方式一再表达了他对盛行于革命队伍中“左”的思想路线的高度警惕和坚决的批评抵制。1930年5月，中国共产党内“左”倾路线的代表人物李立三约见鲁迅，希望鲁迅发个宣言，拥护他的主张，被鲁迅拒绝了。鲁迅曾风趣地漫画式地描绘了这次会见的情形——李立三说：“党要在上海组织一次大规模游行，搞武装斗争。你是有名的人，请你带队，发给你一支枪。”鲁迅说：“我没有打过枪，要我打枪打不倒敌人，肯定会打了自己人。”

“资本家的乏走狗”

在“革命文学”论争、组建“左联”、推进革命文学发展的进程中，鲁迅还同新月社，主要是同新月社的梁实秋，围绕文学的阶级性问题，展开了一场激烈的论战。

新月社于1923年成立于北京，其主要成员与“现代评论派”有渊源关系。

1927年移到上海后，新月社增加了新的成员，办起新月书店，出版《新月》月刊，形成一个由自称“自由主义的信徒”组成的独立的文化派别。

无论“现代评论派”也好，“新月派”也罢，鲁迅同它们的分歧，主要集中在对待被压迫者，对待大多数劳动群众的立场、感情、态度上面。当年在北京“女师大风潮”中，校方和当局联手迫害学生，鲁迅等人公开支持学生的正义斗争，“现代评论派”的代表人物陈西滢却以“公允”状偏袒校方，为当局辩护，甚至散布流言，说学潮是“在北京教育界占最大势力的某籍某系的人在暗中鼓动”，“暗中挑剔风潮”，并煽动当局“万不可再敷衍姑息下去”。这自然引起鲁迅极大的反感和愤怒，他毫不客气地在《并非闲话》一文中以他辛辣的笔触，揭开以陈西滢为代表的穿着“绅士衣装”的所谓自由知识分子在这个问题上的虚伪性：“自在黑幕中，偏说不知道；替暴君奔走，却以局外人自居；满肚子怀着鬼胎，而装出公允的笑脸。”

1929年9月，梁实秋在《新月》月刊发表《文学是有阶级性的吗？》和《论鲁迅先生的“硬译”》，以文学的“独立”“健康”“尊严”为由，以文学表现最基本的人性为由，从根本上反对“无产阶级文学”“革命文学”的提出，反对“把阶级的束缚加在文学上面”，认为“文学就没有阶级的区别，‘资产阶级文学'‘无产阶级文学’都是实际革命家造出来的口号标语，文学并没有这种的区别”。同时又说一切文明“都是极少数的天才的创造”，文学是少数人的专利品，“穷人为劣败的渣滓”，“大多数永远是蠢的，永远是与文学无缘”。他还把鲁迅辛辛苦苦翻译的科学艺术理论指斥为“硬译”“死译”，“读起来比天书还难”。实际上他对马克思主义文艺理论在中国的传播，是大不以为然的。1930 年 3 月，鲁迅发表了《“硬译”与“文学的阶级性”》。关于文学的阶级性，鲁迅明确表示：“文学不借人，也无以表示‘性’，一用人，而且还在阶级社会里，即断不能免掉所属的阶级性，无需加以‘束缚’，实乃出于必然。自然，‘喜怒哀乐，人之情也’，然而穷人决无开交易所折本的懊恼，煤油大王那会知道北京捡煤渣老婆子身受的酸辛，饥区的灾民，大约总不去种兰花，像阔人的老太爷一样，贾府上的焦大，也不爱林妹妹的。”其实，在阶级社会里，自以为超阶级的作家，也断不能离开阶级意识的支配，梁实秋自己的文章——“以资产为文明的祖宗，指穷人为劣败的渣滓，只要一瞥，就知道是资产阶级的斗争的‘武器’，——不，‘文章’了”。

针对梁实秋在发表的文章中表现出来的资产阶级的立场，冯乃超在《阶级社会的艺术》一文中，称梁实秋为“资本家的走狗”。梁实秋写文章反讽道：“说我是资本家的走狗……我还不知道我的主子是谁。”鲁迅立刻抓住这句话给以痛快的回击：“这正是‘资本家的走狗’的活写真”，“不知道谁是它的主子，正是它遇见所有阔人都驯良的原因，也就是属于所有的资本家的证据。即使无人豢养，饿得精瘦，变成野狗了，但还是遇见所有的阔人都驯良，遇见所有的穷人都狂吠的，不过这时它就愈不明白谁是主子了。”鲁迅接着写道：“梁先生既然自叙他怎样辛苦，好像‘无产阶级’（即梁先生先前之所谓

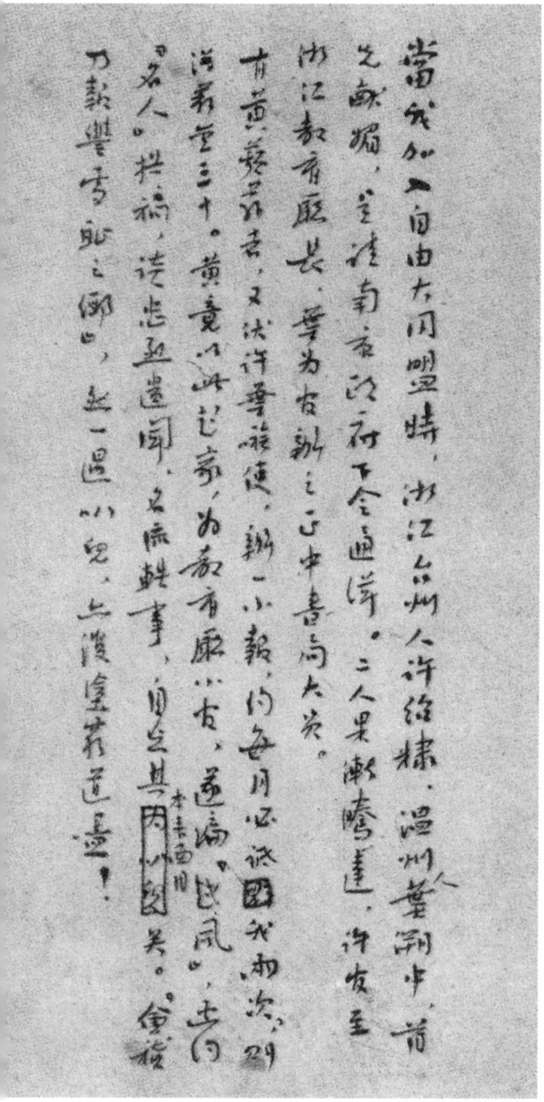

鲁迅佚文手稿之一。其中谈到他因参加中国自由运动大同盟而遭到国民党当局的通缉

‘劣败者’），又不知道‘主子是谁’，那是属于后一类的了，为确当计，还得添几个字，称为‘丧家的’资本家的走狗。”这话是够深刻有力的，如鲁迅所说，也是够“刻薄”的。鲁迅实在见不得梁实秋这类知识分子看待“大多数人”，特别是看待“穷人”的那种不屑一顾、趾高气扬的绅士气和贵族气，他由不得不用这种激烈的言辞表达他的愤慨。的确，比起熟知和理解民间疾苦，早已坚定地站在大多数被压迫人民一边，对劳苦大众怀有炽热情感的鲁迅来，梁实秋自由主义者的人道主义就显得苍白多了，软弱多了。尽管如此，鲁迅并没有否定梁实秋的所有见解，但在阶级压迫、阶级剥削、阶级斗争严重的严酷现实社会里，鲁迅必须揭露梁实秋们的重大的立场问题、情感问题、态度问题。如果我们再从五四运动以来新文学的发展方向着眼，从文学从少数人手里解放出来，逐步走向为人民大众服务的方向着眼，就更能体会鲁迅在论战中坚持的正确方向的重大意义了。

怒向刀丛觅小诗

1931年1月16日晚，柔石离开鲁迅家的时候，鲁迅交给他一份亲笔抄写的印书合同。第二天，柔石参加中国共产党内的一次秘密会议，因叛徒告密而被捕，他口袋里还装着鲁迅的那份合同，抓捕者追问鲁迅住址，柔石拒不透露。同时，被捕的还有左翼作家、中国共产党党员殷夫、胡也频、冯铿等。第三天，另一位党员作家李伟森亦被捕。

三天后，鲁迅得到柔石等被捕的确切消息，也听到要搜捕他的传言。鲁迅匆匆烧掉朋友们的信件，在内山完造的帮助下，和许广平一起，带着还不到两岁的海婴，转移到日本人开设的花园庄旅馆，一家人挤在楼梯底下的一间小屋里。这是鲁迅到上海后的第二次避难，避居时间长达三十九天。

2月7日深夜，柔石、殷夫等五位左翼作家和林育南、何孟雄等中国共产党的重要干部共二十四人，被国民党反动派秘密杀害于上海龙华警备司令部。消息传来，鲁迅悲愤交加。夜已经很深了，人们都睡觉了，在堆满破烂什物的旅馆的院子里，鲁迅默默地铁一般地站立着。阵阵冷风袭来，四周一片黑暗。鲁迅最好的年轻朋友柔石；一起办朝花社，一起发起中国自由运动大同盟，发起“左联”的柔石；额头亮晶晶的，戴着又圆又大的近视镜的柔石；总相信人们是好的，总是“傻子”似的不停地做事的柔石；鲁迅唯一的不但敢于随便谈笑，而且还敢于托办私事的柔石，在这样的深夜里被杀害了！满脸孩子气的殷夫，有一回被捕释放后，大热天穿着厚棉袍、汗流满面跑来敲鲁迅门的殷夫，才二十一岁，也在这样的深夜里被杀害了！……眼睁睁看着身边这样的好青年惨遭杀戮，在鲁迅至少是第三次了。北京女子师范大学的总是微笑

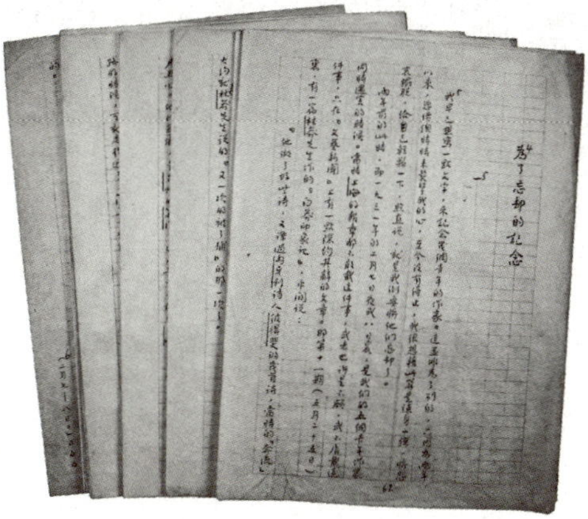

《为了忘却的记念》手稿。28.4cm × 21cm。现存北京鲁迅博物馆

着的刘和珍，广州中山大学瘦小精悍的毕磊，又浮现在他的脑海里……鲁迅更为沉重地感到自己失掉了很好的朋友，中国失掉了很好的青年，他在悲愤中沉静下去，又从沉静中抬起头来，吟出哀切动人的千古绝唱：

惯于长夜过春时，挈妇将雏鬓有丝。梦里依稀慈母泪，城头变幻大王旗。忍看朋辈成新鬼，怒向刀丛觅小诗。吟罢低眉无写处，月光如水照缁衣。

两年后，鲁迅为纪念“左联”五烈士牺牲两周年写作《为了忘却的记念》时，悲愤之情仍然是那么强烈：

不是年青的为年老的写记念，而在这三十年中，却使我目睹许多青年的血，层层淤积起来，将我埋得不能呼吸，我只能用这样的笔墨，写几句文章，算是从泥土中挖一个小孔，自己延口残喘，这是怎样的世界呢。夜正长，路也正长，我不如忘却，不说的好罢。但我知道，即使不是我，将来总会有记起他们，再说他们的时候的。……

大革命失败后，中国共产党领导下的中国农村革命的深入，遭到国民党反动派严酷的军事“围剿”；以上海为中心的中国文化革命的深入，遭到国民

党严酷的文化“围剿”。“左联”团结和培养的革命文学青年，一个又一个地被反动政府虐杀了。鲁迅也遭到白色恐怖的严重迫压。柔石等被捕后，传言四起，有的说鲁迅同时被捕，有的说已遭杀害。大报虽无记载，小报却言之凿凿。为免亲友担忧，鲁迅四处发信。写给许寿裳的信，不加标点，不用真名，用了老友熟知的“索士”和“令斐”两个名字，以换住医院隐指离家出走，信中写道：“昨至宝隆医院看索士兄病，则已不在院中，据云：大约改入别一病院，而不知其名……近日浙江亲友有传其病笃或已死者，恐即因出院之故。恐兄亦闻此讹言，为之黯然，故特此奉白。”在给朋友们的信中，鲁迅多次透露处境的艰难。在给李秉中的信中说：“文人一摇笔，用力甚微，而于我之害则甚大。老母饮泣，挚友惊心。”“弄笔者或杀或囚，书店（北新在内）多被封闭，文界孑遗，有稿亦无卖处，于生活遂大生影响耳。”在给曹靖华的信中说：“此时对于文字的压迫甚烈，各种杂志上，至于不能登我之作品，绍介亦很为难。”在东躲西藏的处境中，朋友们劝他出国，他也考虑过去留的问题。在花园庄旅馆的那间狭窄的屋子里，鲁迅给李秉中写信说：“时亦有意，去此危邦，而眷念旧乡，仍不能绝裾径去，野人怀土，小草恋山，亦可哀也。”

柔石等被秘密杀害后，国民党当局严密封锁，禁止报刊走漏消息，如鲁迅说，“禁锢得比罐头还严”，真正是“吟罢低眉无写处”。无写处，鲁迅也要写；不许说，鲁迅也要说。避难结束后的3月18日，鲁迅将写好的《黑暗中国的文艺界的现状》一文交给史沫特莱，托她在国外发表。这篇文章专为向全世界揭露国民党反动派杀害左翼作家而作，文中写道：“现在来抵制左翼文艺的，只有诬蔑，压迫，囚禁和杀戮；来和左翼作家对立的，也只有流氓，侦探，走狗，刽子手了。”史沫特莱担心鲁迅的安全，请鲁迅慎重考虑，鲁迅回答说：“这几句话，是必须说的。中国总得有人出来说话。”

4月，鲁迅主持编辑了秘密发行的“左联”机关杂志《前哨》创刊号。创刊号为“纪念战死者专号”，发表有鲁迅参与起草的《中国左翼作家联盟为国民党屠杀大批革命作家宣言》《为国民党屠杀同志致各国革命文学和文化团体及一切为人类进步而工作的著作家思想家书》。鲁迅为专号写了《柔石小传》，写了《中国无产阶级革命文学和前驱的血》。鲁迅写道：“我们现在以十分的哀悼和铭记，纪念我们的战死者，也就是要牢记中国无产阶级革命文学的历史的第一页，是同志的鲜血所记录，永远在显示敌人的卑劣的凶暴和启示我们的不断的斗争。”

9月，另一份左联机关刊物《北斗》创刊，鲁迅想写一点关于柔石的文章，没能如愿。主编丁玲希望鲁迅提供一些插图，鲁迅特意选了珂勒惠支的木刻《牺牲》，一是因为柔石特别喜欢木刻，二是柔石生前曾回故乡看望近于失明的母亲，多住了些日子，鲁迅“知道这失明的母亲眷眷的心，柔石的拳拳的心”，而《牺牲》画的正是“一个母亲悲哀地闭了眼睛，交出她的孩子去”。鲁迅说，这，“算是我的无言的纪念”。为接济柔石牺牲后家中父母、妻子、两子一女的生活，鲁迅两次捐款三百元，这，当是鲁迅的有力的资助吧！

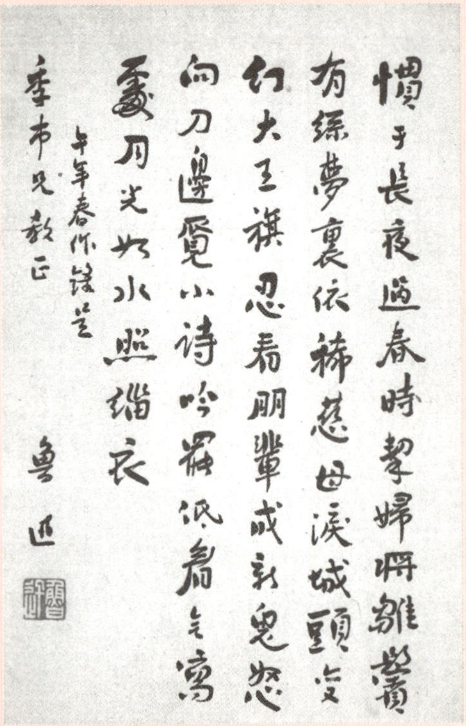

五位作家被秘密杀害后，鲁迅于避难中作此诗

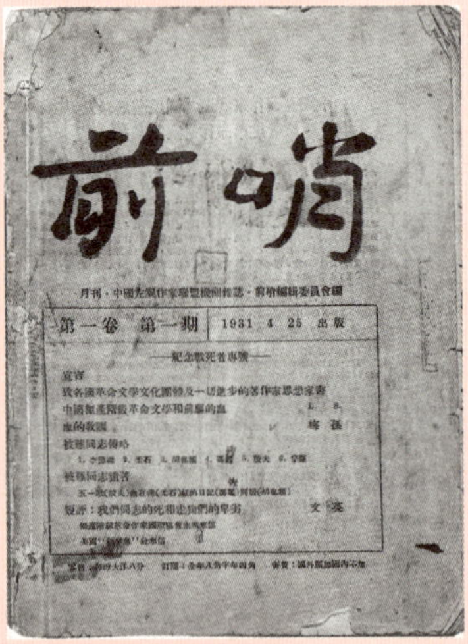

杂志《前哨》创刊号

为纪念五位青年作家，鲁迅与冯雪峰合编了《前哨》。鲁迅为刊物题名，并写了《中国无产阶级革命文学和前驱的血》一文，控诉国民党杀害青年作家的罪行。1931年4月20日，编完《前哨》（纪念战死者专号）后，鲁迅全家与冯雪峰全家合影。19cm×13cm。鲁迅藏。现存北京鲁迅博物馆

铁木艺术

似乎根本不应该由一位伟大的文学家来承担这样的职责，然而，中国现代版画的历史，确确实实是从鲁迅那里开始的。

小时候滋长起来的对黑白绘画的浓厚的兴趣，成年后对古代石刻、砖刻画像拓片的不断搜求积累，以及对国外美术作品的尽力收集介绍，使鲁迅终于在有意或无意间发动了中国 20 世纪 30 年代的新兴木刻运动。

“中国木刻图画，从唐到明，曾经有过很体面的历史。但现在的新的木刻，却和这历史不相干。新的木刻，是受了欧洲的创作木刻的影响的。”鲁迅在《〈木刻纪程〉小引》中所说的“新的木刻”，是指和中国传统木刻（画、刻、印分工而成）不同的“创作木刻”（画、刻、印都由作者一人完成）。而“创作木刻的绍介，始于朝花社”。朝花社是鲁迅与柔石等于 1928 年底成立的文艺团体，编辑出版文学与美术刊物，目的是介绍东欧和北欧的文学，输入外国的版画。鲁迅编选的美术丛刊《艺苑朝花》中的《近代木刻选集》第 1、2 集，于 1929 年出版，是中国现代版画史上最早介绍外国创作木刻的画集。鲁迅同时在朝花社出版的《朝花》周刊、旬刊上，在和郁达夫主编的《奔流》等刊物上，选登外国创作木刻，介绍欧洲木刻史，推荐外国版画书刊。创作木刻的种子，很快在中国美术土壤中生根发芽。“一八艺社”“现代木刻研究会”“春地画会”“上海木刻研究会”“MK 木刻研究会”“无名木刻社”等美术青年组织的木刻团体纷纷出现，并大多和鲁迅建立起不同程度的联系。创作木刻开始在报刊上出现。

1931 年春夏间，较早成立的一八艺社在上海举办习作展览，这是第一次

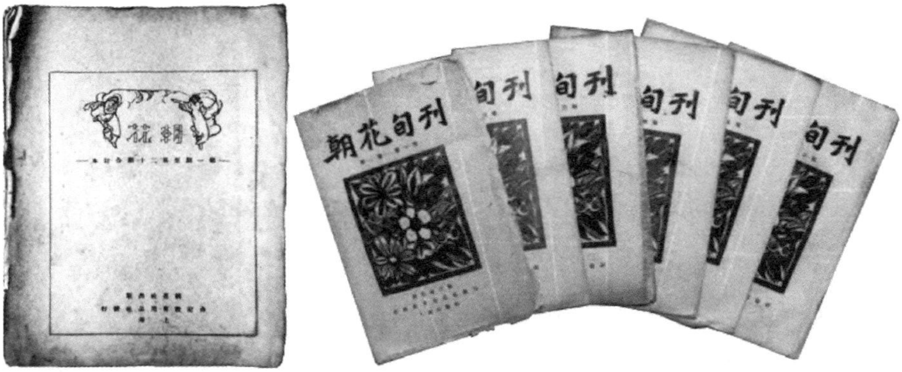

《朝花》旬刊、《朝花》周刊。1928 年秋，鲁迅与柔石等创立了“朝花社”，引入外国版画，介绍东欧、北欧文学。这些刊物是鲁迅最初提倡木刻的阵地。《朝花》周刊封面由鲁迅设计

有木刻展出的展览会。鲁迅大力支持，捐款十五元托内山完造租到展览场地。鲁迅为展览图录写了《一八艺社习作展览会小引》，称赞一八艺社“是新的，年青的，前进的”，称赞他们的作品“以清醒的意识和坚强的努力，在榛莽中露出了日见生长的健壮的新芽”，“自然，这，是很幼小的。但是，惟是幼小，所以希望就正在这一面”。

这一年暑期，对中国创作木刻满怀希望的鲁迅，在内山书店见到了来上海度假的内山完造的弟弟，日本成城学校美术教师内山嘉吉。当鲁迅得知内山嘉吉在教学生木刻入门，又亲眼看了他的木刻表演后，当即请他为中国的木刻青年讲习版画技术。一次完全由鲁迅组织的木刻讲习会，于 8 月 17 日开始。内山嘉吉回忆说，这天早上，他正在书店准备木刻工具的时候，“书店门口，忽然一阵白光闪动，鲁迅先生穿着一身雪白的长衫走了进来。阳光照在鲁迅身上，他的长衫真像是水晶帘子做成的，在发光”。前些天鲁迅穿的总是褪了色的说黑不黑说黄不黄的长衫，今天的服装使内山嘉吉惊奇的同时，感到了鲁迅对这次讲习会是多么重视了。整整六天，在炎热的蒸笼似的屋子里，鲁迅亲自担任翻译，更准确地说，是一边翻译，一边讲解。内山嘉吉并不是木刻家，对各国名家的作品所见甚少。鲁迅每天提一包自己收集的版画书籍

《现代版画》十八集。手印原作，每期手印五十本，广州现代版画会编印，始于 1934 年，终于 1936 年。每期出版后都寄赠鲁迅先生评阅，在鲁迅的指导下，这一刊物成为新兴木刻运动中出版时间最长的木刻专刊。鲁迅把它全套收藏起来。这是目前所见到的唯一全套的版画丛刊

和版画作品，让学员传阅，引导学员分析、鉴赏。在讲习会的第四天，鲁迅送给内山嘉吉一套德国著名版画家凯绥·珂勒惠支的铜版印刷版画《织工的反抗》，共六张，这是鲁迅花费四十四元购得的，每一张上都有作者的亲笔签名，是很难得的珍品。内山嘉吉认为“在日本，可能还找不到第二份”，在高兴的同时，他“觉得有点惶恐了”。

在鲁迅的直接组织指导下，中国新兴木刻由萌芽向着鲁迅希望的茂林嘉卉的方向迅速发展。中国固有的木刻，在新的时代里得以复兴。复兴的新的生命，以其刚健、分明、厚重、有力的鲜明特征，奠定了中国新兴版画的坚实根基。

1933年冬至1934年初，鲁迅应法国友人绮达·谭丽德的邀请，亲自征集挑选了中国左翼青年木刻家的五十八幅作品到巴黎、莫斯科巡回展出，使我国新兴的创作木刻，在较短的时间里走过了从引进借鉴到走向世界的路程。

1933年以来，各地木刻创作形成高潮，寄给鲁迅的作品日益增多。1934年，鲁迅选编了青年木刻者的二十四幅作品结集，自费出版，取名“木刻纪程”，鲁迅称之为中国“木刻的路程碑”，并打算一程一程地向前走。

中国木刻的前行之路，鲁迅在《木刻纪程》小引中说得非常明白：“采用外国的良规，加以发挥，使我们的作品更加丰满是一条路；择取中国的遗产，融合新机，使将来的作品别开生面也是一条路。”两条路缺一不可，互相生发才能产生好的作品。鲁迅在引进和介绍外国版画的同时，也重视我国传统木刻，替木刻界“择取中国的遗产”。1934年，他和郑振铎一起整理、编选、出版了《北平笺谱》。鲁迅在序中说：“镂像于木，印之素纸，以行远而及众，盖实始于中国。”并说明代的木刻“文彩绚烂，夺人目睛，是为木刻之盛世”。紧接着，他们又着手翻印明末编印的《十竹斋笺谱》，为的是让新兴木刻运动从遗产中汲取丰富的营养。

20世纪30年代兴起于上海的现代木刻运动，很快遍及全国。1935年，北方地区的京津木刻研究会发起举办全国木刻联展，向上海、广东汕头、太原等地区征集作品，鲁迅看到报上的启事后，即寄上自己历年来收藏的作品和编印的作品集。得到鲁迅如此直接的支持，主办展览的唐诃等青年欣喜若狂，备受鼓舞。他们感到鲁迅先生虽然离他们那样遥远，但先生的心却跟他们连在了一起。全国木刻联展在北京举行以后，又到天津、济南、汉口、太原、上海等地巡回展出，在全国引起极大的反响。鲁迅为拟出的《全国木刻联合展览会专辑》写了序。他为木刻运动的发

木刻的图画，原是中国早先就有的东西。唐末的佛像，纸牌，以至后来的小说绣像，启蒙小图，我们至今还能够看见实物。而且由此明白：它本来就是大众的，也就是“俗”的。明人曾用之于诗笺，近乎雅了，然而归结是有文人学士在它全体上用大笔一挥，证明了这其实不过是践踏。

近五年来骤然兴起的木刻，虽然不能说和古文化无关，但决不是葫芦依样，一路的描摹下来的。它乃是作者和社会大众的内心的一致的要求，所以仅有若干青年们的一副铁笔和几块木板，便能发展得如此蓬蓬勃勃。它所表现的是艺术学徒的热诚，同时也常是现代社会的魂魄。实绩具在，说它“雅”，固然是不可的，但指为“俗”，却又断乎不能。这之前，古木刻了，却未曾有过这境界。

这也就是所以为新兴木刻的缘故，也是所以为大众所支持的原因。血脉相通，当然不会被漠视的。所以木刻不但淆乱了雅俗之辨而已，实在还有更光明，更伟大的事业在它的前面。

曾被看作高尚的风景和静物画，在木刻上已减少了，然而看起出品来，这二者反显着较优的成绩。因为中国旧画，两者最多，耳濡目染，不觉见其久经摄取的所长了。而现在最需要的，也是作者最着力的人物和故事画，却仍然不免有些逊色，平常的器具和衣服，也间有不合实际的。由这事实，一面固然见出古文化之裨助着后来，也束缚着后来，但一面也可见入“俗”之不易了。

这选集，是聚全国出品的精粹的第一本。但这是开始，不是成功，是发展前期的进行，将以代更有无尽的枝柯繁密的大树。

一九三五年六月四日

何干

鲁迅手书《〈全国木刻联合展览会专辑〉序》木刻图版

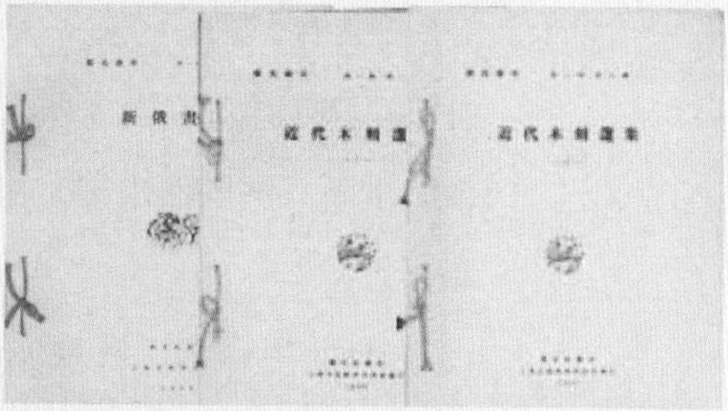

鲁迅主持编选出版发行的《艺苑朝花》第1期。第1、3辑为《近代木刻选集》，第2辑为《蕗谷虹儿画选》，第4辑为《比亚兹莱画选》，第5辑为《新俄画选》

鲁迅为举办展览准备的画框

1930 年 8 月 6 日，旅居上海的内山完造等日本友人邀请鲁迅等漫谈文艺问题。这是漫谈会合影。前排左起为田汉、郁达夫、鲁迅、欧阳予倩。后排左起第二人为郑伯奇，右起第一人为内山完造

鲁迅举办的木刻讲习会结业合影。摄于 1931 年 8 月 22 日。左起：钟步清、邓启凡、苗勃然、乐以钧、黄山定、顾洪干、李岫石、郑洛耶、胡仲民、江丰、鲁迅、陈铁耕、内山嘉吉、倪焕之、陈卓坤

《鲁迅像》。1935年，曹白刻。1936年3月2日，鲁迅在给曹白的信中写道："以技术而论，自然是还没有成熟的。但我要保存这一幅画，一者是因为是遭过艰难的青年的作品，二是因为留着党老爷的蹄痕，三则由此也纪念一点现在的黑暗和挣扎。倘有机会，也想发表出来给他们看看。"

鲁迅收藏的中国木刻青年版画家夏朋的《挑夫》

鲁迅收藏的中国木刻青年版画家陈铁耕的《母与子》

展感到欣慰："近五年来骤然兴起的木刻，虽然不能说和古文化无关，但决不是葬中枯骨，换了新装，它乃是作者和社会大众的内心的一致的要求，所以仅有若干青年们的一副铁笔和几块木板，便能发展得如此蓬蓬勃勃。它所表现的是艺术学徒的热诚，因此也常常是现代社会的魂魄。"鲁迅对他所倡导的新兴木刻运动有更大的期望："这是开始，不是成功，是几个前哨的进行，愿此后更有无尽的旌旗蔽空的大队。"

《木刻纪程》(一)。鲁迅编印。1934年以铁木艺社名义自费出版。收黄新波、陈烟桥等木刻二十四幅，原版拓印，宣纸线装。鲁迅题书名，作《小引》。鲁迅藏。现存北京鲁迅博物馆

拿来主义

鲁迅所说从别国窃得火来煮自己的肉，不只限于文艺理论，外国文学，也包括国外的艺术，主要是版画艺术。正如鲁迅开创中国现代小说与引进国外小说有直接关系一样，鲁迅倡导中国现代版画运动的过程，同时也是不断输入介绍国外版画的过程，组织和引导国内外版画进行艺术交流的过程。

1929 年，鲁迅首次引进英、法、意大利、瑞典等国的版画时说，他们的木刻，原本是从中国传去的，“虽然还没有十分的确证，但欧洲的木刻，已经很有几个人都说是从中国学去的，其时是十四世纪初，即一三二〇年顷”，以后逐渐发展，“成了纯正的艺术”，现在将这艺术输入，是把木刻请回本土。鲁迅风趣地说：“中国古人所发明，而现在用以做爆竹和看风水的火药和指南针，传到欧洲，他们就应用在枪炮和航海上，给本师吃了许多亏”，“木刻的回国，想来决不至于象别两样的给本师吃苦的”。

这是自然的。回国的木刻不是如古董般的回归原位，不再是恢复原先的“复制木刻”，而是一种新的创造的艺术。新的艺术，无疑会给人们以新的享受。在社会动乱、交通阻隔、信息不灵、缺乏文化交流的时代，仅凭文人一己之力，又远非富翁，要搜罗各国版画，实在不是一件容易的事。据不完全统计，1928 年、1929 年、1930 年，鲁迅每年平均购买美术书籍七十余册。除平常留心购置艺术书籍外，鲁迅更热心于千方百计地托人从国外搜寻版画书籍和艺术家的原拓作品。只要手头一有马克和法郎，就寄给在德国留学的徐诗荃和在法国的陈学昭、季志仁，托他们代买。徐诗荃为了不负鲁迅的嘱托，用有限的钱买到精品，专门选修了有关版画的课程。陈学昭拿着法国外交部

鲁迅是把珂勒惠支版画介绍到中国来的第一人，也是对珂勒惠支版画逐幅进行画评的第一人。鲁迅一生共收集了她的版画集七种。并把这些画册先后带到他亲自举办的木刻讲习班和三次展览会上。1930 年 7 月 15 日，徐诗荃从德国寄给鲁迅珂勒惠支版画集五种，这是其中的四种

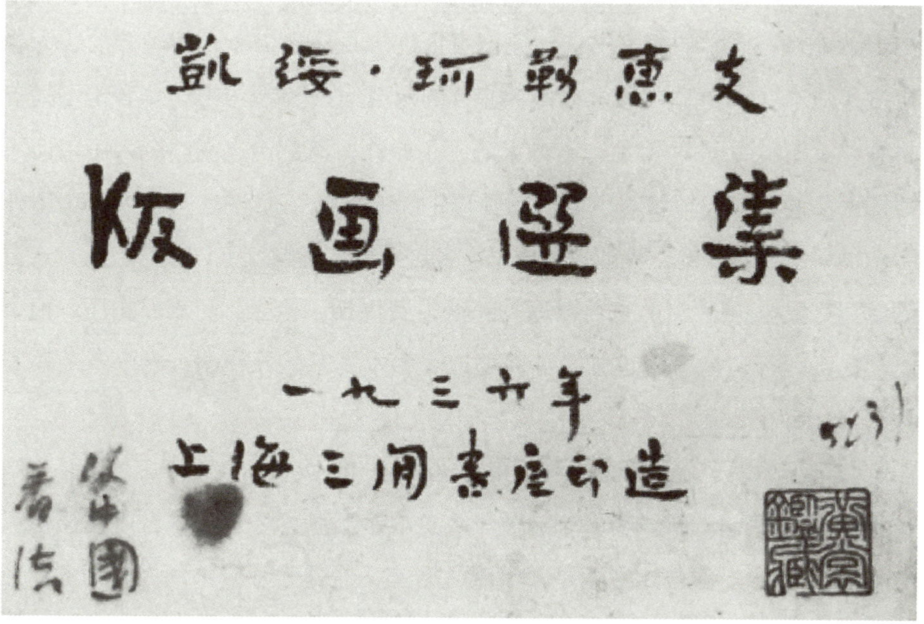

鲁迅手绘《凯绥·珂勒惠支版画选集》封面图案。本画集由鲁迅编选，以三闲书屋名义自费出版。宣纸珂罗版印制，共印一百零三部。为扩大传播，版权印有："有人翻印，功德无量。"

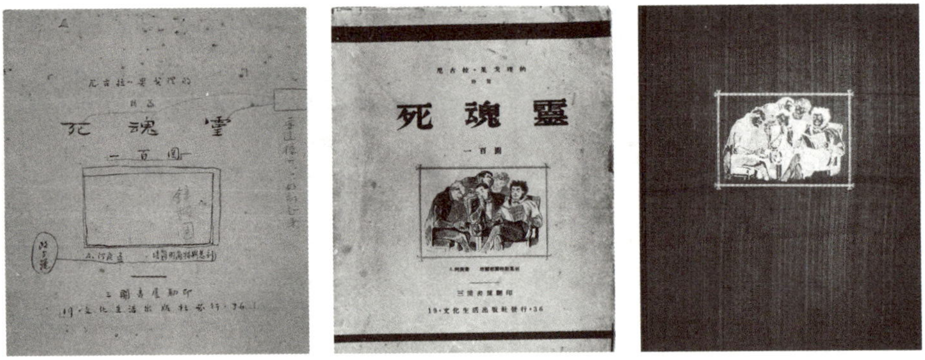

《〈死魂灵〉一百图》。俄国画家阿庚作，鲁迅以三闲书屋名义自费翻印。书脊“阿庚画：死魂灵一百图”为鲁迅手迹。此为鲁迅设计稿、平装本和精装本

的记者证，跑巴黎的各家书店，凭记者证优惠百分之二十，用同样的钱为鲁迅多买几本书。苏联的版画，则托旅苏的曹靖华去搜寻。曹靖华奔走于列宁格勒和莫斯科之间。但是，木刻家的手拓原作，其定价之高，令人可望而不可即；然而，他们却希望用他们的画与中国的宣纸交换。这真让人喜出望外。曹靖华写信告诉鲁迅，鲁迅高兴极了，亲自到街上选购宣纸，亲自包扎，亲自到邮局寄发。虽然当时寄往苏联的东西很费周折，检查、刁难、扣压，但鲁迅还是一包一包地寄了过去，苏联那边著名木刻家的原作便一卷一卷地寄了过来。

鲁迅于高兴之余，又觉得这么多、这么好的原版木刻在手中，仿佛是一副重担。仅苏联的就有一百多幅，收集到这么多版画，鲁迅自信在中国恐怕只有他一个人了。但鲁迅绝不是为了藏之密室，他是为了向中国人介绍的，让中国的木刻青年参考的。在这乱世危邦，如果大家还没看到这些版画就遭兵火散失，他是觉得比失了生命还可惜的。于是，鲁迅千方百计地向世人介绍外国的版画，一是办展览，二是出书。1930 年到 1933 年，鲁迅自备画框，在

内山完造的帮助下，先后举办了三次外国版画原作展览会，还为德国版画展提供了展品和画框。版画展给观众，给美术青年提供了欣赏和学习外国原作的极好机会。鲁迅说过，原作和“翻印之画片，简直有天渊之别”。但展览是暂时的，又不可能广为流传，于是，鲁迅一边办展览，一边设法把自己收集到的版画编辑成书，翻印出版。1929年到1936年，他一手编、印的画集就有十多册，而且大部分都是自费出版的。出版后又将大部分赠送给版画青年，致使一再接受赠送的青年纷纷为鲁迅担心，觉得这样下去是不行的。鲁迅晚年，的确把相当大的精力和几乎全部的财力都用在这方面了，用他的话说就是“赔钱贴工夫”。为了保证印制的效果，只要有可能，鲁迅不惜用最好的纸张和印制手段。如自费印制的《梅斐尔德木刻士敏土之图》，鲁迅介绍说：“木版画十大幅，黑白相映，栩栩如生，而且简朴雄劲，决非描头画角的美术家所能望其项背。”“现据输入中国之唯一的原版印本，复制玻璃版，用中国夹层宣纸，影印二百五十部，大至尺余，神彩不爽。”自费编印珂罗版宣纸本《凯绥·珂勒惠支版画选集》，是1936年大病前后进行的。在严冬和酷暑中，翻译，选纸，题字，写序文，做广告，和许广平一同在地席上一页页排次序，衬夹层……共印一百零三部，赠人多达四十部。鲁迅送书给许寿裳时题写道：“印造此书，自去年至今年，自病前至病后，亲自经营，才得成就，持赠季茀一册，以为记念耳。”

1934年6月2日，就在鲁迅写出《拿来主义》，提出对待中外艺术“要运用脑髓，放出眼光，自己来拿”的著名的“拿来主义”主张的前两日，他写信给郑振铎说：“盖中国艺术家，一向喜欢介绍欧洲十九世纪末之怪画，一怪，即便于胡为，于是畸形怪相，遂弥漫于画苑，而别一派，则以为凡革命艺术，都应该大刀阔斧，乱砍乱劈，凶眼睛，大拳头，不然，即是贵族。我这回之印《引玉集》，大半是在供此派诸公之参考的，其中多少认真，精密，那有仗着‘天才’，一挥而就的作品，倘有影响，则幸也。”鲁迅费尽心血引进外国

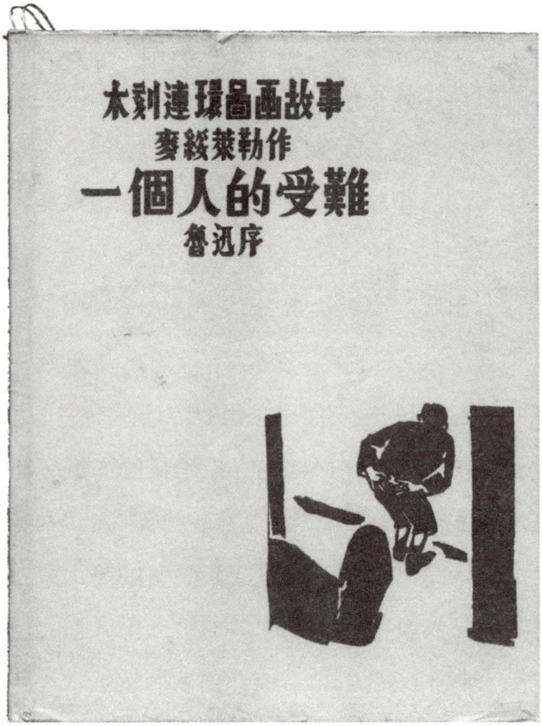

《一个人的受难》。比利时版画家麦绥莱勒画集，鲁迅编选并作序，1933 年由上海良友图书印刷公司影印出版，42 开，鲁迅藏。现存北京鲁迅博物馆

版画，在鲜明的现实针对性中，更蕴含着“拿来主义”者的博大的艺术精神和崇高的审美追求。他选择和介绍外国版画，强调的是“忍饥，斗寒，以一个廓大镜和几把刀，不屈不挠地开拓了这一部门的艺术”的木刻精神；强调的是珂勒惠支般的“深广的慈母之爱”与“坚决”、“强韧”的“丈夫气概”；强调的是黑白配列，黑白相映，黑白对照中的“生命之颤动”与“有力之美”。把这样的艺术养分输入中国，无疑大有益于培育博大崇高的中国的艺术生命与艺术精神。

以文会友

1930年二三月间，因发起成立中国自由运动大同盟、中国左翼作家联盟，连续参加大同盟组织的活动和“左联”的活动，鲁迅等左翼作家遭到国民党政府日益严重的迫害。国民党浙江省党部呈请南京政府下令“通缉堕落文人鲁迅等”，鲁迅于3月至4月整整一个月内，避居于内山书店的阁楼上。在这种情况下，鲁迅决定迁居，并连续看了几处房子，后由内山完造介绍，于1930年5月12日举家迁入北四川路的拉摩斯公寓。1931年4月，还未从失去柔石、殷夫等的悲痛的煎熬中解脱出来的鲁迅，经内山完造介绍，结识了一位同柔石年龄相仿的年轻的日本朋友增田涉。增田涉1929年毕业于东京大学文学部中国文学科，来上海的目的是想直接向鲁迅请教有关《中国小说史略》、《呐喊》、《彷徨》和他的散文、杂文中的问题，准备从事翻译。有内山完造夫妇介绍，鲁迅痛快地答应了。据增田涉回忆，从4月中旬开始，鲁迅每天下午抽出三四个小时，用日语向他讲解《中国小说史略》及其他有关问题，一直进行了三个月。每天，两人并坐在书桌前，鲁迅逐字逐句仔细讲解，他边听边记笔记，有时时间延长了，就在鲁迅家吃晚饭。讲完《中国小说史略》，鲁迅接着又讲《呐喊》《彷徨》，一直到年末。鲁迅除自己讲解，还带他拜访当时在上海的郑振铎、郁达夫等作家，带他参观画展，介绍他做讲演。在增田涉的一生中，这是使他格外受到感动的一段难忘的经历。他后来说过：鲁迅“不知疲累，循循善诱，手把手地教我，这种恩德，

增田涉译《中国小说史略》日文版。1935 年东京赛棱社出版。鲁迅致增田涉信中说：“《中国小说史略》豪华的装帧，是我有生以来，著作第一次穿上漂亮服装。我喜欢豪华版，也许毕竟是小资产阶级的缘故罢。”这是鲁迅送内山书店会计镰田寿的签名本。现存北京鲁迅博物馆

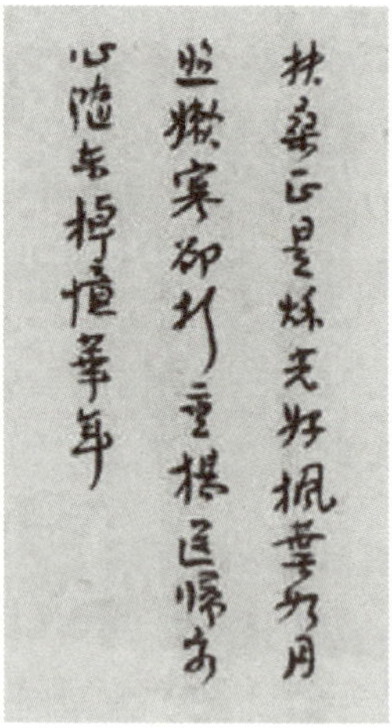

鲁迅赠增田涉诗

可谓难以言谢，我至今仍不能忘却”。“就我个人来说，直到现在所接触过的人——当然日本人也算在内，和鲁迅比较起来，在为人上我最尊敬他，对他感到亲爱。”鲁迅也用“很愉快”来表达他和增田涉相处的几个月的感受。12 月，增田涉离上海回国，鲁迅赠诗一首：“扶桑正是秋光好，枫叶如丹照嫩寒。却折垂杨送归客，心随东棹忆华年。”与年轻的日本朋友依依“惜别”，勾起了鲁迅对自己留学日本时书生意气的深长怀念。

增田涉回国后，一遇疑难，就立即写信向鲁迅请教。从 1932 年 1 月到 1936 年 10 月鲁迅逝世，平均每月约有两次书信往返。1935 年，日译本《中国小说史略》在东京出版，由于鲁迅在翻译过程中付出艰辛劳动，增田涉诚恳地提议二人署名合译，鲁迅婉言谢绝了，而在写日译本序文时，他特别表示

鲁迅致增田涉信。增田涉回日本后，经常写信向鲁迅请教，鲁迅有信必复。他们的通信后编为《师弟问答集》精印出版

了对译者和出版者的感谢。1935年的最后一天，鲁迅编订《且介亭杂文二集》作后记时，还谈出另外一层意思："在《中国小说史略》日译本的序文里，我声明了我的高兴，但还有一种原因却未曾说出，是经十年之久，我竟报复了我个人的私仇。当一九二六年时，陈源即西滢教授，曾在北京公开对于我的人身攻击，说我的这一部著作，是窃取盐谷温教授的《支那文学概论讲话》里面的'小说'一部分的；《闲话》里的所谓'整大本的剽窃'，指的也是我。现在盐谷教授的书早有中译，我的也有了日译，两国的读者，有目共见，有谁指出我的'剽窃'来呢？呜呼，'男盗女娼'，是人间大可耻事，我负了十年'剽窃'的罪名，现在总算可以卸下，并且将'谎狗'的旗子，回敬自称'正人君子'的陈源教授。"

斗士诚坚共抗流

1931年，日本帝国主义发动九一八事变，派兵突袭沈阳，蒋介石采取不抵抗政策，日本侵略军很快占领了我国东北全境。九一八事变发生的第三天，鲁迅撰写《答文艺新闻社问》，揭露日本帝国主义侵略中国的罪行，揭露中国军阀政府甘心充当帝国主义仆役的实质。鲁迅的文章和陈望道、胡愈之、郁达夫等的短文，一起发表在《文艺新闻》开设的《日本占领东三省屠杀中国民众！！！文艺界的观察与意见》栏内。

12月间，全国各地学生为反对蒋介石的不抵抗政策到南京请愿，遭到国民党当局的逮捕和枪杀。12月20日，鲁迅撰写了著名的《“友邦惊诧”论》，25日发表于左联刊物《十字街头》。文章针对九一八事变后，国民党当局不仅采取不抵抗的卖国政策，反而残酷镇压学生的爱国运动的行径，义正词严地驳斥了他们横加给南京请愿学生的罪名，愤怒地斥责了所谓“友邦人士，莫名惊诧，长此以往，国将不国”的奴才言论。文章以充分的事实和雄辩的逻辑，有力地抨击了日本帝国主义的侵略阴谋和蒋介石政府的倒行逆施。

1932年1月，日本军队在上海发动新进攻的一·二八事变爆发。鲁迅寓所拉摩斯公寓对面就是日本海军陆战队的司令部。1月28日下午，鲁迅发觉寓所附近气氛紧张，不少人仓皇迁徙。当天晚上，鲁迅正在一楼写作时，马路对面的日军司令部突然电灯全部熄灭，汽车、战车从院内驶出，向南而去，紧接着就听到枪声，由疏而密，鲁迅和许广平跑到阳台上一看，红色火线穿梭般从头顶掠过，他们知道战争已经发生，急忙退回楼下。就在临街的大厅里，就在鲁迅写作的书桌旁边，一颗子弹洞穿而入。鲁迅事后在信中向许寿

堅決反對帝國主義瓜分中國

反對壓迫中國民衆反日反帝

▲上海文化界發告世界書

1932年2月4日，鲁迅与茅盾、叶圣陶、胡愈之等四十三人联名发表上海文化界告世界书，抗议日本帝国主义的侵略暴行

裳描述道：“此次事变，殊出意料之外，以致突陷火线中，血刃塞途，飞丸入室，真有命在旦夕之概。”

第二天天微明，即有大队日军敲门检查。不一会儿，内山完造派日本店员请鲁迅一家到书店暂避。下午，鲁迅一家即搬到内山书店楼上。几个人挤在一起，窗户用厚棉被遮住，在黑暗中，在提心吊胆中，度过了整整一星期。因北四川路的内山书店处于战区之中，很不安全，在内山完造的筹划下，2月6日，在过春节的这天，鲁迅一家和周建人一家，转移到上海三马路英租界内山书店支店内，十人一室，席地而卧。

在硝烟弥漫的2月4日，避居的鲁迅与茅盾、叶圣陶、胡愈之等四十三人

鸽子图。西村真琴（1883—1956），日本生物学家，善于植物写生，长于作画。1932年一二八事变时，他正在上海，经过闸北三义里，看到一只失去主人的鸽子，回国时将它带回日本饲养，一年后死去。西村真琴建“三义冢”藏鸽，并将自己绘制的鸽子图和请求为“三义冢”题诗信寄给上海的鲁迅

联名发表上海文化界告世界书，抗议日本帝国主义侵略上海的暴行，反对中国政府的对日妥协，呼吁全世界的进步力量“立即起来运用全力，援助中国被压迫民众，反对帝国主义瓜分中国的战争，反对日本帝国主义惨无人道的屠杀”。

在侵略和反侵略的斗争中，在危难之中，内山完造及内山书店店员对鲁迅全家的真情帮助，以及鲁迅对他们的友好信赖，一再显示着两国人民之间友谊的价值和力量。在一·二八事变中，日本生物学家西村真琴，作为大阪《每日新闻》代表团团长访问上海等地，并组织医疗服务团，为受伤的中国人民免费治疗。在闸北三义里街头，他看到一只在战火中失去主人的鸽子，便带回日本，与日本的鸽子配对饲养，希望孵出小鸽作为和平使者送往中国。第

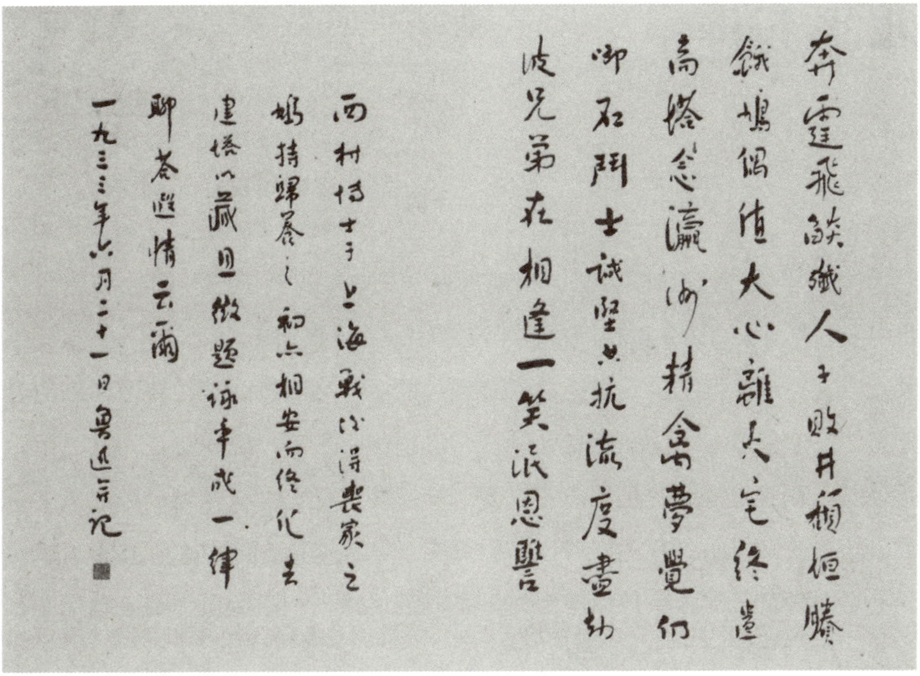
奔霆飛熛殲人子敗井頹垣賸
餓鳩偶值大心離火宅終遺
高塔念瀛洲精禽夢覺仍
銜石鬪士誠堅共抗流度盡劫
波兄弟在相逢一笑泯恩讐
西村博士于上海戰後得喪家之
鳩持歸養之初亦相安而終化去
建塔以藏且徵題詠率成一律
聊答遐情云爾
一九三三年六月二十一日魯迅并記

鲁迅《题三义塔》诗手迹。写于 1933 年 6 月

二年，这只鸽子死了，西村真琴把它葬于院内，并立碑，取名“三义冢”，又画了鸽子遗像，寄给鲁迅请求题词。鲁迅作《题三义塔》诗，书赠西村博士：“奔霆飞熛歼人子，败井颓垣剩饿鸠。偶值大心离火宅，终遗高塔念瀛洲。精禽梦觉仍衔石，斗士诚坚共抗流。度尽劫波兄弟在，相逢一笑泯恩仇。”鲁迅在诗中既控诉了日本帝国主义的武装侵略罪行，又赞扬了西村真琴等日本人民对中国人民的深情厚谊，并坚信中日两国人民团结起来，共同努力，一定能够战胜法西斯主义逆流。鲁迅希望也相信两国人民的未来，是兄弟般的世代友好。这首以一·二八事变为背景的诗作，字里行间，洋溢着崇高的爱国主义和国际主义的激情。

北平五讲

1932年11月9日晚，三弟周建人匆匆送来“母病速归”的电报。鲁迅心中很着急。自1929年赴京看望母亲之后，三年来，或因政府迫害，或因外敌入侵，鲁迅难得安宁，年年离家避难，报章上又谣言时起，致使在京的老母为他担惊受怕。“梦里依稀慈母泪”，母亲这回生病，说不定是为自己担心而起的。想到这些，鲁迅更急了。第二天一早，他即买火车票，第三天上午，乘车赴北平，13日到京后，母亲病已好转，鲁迅悬着的心才放了下来。但他还是立即请来日本医生盐泽博士为母亲详细诊治，一连数日，不离母亲左右，端茶送药，守夜聊天，精心服侍。

虽说是为探母病悄悄回京，但鲁迅到北平的消息很快就在文化界传开了。老朋友们纷纷登门看望，高等学校纷纷邀请讲演，学生们纷纷敦促校方聘请鲁迅任教，一向平静的北平文化教育界忽然热闹起来了。

这场面，鲁迅已经经历过多次了。自从他成为名人以来，每到一处新的地方，总会引起不小的轰动。到厦门、广州时是这样，到上海时更是这样。1929年赴京探亲，被燕京大学、北京大学、女子师范大学、北京师范大学请去讲演。这次回京，尽管婉言谢绝了包括朱自清登门请他到清华大学去做讲演的不少邀请，但在离京之前的短短一周内，他还是在当年的老朋友，北京大学中文系主任马裕藻、辅仁大学文学院院长沈兼士的陪同下，到北京大学、辅仁大学做了讲演。又应北平左翼文化界范文澜等人邀请，到女子文理学院、北京师范大学、中国大学做了讲演，这就是有名的“北平五讲”。最后一讲是在离京数小时前进行的。在南方讲演时，热情的青年像欢迎大英雄似

鲁迅在北京师范大学讲演。1932 年 11 月 27 日摄

的，把鲁迅抬起来，抛上去，有时使鲁迅头昏目眩才罢手。北方的青年虽然比较沉静，但欢迎鲁迅的气氛也是极为热烈的。在北师大、中国大学讲演时，层层拥来的数千名学生竟然挤坏了门窗，讲演不得不中途改到露天大操场举行。在青年学生的扶持下，鲁迅跃上人潮中的八仙桌，在北方冬日的冷风中，放大嗓门，向南，向东，向北，向西，转着圈儿地尽可能地把他的声音传向四面八方。

鲁迅两回返京，九次讲演，讲的都是青年学生关心的思想文化界、文学界的现实问题和热点问题。如这回在北师大讲题为《再论“第三种人”》的演讲，其内容就是当时左翼文艺界同“第三种人”展开的影响很大的文艺论争问题。

1932 年，自称“自由人”“第三种人”的胡秋原、苏汶（即杜衡）连续

鲁迅在北京师范大学操场上讲演。摄于 1932 年 11 月 27 日。10.2cm × 6.5cm。
鲁迅藏。现存北京鲁迅博物馆

发表文章，强调超阶级非功利的“文艺自由论”，指责左翼文艺运动“左而不作”。10 月 10 日，鲁迅作《论“第三种人”》，11 月同时发表在《文化月刊》和《现代》杂志上。鲁迅指出社会现实存在着尖锐的阶级压迫的事实，指出左翼文坛就正在受着“压迫，禁锢，杀戮”；即便自己想做或自以为是“自由人”“第三种人”，事实上是做不成的，是超不出阶级的。鲁迅说：“生在有阶级的社会里而要做超阶级的作家，生在战斗的时代而要离开战斗而独立，生在现在而要做给予将来的作品，这样的人，实在也是一个心造的幻影，在现实世界上是没有的。要做这样的人，恰如用自己的手拔着头发，要离开地球一样，他离不开，焦躁着，然而并非因为有人摇了摇头，使他不敢拔了的缘故。”11月27日，在北师大的讲演中，鲁迅再论了“第三种人”。

鲁迅讲道：三四年前，泥腿的工农踏进了文坛，于是发生了斗争。皮鞋先生反对新兴的普罗文学，想用皮鞋脚把泥脚踢出去。“第三种人”说，文学是“镜子”，没有阶级性，其实不对。就说“镜子”吧，它所照的也由于实物的不同而各异，何况阶级社会里的人，绝不是一面镜子。因为阶级的背景不同，每个人的这面镜子早就涂上了不同的色彩，他怎能超阶级呢？

在论争中，鲁迅坚持和注重的是说理，以理服人，坚决反对涂成吓人鬼脸的恶劣倾向。也是在这个月内，“左联”机关刊物《文学月报》发表署名芸生的长诗《汉奸的供状》，讽刺“自由人”，但诗中充满“当心，你的脑袋一下就要变成剖开的西瓜”之类的辱骂和恐吓。鲁迅当即给“左联”领导成员之一的《文学月报》主编周扬写信，严肃批评这种恶劣文风，强调“无产者的革命，乃是为了自己的解放和消灭阶级，并非因为要杀人，即使是正面的敌人，倘不死于战场，就有大众的裁判，决不是一个诗人所能提笔判定生死的”。鲁迅认为，真正的本领是“嬉笑怒骂，皆成文章”，使敌人受伤或致死，而自己并无卑劣的行为。这封信，周扬以“辱骂和恐吓决不是战斗”为题，发表在12月份的《文学月报》上。编者按语认为，“这是尊贵的指示，我们应该很深刻地来理解的”。

又为斯民哭健儿

为团结进步力量同国民党反动势力抗争，1932 年 12 月，宋庆龄、蔡元培、杨铨（号杏佛）、林语堂等在上海发起成立中国民权保障同盟。同盟的组织程序是先成立各大城市的分会，然后选出代表组成总会。总会未组成前成立临时执行委员会，由宋庆龄任主席，国立中央研究院院长蔡元培任副主席，中央研究院总干事杨铨任总干事。同盟的活动首先是成立上海、北平分会。1933 年 1 月 4 日，鲁迅收到蔡元培的邀请信。1 月 6 日，鲁迅邀三弟周建人一同到中央研究院出席中国民权保障同盟的会议，参与上海分会的筹备成立活动。1 月 17 日，上海分会成立大会召开，鲁迅与宋庆龄、蔡元培、杨铨、林语堂、伊罗生、邹韬奋、陈彬和、胡愈之被选为执行委员。鲁迅与蔡元培本来就一直保持着联系，由于参与同盟的活动，他们的来往就更多了。与宋庆龄、杨铨等人的关系，也因此密切起来。

中国民权保障同盟的宗旨是援救受迫害的进步人士，争取民主权利，争取人民言论、出版、结社、集会的自由。每次临时执行委员会开会（实际上是总会临时执委会和上海分会执委会的联席会议），一般由杨铨做报告。据胡愈之回忆，先“谈些什么案子，抓了什么人，有的枪毙了，有的关起来了，受到严刑拷打，等等。……会议最后多数是向国民党抗议，发表宣言”。由于国民党当局的迫害，有些宣言在国内根本不能发表，就靠史沫特莱、伊罗生等外国记者，用电报发到国外发表，对国际舆论产生了很大影响，萧伯纳、爱因斯坦、罗曼·罗兰等著名人物，往往据此向国民党当局提出抗议。宋庆龄回忆说：每次开会，“鲁迅和蔡元培二位都按时到会”，“和我们一起热烈讨论如何反对

1933年2月24日应杨铨之邀摄

白色恐怖”。1933年上半年，鲁迅多次参加同盟的活动。如援救被国民党当局判刑的国际革命组织驻上海办事处的外国人牛兰夫妇，营救被逮捕的陈独秀、彭述之、许德珩、黄平、廖承志、罗章龙、侯外庐、陈赓、丁玲、潘梓年等，抗议杀害镇江《江声日报》记者刘煜生，讨论并开除反对同盟活动的同盟北平分会主席胡适，与宋庆龄、蔡元培、杨铨等到德国驻沪领事馆递交抗议书，抗议希特勒的法西斯暴行，等等。

中国民权保障同盟的一系列活动，揭露了国民党的黑暗统治，自然遭到国民党当局的忌恨和迫害。国民党特务很快就对同盟下手了。先是给中国民权保障同盟寄送附有子弹头的恐吓信，接着，特务们又向会员下毒手，搞暗杀活动。1933年6月18日早上，当杨铨乘坐的汽车刚刚驶出中央研究院大门时，埋伏在旁的数名特务一齐开枪，杨铨自知

鲁迅与杨铨（中）、李济之（“同盟”北平分会副主席）合影。1933 年 4 月 24 日摄于上海

难避，立刻奋不顾身地用身体掩护同座的儿子，儿子幸免，杨铨与司机遇难。鲁迅当日即得到消息。当晚，他在致友人姚克的信中写道：“近来天气大不佳，难于行路，恐须蛰居若干时。”又在致曹聚仁的信中说：“坚卓者无不灭亡，游移者愈益堕落，长此以往，将使中国无一好人，倘中国而终亡，操此策者为之也。”

中国民权保障同盟总干事杨铨惨遭杀害，杀人者又放出话来，“钩命单”上列有鲁迅。白色恐怖笼罩在头顶，鲁迅自知已入险境。在致日本友人增田涉信中说：“目前上海已开始流行中国式的白色恐怖。丁玲女士失踪（一说已被惨杀），杨铨氏（民权同盟干事）被暗杀。据闻在‘白名单’中，我也荣获入选。”

6月20日，上海各界举行杨铨入殓仪式。特务声言要在这一天暗杀鲁迅及中国民权保障同盟其他领导人。友人劝鲁迅暂避。鲁迅认为这时候实在不应躲避，毅然前往万国殡仪馆吊唁，他离家时把随身携带的钥匙交给家里人，以示随时准备牺牲的决心。这一天，大雨滂沱。晚上回到家中，鲁迅提笔写道：“岂有豪情似旧时，花开花落两由之。何期泪洒江南雨，又为斯民哭健儿。”听惯了斩头、枪毙、暗杀的鲁迅，亲历了一次又一次身边好友被杀的鲁迅，为此发过不少激昂但起不了什么作用的言论的鲁迅，本已出离愤怒了，然而，杨铨的身中数弹倒在血泊之中，还是再次激起他心中的波涛和眼中的泪雨。诗写好后，鲁迅想到今天没去送殓的林语堂，却来信请他为《论语》写打油诗，这哪是写打油诗的时候？鲁迅复信道：“盖打油亦须能有打油之心情，而今何如者。重重迫压，令人已不能喘气，除呻吟叫号而外，能有他乎？”

人生得一知己足矣

鲁迅亲笔书写了“人生得一知己足矣，斯世当以同怀视之”的条幅送给瞿秋白，仅此，就足见他们之间的友谊非同寻常。

瞿秋白不仅是中国共产党的著名领导人，也是才华横溢的文学家。早在1920年，他就以《晨报》记者的身份赴苏联，两次见到列宁，写成《饿乡纪程》（亦名《新俄国游记》）和《赤都心史》两部散文集，最早向中国人民真实地描述了世界上第一个社会主义国家当时生气勃发的革命气象。大革命失败后，瞿秋白担任中共中央临时政治局书记时，犯过“左”倾盲动主义的错误。1930年9月，也是在他的主持下，党中央批判了李立三的“左”倾错误路线，改组了中央领导机关。1931年1月，在党的六届四中全会上，他被王明的“左”倾路线排斥于中央领导机关之外后，即投入左翼文化运动。花了很大气力从日文转译马克思主义文艺论著的鲁迅得知这一情况后，顿感左翼文学阵营中来了一位亲密得力的战友。鲁迅认为由精通俄文的党的领导人、理论家，又是文学家的瞿秋白从原文翻译马克思列宁文艺理论，是最合适不过的了。

1931年10月，鲁迅特邀瞿秋白为曹靖华翻译的《铁流》赶译出一篇两万字的序文，两人文字之交由此开始。鲁迅据日、德文本译出卢那察尔斯基的《堂·吉诃德》第一场后，找到了俄文原本，便约请瞿秋白接着翻译。当拿到瞿秋白的翻译稿时，鲁迅非常满意，他说：“那时我的高兴，真是所谓‘不可以言语形容’。”鲁迅托冯雪峰送一本他翻译的《毁灭》给瞿秋白，瞿秋白写信给鲁迅说：“我们是这样亲密的人，没有见面的时候就这样亲密的人。这种感觉，使我对你说话的时候，和对自己说话一样，和自己商量一样。”1932年

上海北四川路。瞿秋白与鲁迅初次见面的地方

春末，瞿秋白同夫人杨之华到鲁迅寓所拜访，初次见面，两人就像分别多年的老朋友一样，滔滔不绝地谈了一整天。后来，被国民党当局悬赏通缉的瞿秋白在危难时刻，先后三次到鲁迅家避难，第一次就住了约一个月。转移时，是由当时任全国总工会党团书记的陈云于深夜十一点多到鲁迅家接走的。为了瞿秋白的安全，鲁迅还通过内山完造夫人，在日本人的居住区为瞿秋白夫妇找了一间房子。搬家时，鲁迅送去一盆花，瞿秋白把鲁迅书赠的条幅挂在墙上。新居离鲁迅寓所很近，杨之华回忆说："鲁迅几乎每天到东照里来看我们，和秋白谈论政治、时事、文艺各方面的事情，乐而忘返。我们见到他，像在海阔天空中呼吸着新鲜空气享着温暖的太阳一样。秋白一见鲁迅，就立刻改变了不爱说话的性情，两人边说边笑，有时哈哈大笑，冲破了像牢笼似的小亭子间里的不自由的空气。我们舍不得鲁迅去，但他走了以后，他的笑声、愉

《鲁迅杂感选集》。瞿秋白选编并撰写长篇序言，1933 年上海北新书局以青光书局名义出版。32 开，毛边。鲁迅藏。现存北京鲁迅博物馆

快和温暖还保留在我们的小亭子间里。特别是鲁迅留下来的书给秋白很多的安慰。”

瞿秋白小鲁迅十八岁，在众多的青年朋友中，鲁迅格外看重他，固然有瞿秋白作为著名中国共产党人的特殊原因，但更主要的是各自被对方的人生经历、人格学养、道德文章、

《海上述林》。瞿秋白译文集。瞿秋白牺牲后，鲁迅从书店赎出译稿，抱病编校，作序，设计，题名，托人在日本印制，以诸夏怀霜社名义出版。21 开，皮脊精装。鲁迅藏。现存北京鲁迅博物馆

事业追求及伟大人物难得的严于解剖自己的宝贵品质所感动，所吸引，他们两人很快就成为推心置腹、肝胆相照的朋友。在至诚相待与倾心交流之中，他们在文艺理论与文学创作上，在对中国社会的分析上，在对中国革命的认识上，特别是在对“左”倾路线的认识上，由于瞿秋白的特殊经历与正反经验，由于鲁迅敏锐深刻的洞察力，他们之间极易沟通并达成共识，进而形成愉快的合作。瞿秋白能翻译，能创作，能写洋洋万言的大论，也能在一两个小时内写出文情并茂的短文。鲁迅极欣赏瞿秋白的才华，不止一次说过中国文艺界，再找不出第二个来。在1933年3月到10月的这一段时间里，瞿秋白或自己构思，或同鲁迅讨论，写成《王道诗话》《出卖灵魂的秘诀》《最艺术的国家》《大观园的人才》《关于女人》《中国文与中国人》等杂文十二篇，这些文章中含有鲁迅的观点，并经过鲁迅修改，请人抄写后，用鲁迅的笔名发表。为了留存流传，鲁迅把这些文章都编入了自己的集子，成为文坛佳话。瞿秋白编了《鲁迅杂感选集》，并写出长篇序言；鲁迅抱病为牺牲后的瞿秋白编辑《海上述林》，托人到日本印刷，并转送毛泽东、周恩来各一本，更成为鲁迅与中国共产党人相知相通的不朽象征和伟大友谊的永恒记录。

有朋自远方来

周游世界的文豪萧伯纳游到上海，中国民权保障同盟接待，宋庆龄在寓所设宴招待，鲁迅出席会见。当时萧伯纳已七十七岁，须发雪白，面色和润，鲁迅的直感是可以做出色的肖像画的模特。萧伯纳对鲁迅说："他们称你为中国的高尔基，但是你比高尔基漂亮！"鲁迅说："我更老时，还会更漂亮。"萧伯纳是幽默的客气，鲁迅则以客气的幽默回敬。

东方伟大的讽刺作家对来自西方的伟大讽刺作家自然怀有特别的好感和浓厚的兴趣。萧伯纳1933年2月16日到上海，18日离上海，来也快，去也快；鲁迅更快，于十天之内，为来去匆匆的萧伯纳作文四篇，编书一册。

萧伯纳途经香港时，在香港大学做了关于青年前途问题的讲演，上海的某些报纸就攻击他"宣传共产"。鲁迅于萧伯纳到上海的第二天发表《颂萧》，为萧伯纳辩护，后又说明他为萧辩护，是因为香港大学"是十足奴隶式教育的学校，然而向来没有人能去投一个爆弹，去投了的，只有他……所以我必须给予支持，因为在这个时候来攻击萧，就是帮助奴隶教育"。上海的记者采访萧伯纳后，把萧伯纳描绘成充满矛盾的人，其中夹杂各式各样的嘲讽甚至恶意的攻击。鲁迅于19日写《谁的矛盾》，肯定萧伯纳的人与文的重大社会意义，说明"矛盾的萧没落时，或萧的矛盾解决时，也便是社会的矛盾解决的时候"，并说小心眼的"唠唠叨叨，鬼鬼祟祟，是打不倒文豪的"。日本的记者从东京到上海要鲁迅的文章，23日，鲁迅用日文写了《看萧和"看萧的人们"记》，文中写道："我是喜欢萧的"，因为"他往往撕掉绅士们的假面"，"被我自己所讨厌的人们所讨厌的人，我有时会觉得他就是好人物"。

中国民权保障同盟欢迎英国作家萧伯纳。1933 年 2 月 17 日摄于上海中山故居。左起：史沫特莱、萧伯纳、宋庆龄、蔡元培、伊罗生、林语堂、鲁迅

鲁迅、萧伯纳、蔡元培合影。1933 年 2 月 17 日摄于上海中山故居。14.5cm×9.7cm。鲁迅藏。现存北京鲁迅博物馆

1933 年 5 月 26 日为斯诺编译《红心照耀中国》时摄

萧伯纳在上海时，瞿秋白夫妇正第二次在鲁迅家中避难，谈及萧伯纳的到上海及引起的各方面的或冷或热、或捧或骂的不同反应，都觉得萧伯纳是一面镜子，若把这镜子和镜子里的映象留存下来，倒是一件很有意义的事。想到就干。于是，许广平、杨之华搜罗来各种报纸，把有关文章整理出来，鲁迅、瞿秋白连夜编辑，鲁迅写序，署名乐雯，当月交野草书屋，一本《萧伯纳在上海》的重要文献，3 月就出版了。在出版史上，这大概也是一本出得最快的书吧。

在此期间，鲁迅还接待了一位著名作家、记者，即后来访问了毛泽东、朱德等，写出《西行漫记》的美国人埃德加·斯诺。斯诺1928年到中国，1931年开始同鲁迅来往，并同他的助手姚克一道，翻译鲁迅的作品。斯诺在一次访问中问鲁迅："如今经过了第二次的国民革命（指北伐），您认为在中国阿Q仍同以前一样多吗？"鲁迅笑答："更糟了。现在是阿Q们管理着这个国家了。"斯诺又问："您认为俄国的政府形式对中国更适合吗？"鲁迅答："我对苏俄不了解，但我读过不少俄国革命以前的作品。他们同中国很有些相似之处，我们肯定有可以向俄国学习的地方。我们也可以向美国学习。但对中国来说，只能有一种革命——中国的革命。我们也要向我们的历史学习。"同鲁迅的交流，使斯诺加深了对中国的认识，更使斯诺意识到正是因为这位伟大作家的存在，"增强了所有友邦人士一向对于中国前途的信念"。"鲁迅之于中国，其历史上的重要性更甚于文学上的。"斯诺对中国的关心了解，对中国人民的真挚友好的情感，给鲁迅留下了很深的印象，他对朋友们说斯诺对中国的许多事情是很明白的，并因此而感慨道："有几个外国人之爱中国，远胜于有些同胞自己，这真是叫人伤心。"

鲁迅所说的几个外国人里，肯定包括多次为他拍照的美国女作家史沫特莱。1928年，史沫特莱以德国《法兰克福日报》特派记者的身份访问鲁迅，从此成为鲁迅的朋友。她把她的自传体小说《大地的女儿》德文本送给鲁迅，扉页上以英文题词："赠给鲁迅，对他为了一个新的社会而生活和工作表示敬佩。"1933年5月，史沫特莱往欧洲治病休养前夕，鲁迅特设家宴为其饯行。第二年，她回到上海，继续与鲁迅保持着密切联系和合作。鲁迅身体健康状况恶化后，史沫特莱非常焦急，多次建议鲁迅出国疗养，并请了著名的美国医生为鲁迅治病。她说过："鲁迅成为我在中国生活的所有年代里一个最有影响因素的人。"

“且介亭”

为瞿秋白夫妇找好住处没几天，鲁迅又在附近看屋。1933 年 4 月 11 日，鲁迅全家迁入施高塔路（现山阴路）大陆新村 9 号。这是鲁迅一生中的最后一处住所。搬迁的主要原因，是拉摩斯公寓房屋朝北，光线不佳，海婴又常患病，想改善一下环境。另外，“通缉令”尚未撤销，考虑到安全因素，鲁迅请内山完造出面，以内山书店职员的名义租赁了这所住宅，日常事务如缴付房租、水电费、信件往来等，均由内山书店代力。后来海婴上学，要家长的名字，用的是“周裕斋”三个字。

大陆新村于 1931 年由大陆银行建造，共六排砖木结构三层楼房。每排围墙上都用中、英文刻着“大陆新村”字样。鲁迅居住的 9 号位于第一排倒数第二单元。西邻最末一户是白俄巡捕，东邻为日本人，门首挂一块写着“茶”字的大牌子。

屋前，铁门内有一丈见方的小花圃，植有桃树、紫荆、石榴。楼内底层，前为会客室，后为餐室。二楼前间为工作室兼卧室，靠南窗居中放一张写字台，上铺黑漆布，四角以图钉固定。鲁迅一生中最后的三年多宝贵时光，大部分在这张桌子前度过。二楼后间是储藏室，基本上是书、杂志、报纸的世界。三楼前间是楼内最好的房间，南面有小阳台，阳光空气充足，是海婴的居室，也是他的活动室。后间为客房，放置书橱、写字桌、单人床。瞿秋白、杨之华、冯雪峰、曹靖华、胡风等曾在这里避难或暂住。

经常去鲁迅家里的女作家萧红说：“鲁迅先生家里，从楼上到楼下，没有一个沙发。鲁迅先生工作时坐的椅子是硬的，休息时的藤椅是硬的，到楼下

鲁迅的寓所二楼工作室兼卧室

陪客人时坐的椅子又是硬的。”鲁迅先生“写文章用的材料和来信都压在桌子上，把桌子都压得满满的，几乎只有写字的地方可以伸开手”。“左手边的桌角上有一个带绿灯罩的台灯，那灯泡是横着装的，在上海那是极普通的台灯。”“鲁迅先生的文章，多半是在这台灯下写的。因为鲁迅先生的工作时间，多半是下半夜一两点起，天将明了休息。”

鲁迅初搬到这里时，楼前是一块空地，雨后蛙声大作，如在乡间。从楼上的窗户望去，看得见南面不远处的内山书店和内山寓所；东南方向不远处，便是瞿秋白的亭子间所在的东照里。鲁迅住到这里后，了解到附近还有空房，便劝茅盾也搬过来住。不久，茅盾一家住进大陆新村第三排内。中国左翼文坛的三位核心人物结邻而居，相互来往方便多了。

大陆新村地处殖民主义者越出“租界”范围修筑马路的“越界筑路”区域，被称作“半租界”地。鲁迅后期文章中称他的住所为“且介亭”，给后期三本杂文命名《且介亭杂文》，且是租的右半，介是界的下半，“且介亭”指的就是位于“半租界”地的大陆新村 9 号寓所。

鲁迅五十三岁生日全家合影，1933 年 9 月 13 日摄于上海

出卖文章为买书

在租赁大陆新村9号的同时，鲁迅托内山完造在狄思威路（现溧阳路）另租了一间房子，在搬家之前十多天的3月27日，鲁迅先将大部分书籍移往该处。

这间房子所在的整幢楼里，原先住的都是日本人。鲁迅租的这间房子在二楼，书箱的制作与北京西三条会客室的书箱相似，每只书箱内分两层，外有活门，可加锁。这样设计，摞起来是书柜，分开来又是书箱，搬移极为方便。三口之家居住在大陆新村9号，是比较宽敞的，完全有地方摆放书籍，可鲁迅为什么要为他的书别租一室呢？他在信中对朋友说过："此地也变化多端，我是连书籍也不放在寓里。"鲁迅一生以书为伴，读书、买书、写书，除书以外，别无长物；心爱与珍视者，亦唯书而已。在被通缉的白色恐怖与动乱不定的社会环境中，难说什么时候祸及家室，鲁迅生怕他的宝贝书籍惨遭查抄之累，不得不多一手准备。这样做，得到保护的是书，受累的却是鲁迅。藏书室虽然距住处不远，但也平添了不少查书找书的奔走之苦。再加无人居住之屋，门窗关闭，光线暗淡，冬春阴冷，在屋里滞留时间略长，即有碍于身体。1936年3月2日，鲁迅往藏书室取书时，不经意间翻书找书的时间长了，着了凉，回家后"骤患气喘，几乎卒倒"。就此大病一场，病情一直未见好转。

藏书室的满满一屋子书，并不是鲁迅藏书的全部。1926年离京南下时，大部分书留在北京了。上海所存，除从广州带来十多箱外，都是就地收集购买的。其中不少线装书和日语书寄存到北京西三条旧居。鲁迅多次谈过打算到北京完成《中国文学史》与《中国字体变迁史》两部学术专著的写作，有关

鲁迅的藏书室

这方面的参考书籍都集中到北京去了。1944 年，许广平从报上看到“鲁迅先生在平家属拟将其藏书出售，且有携带目录向人接洽”之事，当即致函周作人，要求“将鲁迅先生遗书停止出售，一切遗物亦应妥为保存”；同时委托律师在报纸上刊登启事，声明鲁迅遗产在未分割前为全体家属公同共有物，“不得单独处分，否则不能生效”。在郑振铎、唐弢等友人及地下党员王冶秋等的支持协助下，鲁迅北平藏书得到有效保护。中华人民共和国成立后，许广平将上海藏书移往北京。现在，鲁迅全部藏书完整地保存在北京鲁迅博物馆内。

鲁迅并不是为藏书而买书，而是为读书、为用书而买书的。如在日本时期对国外科学、文学书籍的求购，在北京时期对古籍的收集，在上海时期对马克思主义文艺理论和艺术类书籍的特殊寻觅等。1936 年鲁迅在致友人信中说："有关本业的东西，是无论怎样节衣缩食也应该购买的，试看绿林强盗，怎样不惜钱财以买盒子炮，就可知道。"购书一项，是鲁迅日常生活中一笔不小的开支。他虽不以藏孤本秘籍于密室为幸，但也常由于经济原因买不起用得着的好书而惋惜。1912 年岁末，鲁迅整理完到北京几个月来的书账，感慨地说："京师视古籍为古董，唯大力者能致之耳。今人处世不必读书，而我辈复无购书之力，尚复月掷二十余金，收拾破书数册以自怡说，亦可笑叹人也。"

鲁迅购书是极为认真的，每月均记有书账。在上海的九年间，购书达五千多册。鲁迅藏书总计约一万四千余册，其中中文书籍近九千册，以线装古籍为主，中文期刊近两千册，日文、德文、俄文、英文等外文书籍约三千多册。鲁迅以文学为职业，但购书却不以文学类为主，而是以古书、外国书为主，占了总数的百分之八十以上。鲁迅藏书种类丰富，涉及中外古今多项门类，大体可以分为自然科学、政治学、哲学、美学、心理学、社会学、艺术学、文学、语言学、宗教学等几大系列。从中可以看出从 19 世纪走向 20 世纪的鲁迅的基本知识结构，可以看出鲁迅以人类文化、世界文化的眼光进行了跨世纪的文化选择，可以感受到百科全书式的鲁迅著作及其思想的宏大宽广的文化背景。

伪自由谈

对于任何一位以独创为己任的文学家、艺术家来说，最适合其长成参天大树的应当是最为自由的生长环境。但是，对于20世纪30年代的鲁迅来说，却在最不自由的社会环境中创造出最为辉煌的业绩，中国思想文化界因此而奇迹般地挺立起一株独立支撑的大树。

鲁迅面对的文化“围剿”和思想禁锢，没有身临其境的人是难以想象的。不止一次，他得认真对付突然失去人身自由的可能。国民党中央执行委员会以公文形式将鲁迅参与发起组织的“中国自由运动大同盟”“中国左翼作家联盟”及“中国革命互济会”列为反动组织，“转函国民政府密令淞沪警备司令部及上海市政府会同该市党部宣传部严密侦察各该反动组织之机关，予以查封，并缉拿其主谋分子，归案究办”。紧急关头，鲁迅不得不离家避难。两次搬迁，选择周围是外国人居住的寓所，主要也是为了安全。与许广平一起上街，常常逼令许广平走到街对面的另一条人行道上，而不肯并排走，为的是一旦出事，许广平可以脱险。事实上，反动当局要抓要杀，是防不胜防的，鲁迅也清楚这一点，在一般情况下，也就满不在乎了。有朋友劝他躲避的时候，他说：“如果真的要抓，就不下通缉令了；他们无非是讨厌我，不让我开口罢了。”

不让鲁迅开口，或只让说些他们允许说的话的另一法，是删除鲁迅的文章，查禁鲁迅的书籍。国民党上海市特别执行委员会，国民党中央宣传委员会，上海市社会局、教育局等均发过查禁鲁迅著作的专门文件。鲁迅被禁之书有案可查的至少有《二心集》《南腔北调集》《集外集》《不三不四集》《准风

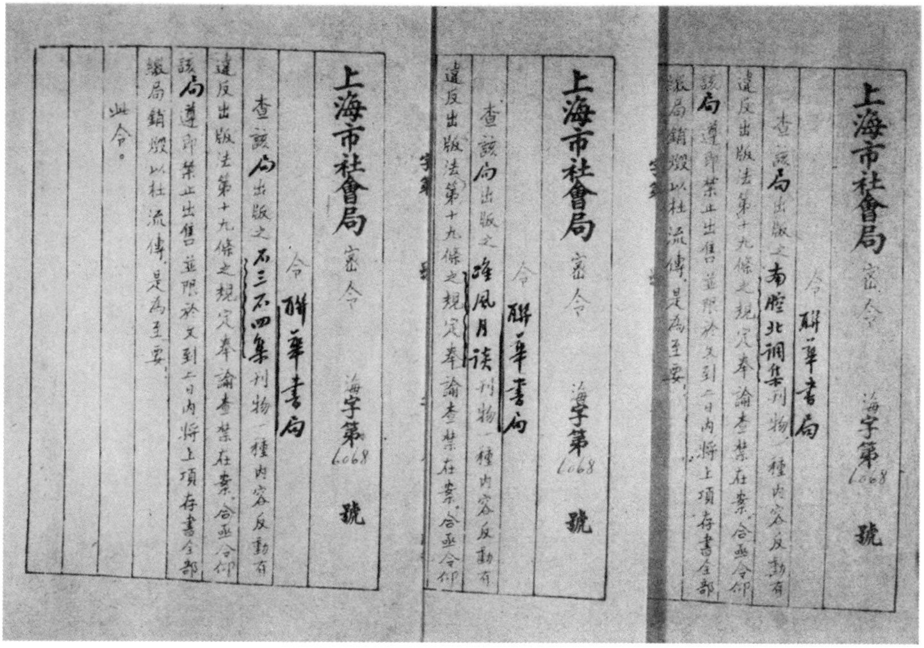
上海市社會局 密令 海字第6068號
令 聯華書局
查該局出版之不三不四集刊物一種內容反動有違反出版法第十九條之規定奉諭查禁在案合亟令仰該局遵即禁止出售並限於文到三日內將上項存書全部繳局銷燬以杜流傳是為至要
此令。

上海市社會局 密令 海字第6068號
令 聯華書局
查該局出版之准風月談刊物一種內容反動有違反出版法第十九條之規定奉諭查禁在案合亟令仰

上海市社會局 密令 海字第6068號
令 聯華書局
查該局出版之南腔北調集刊物一種內容反動有違反出版法第十九條之規定奉諭查禁在案合亟令仰該局遵即禁止出售並限於文到三日內將上項存書全部繳局銷燬以杜流傳是為至要

当局政府查禁《南腔北调集》《准风月谈》《不三不四集》令

月谈》《鲁迅自选集》《鲁迅讽刺文集》《鲁迅杂文集》《鲁迅杂感集》等。在致友人信中，鲁迅说：当局“对文坛和出版界的压迫，日益严重，什么都禁止发行，……简直叫人啼笑皆非。我的全部作品，不论新旧，全在禁止之列。当局的仁政，似乎要饿死我了事”，“风暴正不知何时过去，现在是有加无已，那目的在封锁一切刊物，……我尤为众矢之的，《申报》上已经不能登载了，而别人的作品，也被疑为我的化名之作，反对者往往对我加以攻击”。写好的文章被删改，发排的文章被抽掉，办的刊物被查封，出版发行的书籍被禁止，对于以文章为生命，以卖文谋生活的文人来说，还有什么迫害比这更严酷呢？更有为虎作伥的走狗文人在报刊上散布谣言，说鲁迅拿俄国的卢布，又说鲁迅通过内山老板之手，将秘密出卖给日本，拿了很多钱。既有政治陷害，又有人格诬损，真可谓欲置人死地而后快。

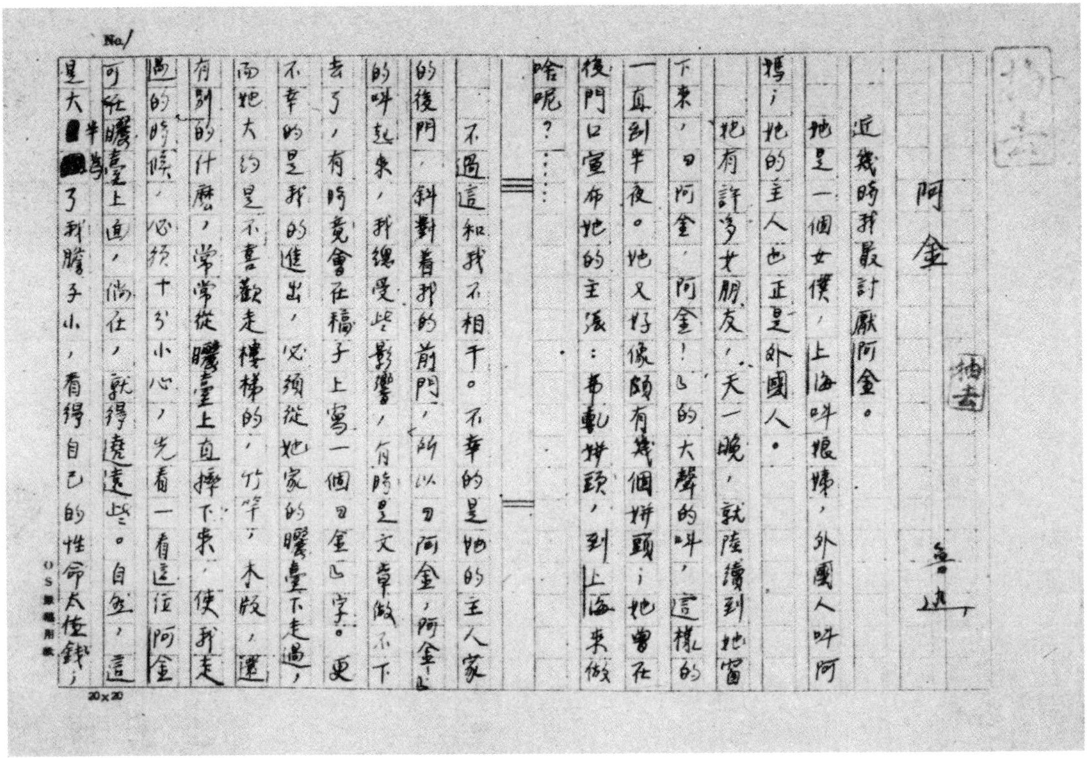

No.1

阿金

魯迅

抽去

近幾時我最討厭阿金。

她是一個女傭，上海叫娘姨，外國人叫阿媽，她的主人也正是外國人。

她有許多女朋友，天一晚，就陸續到她窗下來，"阿金，阿金！"的大聲的叫，這樣的一直到半夜。她又好像頗有幾個姘頭；她曾在後門口宣布她的主張：弗軋姘頭，到上海來做啥呢？……

不過這和我不相干。不幸的是她的主人家的後門，斜對着我的前門，所以"阿金，阿金！"的叫起來，我總受些影響，有時是文章做不下去了，有時竟會在稿子上寫一個"金"字。更不幸的是我的進出，必須從她家的曬臺下走過，而她大約是不喜歡走樓梯的，竹竿，木板，還有別的什麼，常常從曬臺上直摔下來，使我走過的時候，必須十分小心，先看一看這位阿金可在曬臺上面，倘在，就得遠遠些。自然，這是大半為了我膽子小，看得自己的性命太值錢；

20×20

这是被国民党政府检查部门盖上“抽去”印章，禁止发表的鲁迅的文章

然而，鲁迅的骨头是最硬的。你越压，我越强；你越不让开口，我越要大声说话；你不让我写，我偏要多写；你文网密布，我有钻网术；你有手枪，我有笔。“只要我还活着，就要拿起笔，去回敬他们的手枪。”反动派看见署名“鲁迅”的文章就查禁，鲁迅就换个笔名发表；一个笔名发表两三篇就被嗅出来了，再换另一个笔名。白色恐怖最严重、文化“围剿”最严密的 1933 年、1934 年，鲁迅整整用了七十个笔名。有些笔名，名字本身就含有无限的愤怒、反抗和讽刺意味。当局的检查官和“文探”们不是要查寻这文章是谁写的吗？不是要干涉写文章的自由吗？不是不准写吗？鲁迅就用笔名“何家干”“何干”“干”！真是其味无穷。鲁迅一生共用笔名一百四十多个，这在

世界文坛上，也是创纪录的。

在政治高压的环境下，鲁迅杂文创作自然有受到压抑、受到限制的一面。他在《〈花边文学〉序言》中说："这么说不可以，那么说又不成功，而且删掉的地方，还不许留下空隙，要接起来，使作者自己来负吞吞吐吐、不知所云的责任。在这种明诛暗杀之下，能够苟延残喘，和读者相见的，那么，非奴隶文章是什么呢？"鲁迅还写道："有一个朋友说，现在的文章，副刊编辑先抽去几根骨头，总编辑又抽去几根骨头，检查官又抽去几根骨头，剩下来还有什么呢？"鲁迅说："我是自己先抽去了几根骨头的，否则，连'剩下来'的也不剩。"的确，作者倘不先将犯忌的内容避开一些，文章根本就无法发表，连"剩下来"的也不剩。想想看，假如没有这么多这么严的文禁，任鲁迅无拘无束地放笔直书，任意挥洒，那么，他的杂文创作的才气就会更为淋漓尽致地发挥出来，我们今天看到的鲁迅 20 世纪 30 年代的杂文就有可能更加丰富多彩，更加引人入胜了。

然而，政治高压的另一方面，或者说，在坚韧、强硬的鲁迅这一面，则是被激起更加强烈的创造力。越受压迫，写作杂文的题材越充分，写的杂文就越多。鲁迅写杂文最多的时候正是 1933 年和 1934 年。1933 年一年写了一百六十多篇，差不多平均每两天写一篇，这在杂文创作史上大概也是创纪录的。鲁迅不仅自己多写，还利用他的力量组织大家多写。敌人禁止它，鲁迅就来提倡它。在鲁迅的倡导和影响下，杂文蓬勃兴起，作者多了，专登杂文的期刊出现了，连几家有名的大杂志，也开辟了刊载杂文的专栏。1933 年和 1934 年，分别有了“小品文年”和“杂志年”之称，成为对国民党文化“围剿”的有力反击和讽刺。在杂文的创作上，由于检查迫压，很多要说的话不准说，不能直说，就想办法曲说，正话反说，迂回委婉，借题发挥，旁敲侧击，声东击西。《自由谈》编者受到压迫，发表启事说：“这年头，说话难，摇笔杆尤难”，“吁请海内文豪，从兹多谈风月，少发牢骚，庶作者编者，两蒙其休”。用了四十多个笔名，在《自由谈》发表了一百四十多篇文章的鲁迅说，谈风云的人，风月也谈得。谈风月就谈风月吧，谈风月里也能谈出风云来。想从一个题目限制了作家，其实是不能够的。

1934年4月，南宁博物馆请鲁迅书写条幅，鲁迅提笔写道：“风号大树中天立，日薄西山四海孤，短策且随时旦暮，不堪回首望菰蒲。”诗末写明“偶忆此诗而忘其作者”。这首诗是明末清初画家项圣谟的《题自画大树》，鲁迅虽忘其名，但其诗却时在心中，不止一次为人题写。“风号大树中天立”，当有鲁迅借以抒怀的意思吧。一个月后，鲁迅自作一诗写给日本作家新居格，诗曰：

万家墨面没蒿莱，敢有歌吟动地哀。心事浩茫连广宇，于无声处听惊雷。

嬉笑怒骂皆文章

1928 年到 1933 年六年间鲁迅的杂文，基本上收在《三闲集》《二心集》《南腔北调集》《伪自由书》《准风月谈》这些集子里了。单是集子的取名，就显出内容的特征。

创造社的成仿吾以无产阶级之名，指鲁迅为有闲阶级中人："闲暇，闲暇，第三个闲暇。"于是鲁迅顺手取而用之，把 1927 年至 1929 年革命文学论争期间的杂文集命名为《三闲集》。在这段时间里，鲁迅把主要精力放在了阅读和翻译马克思主义文艺理论方面，在他为数不多的杂文中，对当时中国社会的分析，对文艺与革命、思想与艺术等关系的论述，对作家世界观问题、阶级属性与意识形态关系等问题的论述，显然反映出研读科学的文艺理论时的思考成果。

1930 年，有御用文学家给了鲁迅一个"文坛贰臣"的徽号，鲁迅觉得也对，自思"对于时事，即使未尝动笔，有时也不免于腹诽，……腹诽就决不是忠臣的行径"。又，对于自己出身的那个旧的社会，那个旧的阶级，确确实实是早就心存"二心"了，"只是原先是憎恶这熟识的本阶级，毫不可惜它的溃灭，后来又由于事实的教训，以为惟新兴的无产阶级才有将来，却是的确的"。于是，鲁迅仿《三闲集》之例而变其意，将 1930 年、1931 年的杂文结集为《二心集》。更加自觉地坚定地站在无产阶级立场上，站在最大多数的劳动大众的立场上，把文学作为争取"无产阶级解放斗争的一翼"，把自己从事的文学事业与无产阶级整体的革命事业，与争取大多数被压迫人民获得解放的斗争紧紧联系在一起，是鲁迅 20 世纪 30 年代思想意识的一个突出特点。在阶级阵营分明，阶级斗争激烈的时代，鲁迅高高举起无产阶级革命文学的旗帜，

《三闲集》。收录1927年至1929年作杂文三十四篇，附《鲁迅著译书目》一篇，1932年9月上海北新书局出版。32开，毛边

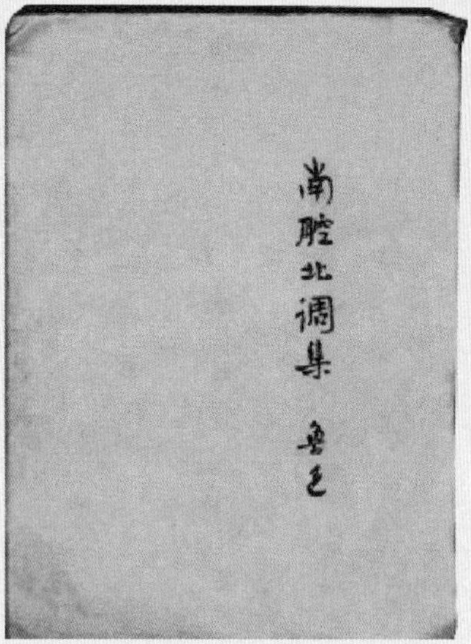

《南腔北调集》。收录1932年至1933年作杂文五十一篇，1934年3月上海同文书店出版。32开，毛边

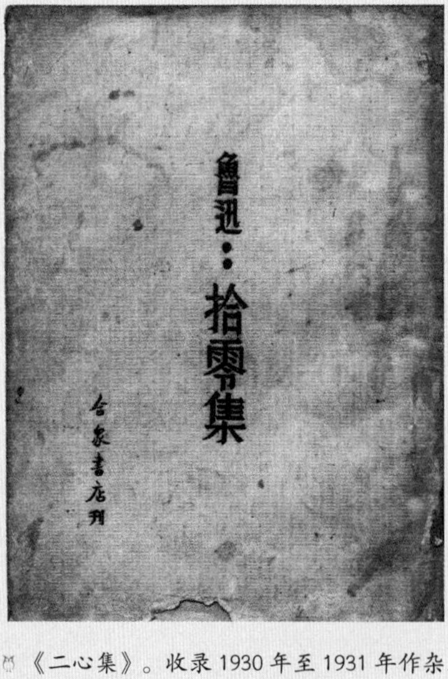

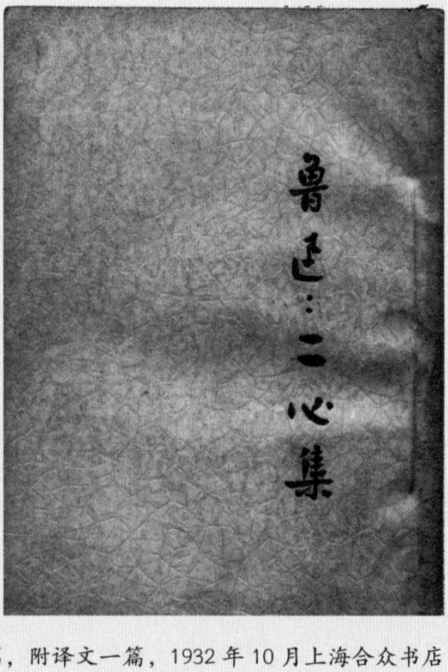

《二心集》。收录1930年至1931年作杂文三十七篇，附译文一篇，1932年10月上海合众书店出版。32开。《二心集》再版时被删被禁，合众书店将删剩的文章十六篇另编一册，改名为《拾零集》，于1934年10月出版。鲁迅藏。现存北京鲁迅博物馆

是他弃医从文以来，用文学改造人、改造社会的必然的思想发展与实践选择。这样的思想发展，主要在他的杂文中体现出来。与前期的杂文相比，从《二心集》开始，鲁迅的文化视野更加宽广，更为博大。20 世纪 30 年代急剧的社会变动和重大的政治事件，在他的杂文中有了更迅速、更深刻、更全面的反映。面对 20 世纪 30 年代国民党政府的文化“围剿”，鲁迅予以针锋相对、不屈不挠的抗争。鲁迅前期杂文中突出的社会批评、文明批评的丰富内涵，在新的时空领域里也获得了扩充和延伸。

《二心集》之后，《南腔北调集》之名的由来，是因为有人嘲讽鲁迅喜欢演说，说鲁迅讲话的时候是口吃的，至于用语和口音，则是南腔北调。鲁迅说，前两点我很惊奇，后一点可是十分佩服了，“真的，我不会说绵软的苏白，也不会打响亮的京腔，不入调，不入流，实在是南腔北调”。不入调，不入流，既不人云亦云，更不同流合污，以独立不倚的人格力量，发出独异的声音，正是鲁迅骄傲自豪之处。1933 年发表在《申报》副刊《自由谈》上的文章，结集为《伪自由书》和《准风月谈》。在《〈伪自由书〉前记》里，鲁迅说明了自己在《自由谈》上投稿的经过，说明了“这些短评，有的由于个人的感触，有的则出于时事的刺戟”，其特点“是在论时事不留面子，砭锢弊常取类型”，然而，这却是“与时宜不合”的。然而，事实说明鲁迅是对的：“其实是我所指摘，现在都已由事实来证明的了，我那时不过说得略早几天而已。”《前记》还说道：“我的投稿，平均每月八九篇，但到五月初，竟接连的不能发表了，我想，这是因为其时讳言时事而我的文字却常不

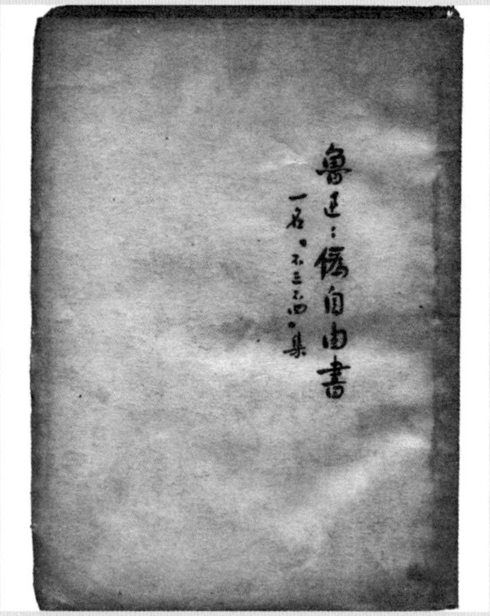

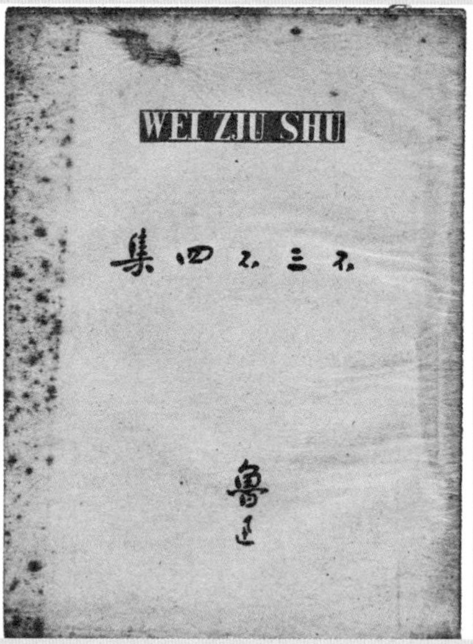

《伪自由书》。收录1933年1月至5月在《申报·自由谈》上发表的杂文四十三篇，1933年10月由北新书局以青光书局名义出版。32开，毛边。1936年曾由上海联华书局改名为《不三不四集》印行一版

《准风月谈》。收录1933年6月至11月所写杂文六十四篇，1934年12月由上海联华书局以兴中书局名义出版。32开

《集外集》。1933年以前出版的杂文集中未曾编入的诗文合集，1935年5月由上海群众图书公司出版

免涉及时事的缘故。”“‘自由’更当然不过是一句反话。”鲁迅把这个集子叫作《伪自由书》，是对压抑言论自由的讽刺。“伪自由”也不行的时候，就莫谈国事，“多谈风月”吧。可是，“月白风清，如此良夜何”固然是在谈风谈月，而“月黑杀人夜，风高放火天”又何尝不是谈风谈月呢？所以，鲁迅在“谈风月”中“发出的箭石”，仍然会命中目标，击中要害。取名《准风月谈》，不够格的“风月谈”之意也。

特别值得提出的是，1931年九一八事变以来，日本帝国主义大举侵略中国，民族矛盾上升，中国共产党多次发表宣言，主张团结抗日，而蒋介石则对外采取不抵抗主义，对内继续“围剿”革命根据地。大敌当前，民族矛盾、阶级矛盾交错复杂；国难声中，新旧沉渣一起泛起。在关系到民族命运国家前途的大是大非面前，鲁迅接连发表数十篇文章，对激烈的民族矛盾做出深刻的阶级分析，从不同角度揭穿了以蒋介石为代表的国民党所推行的对外妥协对内剿杀政策的出卖国家、民族、人民利益的反动实质，充分显示出鲁迅杂文在重大社会政治问题上所产生的巨大干预力量，以及鲁迅作为中华民族的脊梁与灵魂所发挥的巨大的精神支柱作用。

故事的新编

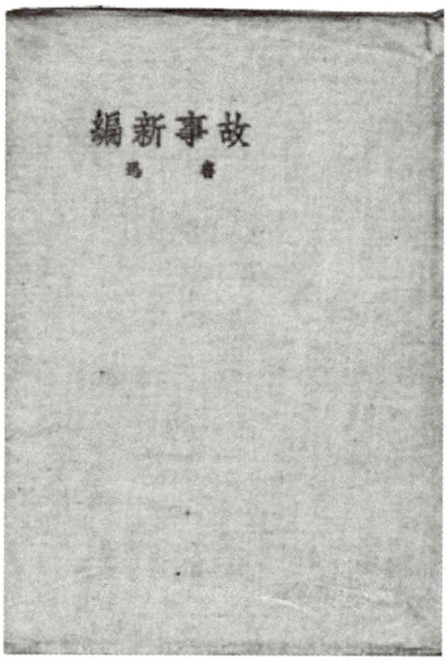

《故事新编》。收录1922年至1935年作历史小说八篇，1936年1月由上海文化出版社出版，为巴金主编的文学丛刊之一

1934年8月，多年不写小说的鲁迅忽然写了一篇历史题材的小说《非攻》，一年之后的1935年11月、12月，他一口气写了《理水》《采薇》《出关》《起死》四篇，与1922年写的《补天》（原先题作《不周山》，曾收入《呐喊》），1926年在厦门写的《奔月》《铸剑》（发表时题为《眉间尺》），共八篇，合为一集出版，名为《故事新编》。

从第一篇到最后成书，前后足足经过十三年。虽然写作环境及作者心绪有异，但总的写法还是一致的。如鲁迅在《〈自选集〉自序》中所说，都是"神话、传说及史实的演义"，这是其一。其二，第一篇取女娲"抟黄土作人""炼五色石补天"的神话作《补天》时，先是很认真地取了弗洛伊德的学说，意在描写性地发动和创造，以至衰亡的，中途看到一篇道学家攻击新体情诗的文章，便忍不住使"女娲的两腿之间"出现了一个渺小又滑稽的古衣冠的小的丈夫。历史题材中引入现实生活细节，鲁迅自称是“油滑的开端”，可是，以后的七篇却继续“油滑”下去，可见，把现代生活细节引入历史故事，是作者有意的追求。鲁迅正是用这种方式，创造出独特的“故事的新编”的艺术形式。

逝去的生活，死了的人物，因此而鲜活地出现在我们的眼前。在五四新文化运动中一鸣惊人的鲁迅，或许他的参与创造性历史活动的激情仍在涌动，他的《补天》中的女娲，在浓烈、瑰丽、雄浑、壮美的背景下，荡漾着一派劳动和创造的喜悦情绪。被北京军阀政府挤压到厦门之后，鲁迅一个人住在石屋里，面对大海写出的《奔月》中，那位曾经射下九个太阳的羿，日日在无物之阵中奔驰的羿，其夫人嫦娥过不了天天吃乌鸦炸酱面的日子，弃他而升天，昔日的弟子逢蒙反过来向他施放冷箭——英雄末路，勇士孤寂。《铸剑》中着力描写的黑须黑眼瘦得如铁的黑色人宴之敖者，则是一位孤独、神秘、热到发冷、寒光逼人、誓死反抗强暴的复仇者。战斗者和复仇者的形象，更多地体现着鲁迅高昂的革命斗争精神和意志力量。在后来写下的《理水》《非攻》中，鲁迅则满怀敬意地描写了两位理想人物，一位是“三过家门而不入”，率领民众治水的领袖夏禹，一位是用自己的智慧、学识拯救人民的知识分子墨子。两位人物的共同特点是为公众、为社会劳心劳力，他们苦干，实干，吃苦耐劳，身体力行，极富忘我精神，牺牲精神，奉献精神。他们是衣衫褴褛、胼手胝足的圣者、智者。鲁迅说过：“我们从古以来，就有埋头苦干的人，有拼命硬干的人，有为民请命的人，有舍身求法的人，……虽是等于为帝王将相作家谱的所谓‘正史’，也往往掩不住他们的光耀，这就是中国的脊梁。”鲁迅笔下的夏禹和墨子，就是鲁迅心中的中国的脊梁。

《采薇》写伯夷、叔齐反对武王伐纣，固守“先王之道”，“义不食周粟”而饿死首阳山的故事。儒家历来把伯夷、叔齐看作躬行儒家道德伦理的典范，把武王看作儒家事功成就和理想政治的表率，鲁迅则在“内圣”的代表与“外王”的代表之间的矛盾冲突中，着重揭示伯夷、叔齐人格的“通体都是矛盾”的真相，“礼让”“忠孝”“仁义”的虚伪性及其在现实实践中的软弱无力与毫无出路，从而艺术地否定了儒家道德的“立人”路线。《出关》《起死》与《采薇》写于同时。《出关》写孔丘拜老聃为师，孔老相争，老子失败而西出函谷关的故事。鲁迅说他自己的意见是：孔老相争，肯定是孔胜老败，因为孔老虽然都尚柔，但孔以柔进取，而老却以柔退却。孔子是“知其不可为而为之”的事无大小均不放松的实行者；老子则是“无为而无不为”的一事不做徒作大言的空谈家。这种大而无当的思想家，实在是不中用的。于是，鲁迅将老子漫画化，送他出了关。《起死》取《庄子》中的一个寓言故事，揭露了庄子“彼亦一是非，此亦一是非”的无是非观处世哲学的荒唐和虚伪。

女娲、夏禹、伯夷、叔齐、周武王、姜太公、墨子、孔子、老子、庄子，这些出现在《故事新编》里的人物，都是中华民族神话、传说和历史上赫赫有名的人物，都是对中国历史、中国文化产生过重大影响的人物。这些人物在鲁迅笔下得到准确、有力、生动的再现。阅读鲁迅的作品，一再感受到的是鲁迅对历史把握的功力和把握了历史后的自由。《故事新编》是以史实文献为依据为基础的，“博考文献，言必有据”；而在题材处理上又坚持了“油滑”的艺术态度和古今杂糅的细节描写，鲜明地传达了作者对所写事件及人物的评价，从而使这批历史题材小说，成为鲁迅重写的民族的神话、传说和历史了。

由于《故事新编》中所写的人物，在中国思想文化史上分别属于某种体系、某种价值观念的代表，一个人物本身就是一种文化、一个领域。于是，鲁迅的历史题材小说便具有了如下的意义：用“油滑”的态度对其中的某些人物进行这样或那样的调侃、揶揄、讽刺，或表

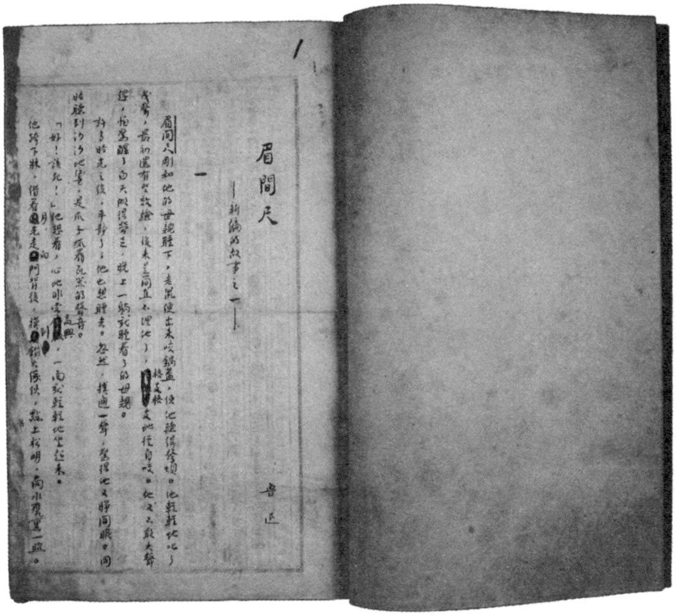

《眉间尺》。鲁迅1927年4月间写的历史小说。作品歌颂了被压迫者报仇雪恨的英雄气概。后改为《铸剑》收入《故事新编》

达这样或那样的称颂、敬重，就形成了对这个人物所代表的、所表现的某种传统思想、传统文化的重新评估，从而形成鲁迅文化批判的特殊方式，也是鲁迅用小说形式对中国历史上重要的文化体系所做的一种“清理”工作。

这些新编的故事，显然又是鲁迅小说文体的创新。继《呐喊》《彷徨》，相隔十多年之后，《故事新编》再一次显示出鲁迅小说艺术的辉煌成就。五十五岁的鲁迅仍然是“创造新形式的先锋”，他的艺术创造力仍然是那么充沛而饱满。《故事新编》以其思想成就和艺术创新，同鲁迅的《呐喊》《彷徨》一样，已经成为中国现代小说的经典之作，成为重写民族神话、传说和历史的典范之作。

此中甘苦两心知

许广平不仅把她纯真的爱给了鲁迅，同时也为鲁迅牺牲了自己所追求的事业。她本不是一位安于家庭主妇地位的女性，也不是一位缺乏远大理想抱负，或没有成就一番事业的能力的女性，但与鲁迅结合之后，她却没能到社会上施展才能。鲁迅请许广平留在自己身边，留在家中，尽管不让她充当管理家务的“贤内助”角色，而是把她当作生活的伴侣、工作的帮手、共同的劳动者、新生活的共同创造者，然而，对许广平，鲁迅自始至终是心存歉意和谢意的。

自从和许广平相爱以来，尤其是共同生活以来，鲁迅的工作效率的确是大大提高了。即便到了多病的晚年，创造力不仅丝毫不减，反倒愈加旺盛了。这当然和许广平生活上精心照料，工作上的具体协助分不开。许广平为鲁迅分担了许多琐碎的事务，尽量使鲁迅把精力集中到写作上。写书、编书、出书，一本又一本的新书问世了。每出一书，鲁迅总看作他和许广平共同劳动的成果，他总愿意和许广平共享收获的喜悦。他没有因为与许广平朝夕与共而只在口头上说几句感谢的话，他用他的特殊方式表达他的歉意与谢意。每次，鲁迅都要郑重地在新出版的书上题字、签名、盖章，然后送给许广平。例如，在《唐宋传奇集》上题写：“送给广平兄。1927年12月29日在上海”；在《朝花夕拾》上题写：“送给广平兄。迅，1928，10，8，在上海”；在《而已集》上题写：“给我的爱人：广平。鲁迅，1928，11，26，在上海”；在《中国小说史略》（订正版）上题写：“赠与广平吾友。鲁迅，1931年9月19日上海”；在《三闲集》上题写：“广平哂存。鲁迅，1932，9，19，上海”，等等。除送自己的著作、译作外，鲁迅还时常买一些自己喜爱的，或许广平喜爱的书，题名送给许广平。也许，在一般人看来，夫妻之间不必如此形式化、仪式化，但恰恰在这种“仪式”之中，不仅包含着夫妻之间浓浓的情意，更包含着鲁迅对许广平的尊重，与许广平亲密朋友般的平等关系。在鲁迅的心目中，许广平不仅仅是属于自己的爱妻，更是一个独立自主的人。他们之间不是从属的关系，是“相依为命，离则两伤”的互为依存的关系，如鲁迅送许广平《芥子园画谱》时所题的诗中所表达的那样，是“十年携手”，是“以沫相濡”。

最能表现“此中甘苦两心知”的，还是《两地书》的整理、出版。从1925年他们之间的第一封通信开始，鲁迅和许广平各自珍藏起对方的来信。由北到南，由南到东，漂流数省而随身携带，几次避难烧毁了不少友人的信件，他们之间的信却妥为留存。可见对这些记载着由师生到恋人再到夫妇的信件，鲁迅和许广平是多么珍视。1932年夏天，在一个个闷热多蚊的夜晚，他们一起整理双方的通信。翻看着你来我往的一封封熟悉的信件，往日的情景一幕幕出现在眼前。重温并不平坦的情爱历程，重新感受相爱的激情与幸福，他们觉得有必要纪念一番。而最好的纪念就是编辑出版双方的通信——《两地书》。鲁迅在《序言》中说：“回想六七年来，环绕我们的风波也可谓不少了，在不断的挣扎中，相助的也有，下石的也有，笑骂诬蔑的也有，但我们紧咬了牙关，却也已经挣扎着生活了六七年。其间，含沙射影者都逐渐自己没入更黑暗的处所去了，而好意的朋友也已有两个不在人间，就是漱园和柔石。我们以这一本书为自己纪念，并以感谢好意的朋友，并且留赠我们的孩子，给将来知道我们所经历的真相，其实大致是如此的。”

《两地书》除个别地方做了主要是技术上的处理外，未做任何实质性修改。从中不仅可以看到鲁迅、许广平所经历的真相，还能看到更逼真的鲁迅的思想。最能给人情感震撼的是，《两地书》编好之后，已经五十二岁的鲁迅，选用上好宣纸，用毛笔，用工整的楷体，从头到尾抄写了一份留作纪念。整

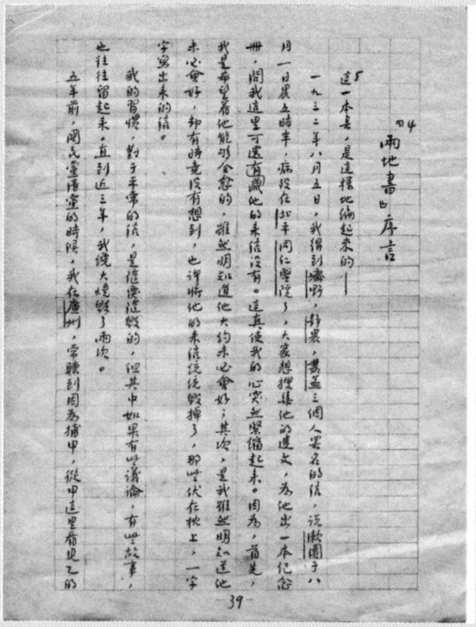
"兩地書"序言

這一本書，是這樣地編起來的——

一九三二年八月五日，我得到霽野，靜農，叢蕪三個人署名的信，說漱園于八月一日晨五時半，病歿在北平同仁醫院了，大家想搜集他的遺文，為他出一本紀念冊。問我這裏可還有他的來信沒有。這真使我的心緊縮起來。因為，首先，我是希望着他能夠全愈的，雖然明知道他大約未必會好；其次，是我雖然明知道他未必會好，卻有時竟沒有想到，也許將他的來信統統毀掉了，那些伏在枕上，一字字寫出來的信。

我的習慣，對于平常的信，是隨復隨毀的，但其中如果有些議論，有些故事，也往往留起來。直到近三年，我纔大燒毀了兩次。

五年前，國民黨清黨的時候，我在廣州，常聽到因為捕甲，從甲這裏看見乙的

-39-

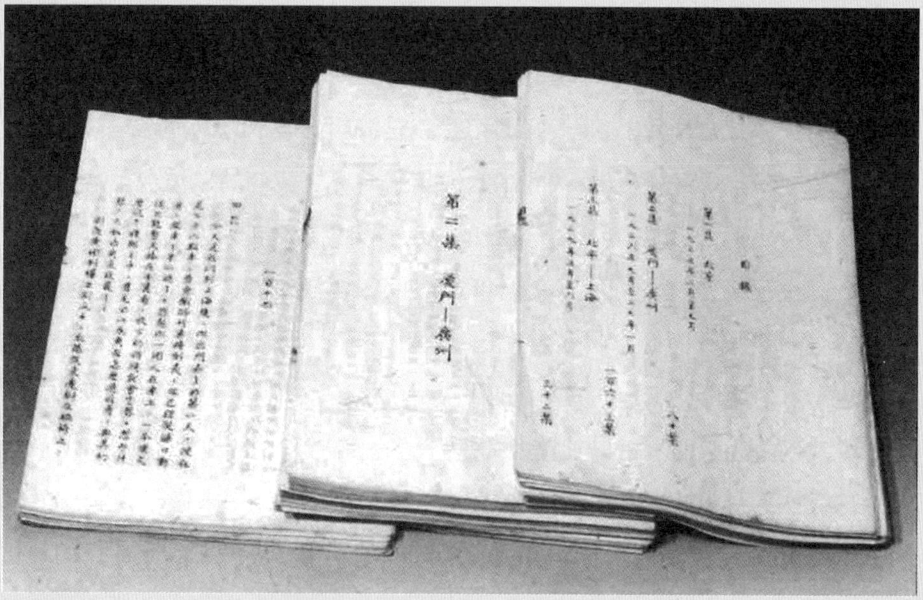

《两地书》。鲁迅与景宋（许广平）1925 年至 1929 年的通信集，1933 年 4 月北新书局以青光书局名义出版。毛边。《两地书》编好后，鲁迅楷书抄录一份留存

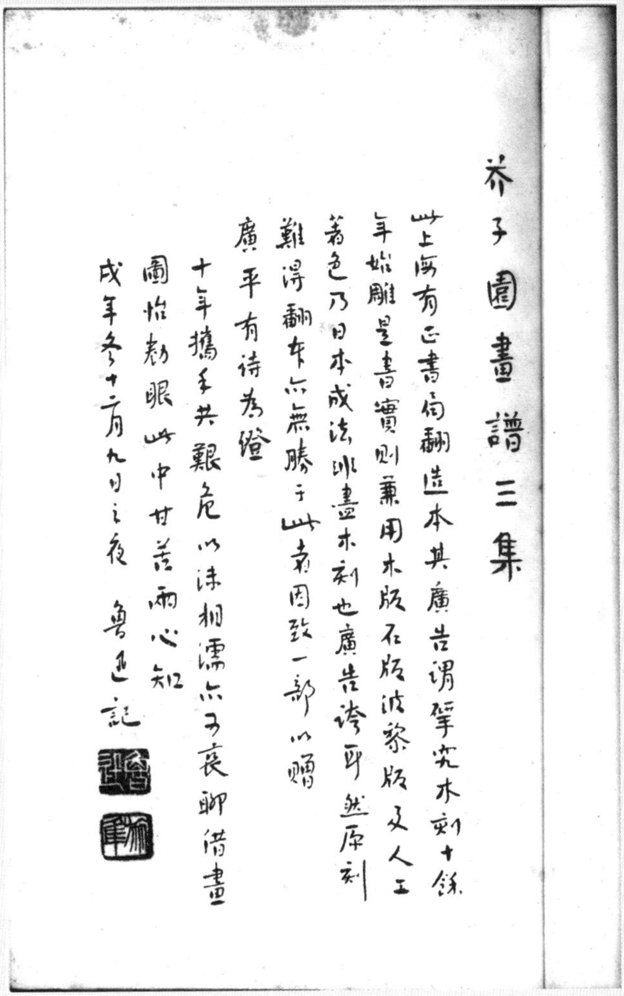

题《芥子园画谱三集》赠许广平。《芥子园画谱》中国画技法图谱，清代王概兄弟应沈心友（李渔之婿）之请编绘，因刻于李渔在南京的别墅“芥子园”，故名。上海有正书局翻造本。鲁迅购于1934年2月，并深情地写下了一首诗：“十年携手共艰危，以沫相濡亦可哀。聊借画图怡倦眼，此中甘苦两心知。”诗中寄寓了他们同甘共苦、患难与共、相知相依的深厚感情

整五百五十面，十六万字！这是何等深厚、热烈、充满浪漫青春活力的“壮举”！许广平即便只得到鲁迅写给她的一首诗（“十年携手共艰危”）和一部书（《两地书》抄本），也是世界上最幸福、最欣慰的妻子了。

造出大群的新的战士

虽然也有不喜欢鲁迅的青年，甚至有攻击鲁迅的青年，但是，在绝大多数青年的心目中，在把文学事业当作人民革命事业一部分的文学青年的心目中，鲁迅是吸引他们的磁石，是温暖和照耀他们的太阳。

从遥远的四川，从更遥远的缅甸漂泊到上海的文学青年沙汀、艾芜，在20世纪30年代初左翼文艺兴起的大时代里，极想使自己的创作对时代有所“助力和贡献”，但又不愿如某些革命作家的创作那样，使一些虚构的人物翻一个身就革命起来。他们想写熟悉的人，但又觉得这些人不在某些左翼作家主张描写的范围之内，于是，陷入了创作上的犹豫与苦恼之中。几度思量之后，他们写信向鲁迅请教，确信“如果先生愿给我们以指示，这指示便会影响到我们终生的”。鲁迅在回信（即著名的《关于小说题材的通信》）中指明：“选材要严，开掘要深”，“能写什么，就写什么，不必趋时，自然更不必硬造一个突变式的革命英雄，自称‘革命文学’；但也不可苟安于这一点，没有改革，以致沉没了自己——也就是消灭了对于时代的助力和贡献”。鲁迅明确的答复，不仅对这两位文学新人的崛起，对整个左翼文学的现实主义深化，都起到了几乎决定性的作用。

被鲁迅称为新文学运动以来“最好的作家”“最优秀的左翼作家”的张天翼，他的第一部小说《三天半的梦》写成后，曾投寄数家刊物未能发表，寄给鲁迅，得到肯定和鼓励，发表在鲁迅主编的《奔流》上。从此，也“一发而不可收”，成为20世纪30年代最具特色的作家之一。与鲁迅关系最密切的柔石，鲁迅看重他的《二月》，除详细的口头指导外，又为《二月》的出版写

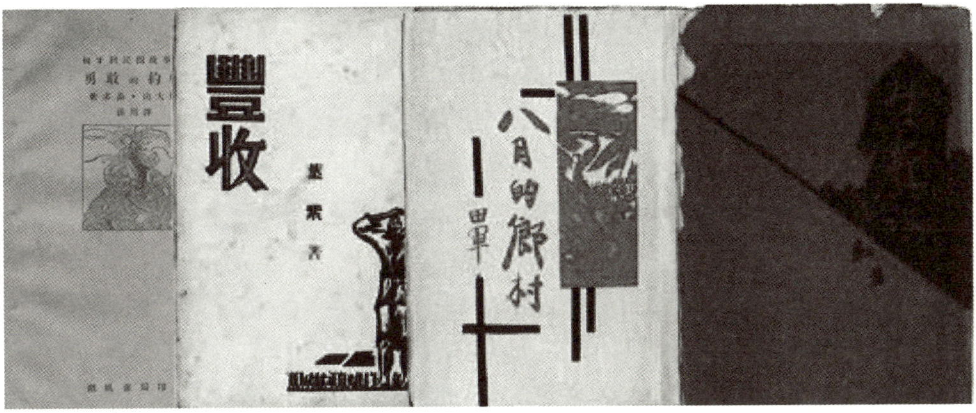

鲁迅校订并作序或作后记，帮助青年作家出版的部分作品

下脍炙人口的“小引”。素不相识的叶永蓁寄来《小小十年》，鲁迅提了修改意见，叶永蓁修改后，鲁迅再提意见，叶永蓁再改，最后由鲁迅改订并写了“小引”，介绍出版。丁玲同鲁迅说，她有脾气，不好，鲁迅说有脾气有什么不好，我就有脾气，意在鼓励她的创作个性。丁玲的《水》出版后，鲁迅一下子要了几十本。东北沦陷，萧军和萧红逃亡到人地生疏的上海，几乎到了身无分文生活不下去的地步。他们第一次同鲁迅见面就借到了二十元钱，连回住处的车钱也是从先生那里拿的。萧军说：“这活我于‘涸辙’的情义，是我终身难于忘怀的啊！”接着，鲁迅引荐他们结识左翼文学界的朋友，作序并出资推出了他们里程碑式的，也是现代文学史上里程碑式的《八月的乡村》《生死场》，鲁迅同时也将两位个性鲜明的作家推上了中国文坛。

鲁迅同样关心文学翻译青年。在杭州邮局当职员的孙用，业余时间用世界语从事翻译。他用了一年左右的业余时间，译出匈牙利著名诗人裴多菲的长诗《勇敢的约翰》。他将译稿寄给并不认识的鲁迅，鲁迅看后，认为译得不错，为其校订、修改、注释、画版式，设法介绍出版，并垫付印费、稿酬。

鲁迅　1935 年摄于大陆新村寓所附近

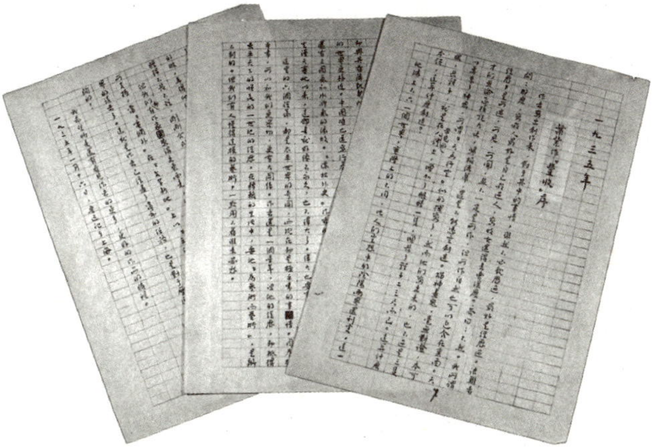

1935 年 1 月 16 日，鲁迅作《叶紫作〈丰收〉序》

鲁迅致孙用十四封信中，有十二封是谈这部译稿的。据《三闲集》卷末记载，1926 年至 1932 年间，鲁迅为别人选定、校订的著述多达十九部。

鲁迅资助过的，鲁迅营救过的，受过鲁迅指导的青年作家，可以列出一个长长的名单：柔石、殷夫、叶紫、冯雪峰、丁玲、艾芜、沙汀、张天翼、台静农、楼适夷、曹靖华、陈学昭、赵景深、叶永蓁、鲁彦、周文、王任叔、魏金枝、巴金、萧军、萧红、草明、曹聚仁、唐弢、徐懋庸、聂绀弩、胡风、吴奚如、徐诗荃、葛琴……

想想看，假如中国现代文学史上没有上述这些作家的名字，尽管这些名字并不能包括鲁迅扶助过的所有作家，中国现代文学也会失去很多光亮的色调。仅从培育新人这一点上看，鲁迅就为中国新文学的建设和发展作出了无可比拟的贡献。如许寿裳所说，鲁迅对于青年，爱护无微不至，不但是物质上多所资助，便是精神上也肯拼命服务，目的是希望多出几个人才，望英俊出于中华。鲁迅为青年作家呕心沥血，除人格精神的伟大外，支撑着他的是建设中国新文学的热望。

从《毁灭》到《死魂灵》

到上海后，鲁迅把更多的精力花在翻译上，共出版了文艺理论译作八本，文学作品译作十本。同较多翻译苏俄文论一致，文学作品的翻译介绍也是以苏俄的为主。

1929年底，鲁迅开始翻译以反映苏联国内战争为题材的法捷耶夫的长篇小说《毁灭》。他一边翻译一边在《萌芽月刊》上连载。同时，又约请在苏联的曹靖华译了另一部也是反映苏联国内战争的长篇小说《铁流》，鲁迅花了大量时间校订，并请瞿秋白补译了序文。为了译这本书，鲁迅与曹靖华往来通信至少有二十次。《铁流》本来是鲁迅为神州国光出版社选定的新俄文艺作品丛书之一，鲁迅还为这套丛书编校了肖洛霍夫的长篇小说《静静的顿河》，但译好后，出版社不敢出，鲁迅只好以"三闲书屋"的名义，和被禁的《毁灭》一起，自费印刷。鲁迅为这两部书写了出版预告。在《关于翻译的通讯》中，鲁迅说《毁灭》是"一部纪念碑的小说"，"译的时候和印的时候，颇经过了不少艰难，……（我）就像亲生的儿子一般爱他，并且由他想到儿子的儿子。还有《铁流》，我也很喜欢。这两部小说，虽然粗制，却并非滥造，铁的人物和血的战斗，实在够使描写多愁善病的才子和千娇百媚的佳人的所谓'美文'，在这面前淡到毫无踪影"。鲁迅一手主持的《毁灭》与《铁流》的出版，是中国无产阶级革命文学运动的重大收获。虽然都遭到严禁，但屡禁屡出。据曹靖华说，参加长征的老干部，很多人看过这本书。毛泽东《在延安文艺座谈会上的讲话》中说："法捷耶夫的《毁灭》，只写了一支很小的游击队，它并没有想去投合旧世界读者的口味，但是却产生了全世界的影响，至少

鲁迅翻译出版的部分作品

在中国，像大家所知道的，产生了很大的影响。”

著名作家高尔基的作品，也是鲁迅极为重视的。在翻印本《〈母亲〉木刻画序》中，鲁迅引用了列宁称赞《母亲》是“最合时的书”的话，认为高尔基的这部作品“在中国的现在和未来”有深刻意义，赞扬苏联青年版画家为《母亲》作的插图“生动，有力，活现了全书的神采。便是没有读过小说的人，不也在这里看见了黑暗的政治和奋斗的大众吗”。1935 年 8 月，鲁迅翻译的高尔基的《俄罗斯的童话》出版了，在这本书的版权页后，鲁迅做广告介绍道：“短短的十六篇，用漫画的笔法，写出了老俄国人的生态和病情，但又不只写出了老俄国人，所以这作品是世界的；就是我们中国人看起来，也往往会觉得他好象讲着周围的人物，或者简直自己的顶门上给扎了一大针。”

1934 年和 1935 年，鲁迅还翻译了契诃夫的八篇短篇小说。鲁迅的翻译生涯终结于果戈理的《死魂灵》。1935 年 3 月到 10 月，鲁迅译了《死魂灵》第一部；1936 年 2 月至 5 月，他译了第二部前三章。《死魂灵》第二部完成后，果戈理不满意，临终前将原稿烧掉，世上仅存前五章残稿。鲁迅因病连这残稿也未能译完，成为残稿的残稿。

一生注重苏俄文学的鲁迅，本来有机会、有条件到“十月革命”的故乡，列宁的故乡，果戈理、高尔基的故乡做实地考察。几年来，国际革命作家联盟、苏联作家协会和高尔基等作家，先后多次邀请鲁迅访苏，多次邀请鲁迅到苏联疗养，但鲁迅终未成行。鲁迅放弃了实地考察的机会，但他用毕生的努力，特别是在国际敌对势力封锁红色苏联的时代，用他有力的文字，为两个伟大的国家，筑起了永久的文化交流之桥。

统一战线

1935年11月，鲁迅收到一封来自莫斯科的信。这封信是中国左翼作家联盟驻国际革命作家联盟代表萧三奉王明之命，写给国内“左联”负责人的。鲁迅看后由茅盾转交周扬。萧三在信中肯定“左联”成立以来取得的成就，同时也指出“左联”“向来所有的关门主义——宗派主义”的倾向。要求左翼作家联盟的工作“要有一个大的转变”，“在组织方面——取消‘左联’，发宣言解散它，另外发起、组织一个广大的文学团体，极力夺取公开的可能性，在‘保护国家’，‘挽救中华民族’，‘继续五四精神’或‘完成五四使命’，‘反复古’等口号之下，吸引大批作家加入反帝反封建的联合战线上来，‘凡是不愿做亡国奴的作家，文学家，知识分子，联合起来！’这，就是我们进行的方针”。

这时，和中共中央失去联系的上海文艺界党组织的负责人，从不同的渠道了解到中央已经确定了建立抗日民族统一战线的政策，于是，提出“国防文学”作为文学运动的中心口号。当“左联”的党内领导人周扬等看到了经鲁迅转达的莫斯科来信之后，同意信中的意见，并派人征求鲁迅的意见。在这个问题上，鲁迅有自己的看法。在抗日救国的大形势下，组织抗日统一战线团体，鲁迅是赞成的。但以为“左联”不宜解散，因为左翼作家虽说是无产阶级革命作家，实际上还很幼稚，同向来压制和迫害自己的资产阶级去讲统一战线，弄不好，不但不能把它们统过来，反而会被它们统过去，这是很危险的。解散了“左联”，在统一战线中，自己的人连商量事情的组织也没有了，更危险。所以，鲁迅主张“左联”还是秘密存在的好，“左联”应该在新组织中起核心作用。“左联”常委会开会讨论，没有采纳鲁迅的意见，一致同意解散。既然大多数人做出决定，鲁迅也同意了，但他主张解散时发表一个宣言，声明解散的原因。如果无声无息地解散，会被社会上认为“左联”经不起国民党当局的压迫，自行溃散了，很不好。可是，鲁迅的这一意见仍未被采纳，在国民党当局文化“围剿”下流血牺牲、奋斗了五六年的“左联”，悄悄地解散了。对此，鲁迅是很不满意的。

作为一位党外人士，对当时上海文化界的党内组织做出什么样的决定，鲁迅的意见产生不了多大的影响作用。鲁迅的不满也仅仅是表现在情绪上而已。不过，这情绪，这忧虑，实在表达了鲁迅对共产党的信任、关心与担心。亲身经历了辛亥革命失败、1927 年大革命失败血的教训，同国民党当局的文化“围剿”进行了坚韧不屈的斗争的鲁迅，有了丰富经验的鲁迅，在讲斗争的时候，反对革命队伍内部的“左”倾主义；在讲统一战线的时候，警惕革命队伍内部的右倾主义。这充分表明了一位饱经忧患的社会革命家、思想家的成熟。

1936 年 2 月，当鲁迅得知中国工农红军历经千难万险到达陕北的消息后，和茅盾联名，通过史沫特莱致电中国共产党中央委员会，祝贺长征胜利。电文中写道：“在你们身上，寄托着中国与人类的希望。”1936 年 4 月，离开上海经历过长征的冯雪峰从陕北来到上海。冯雪峰是带着党中央交给的任务，到上海建立电台并向上海各界救亡运动的领导人传达党中央关于抗日民族统一战线的政策的。临行前，中共中央领导人叮嘱他到上海后务必先找鲁迅、茅盾等了解情况。到达上海的第二天，冯雪峰就来到鲁迅家中，把有关根据地的、有关长征的，以及当前形势和党中央的政策等许多情况，详细向鲁迅做了介绍。鲁迅认真地听了以后，对党的政策表示拥护和信任，同时也流露出对同国民党搞统一战线的担心，怕共产党又上当。

在以后几个月的时间里，就文学界的抗日统一战线问题，鲁迅发表了《答托洛斯基派的信》《论现在我们的文学运动》《答徐懋庸并关于抗日统一战线问

1936年10月2日摄于大陆新村寓所中

题》等文章，申明对中国共产党的抗日统一战线政策的拥护，并表示无条件地加入这战线。针对“国防文学”口号解释中的片面性，工作中存在的“左”的关门主义和宗派主义倾向，鲁迅、茅盾等人提出了“民族革命战争的大众文学”的口号，以补救“国防文学”这名词在文学思想的意义上的不明了性，以及纠正注进这名词里的不正确的意见。同时，鲁迅严厉批评了一些人“无凭无据，却加给对方一个很坏的恶名”的“恶劣倾向”和“实在是‘左得可怕’的”作风和行为；严厉批评了“锻炼人罪，戏弄威权”的作风和行为。还提出：“首先应该扫荡的，倒是拉大旗作为虎皮，包着自己，去吓呼别人；小不如意，就倚势（！）定人罪名，而且重得可怕的横暴者。”

1936 年 6 月，鲁迅与巴金、黎烈文等六七十人联名发表《中国文艺工作者宣言》。10 月，与巴金、王统照、林语堂、茅盾、郭沫若、叶圣陶、冰心、周瘦鹃、包天笑、傅东华等联名发表《文艺界同人为团结御侮与言论自由宣言》。中国最有影响的作家与文艺界同人共同向全世界庄严宣告，中国文艺界不分新旧派别，已经为抗日救国联合起来，结成了最广泛的抗日统一战线，他们将团结一致，投入中华民族伟大悲壮的抗日救国的斗争中去。

北平的文化界也发表了抗日宣言，病中的鲁迅注意到周作人没有在上面签名。虽然兄弟失和后两人再没来往，但这一迹象却引起鲁迅极大的不安，临终前几天，特别对周建人谈了这件事。后来，周作人写信给周建人，询问鲁迅逝世前留下什么话没有，周建人在复信中说：“大哥说在救国宣言签名中找不到你的签名，他的意见，以为遇到此等重大问题，是不可后退的。”

论时事不留面子

1935年12月28日，鲁迅编订《故事新编》，作《序言》；29日，编订《花边文学》，作《序言》；30日，编订《且介亭杂文》，作《序言》及《附记》；31日，编订《且介亭杂文二集》，作《序言》和《后记》。

在寒气袭人的深夜，在生命历程中最后一个岁末与岁初之交，鲁迅真切感受到了生命的充实。新年的钟声已经响过，翠绿色的台灯映照着一摞厚厚的文稿。鲁迅提笔写道："今天我自己查勘了一下：我从在《新青年》上写《随感录》起，到写这集子里的最末一篇止，共历十八年，单是杂感，约有八十万字。后九年中的所写，比前九年多两倍；而这后九年中，近三年所写的字数，等于前六年。"这样的增长趋势，明示着鲁迅越来越把创作的重点放在杂文一边，明示着鲁迅对杂文的偏重偏爱。有人贬低和攻击杂文，鲁迅在《徐懋庸作〈打杂集〉序》中明确表示："我是爱读杂文的一个人，而且知道爱读杂文还不只我一个，因为它'言之有物'。我还更乐观于杂文的开展，日见其斑斓。第一是使中国的著作界热闹，活泼；第二是使不是东西之流缩头；第三是使所谓'为艺术而艺术'的作品，在相形之下，立刻显出不死不活相。"

鲁迅以越来越多、越来越成熟的杂文创作，回击对杂文文体抱有偏见者的鄙视、嘲讽和攻击，冲破权势者的"围剿"和压制，并致力推动中国杂文的发展。他这样做，归根结底，是因为在所有文体中，杂文是最有益于改造现实社会，最有益于改良人生的："现在是多么迫切的时候，作者的任务，是在对于有害的事物，立刻给以反响或抗争，是感应的神经，是攻守的手足。潜心于他的鸿篇巨制，为未来的文化设想，固然是很好的，但为现在抗争，却也正

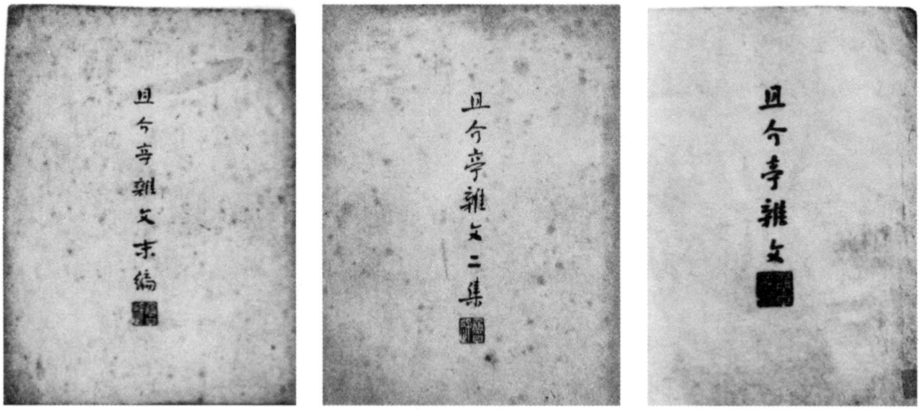

《且介亭杂文末编》《且介亭杂文二集》《且介亭杂文》，鲁迅编订，1937 年 7 月三闲书屋出版

是为现在和未来的战斗的作者，因为失掉了现在，也就没有了未来。”

直面现实，以社会批评、文明批评为己任的鲁迅杂文，以其广博与深刻，成为社会思想和社会生活的艺术记录。虽然“所写的常是一鼻，一嘴，一毛，但合起来，已几乎是或一形象的全体”。鲁迅近二十年的杂文创作，写出的是整整一个时代的风貌。

“论时事不留面子，砭锢弊常取类型”，是鲁迅对自己杂文特点的概括。“论时事”“砭锢弊”是内容；“不留面子”是态度，是批判的文体精神；“常取类型”则是常用的方法。这些特点，决定了鲁迅的杂文与人生、与社会具有广泛而密切的联系，大到社会改革，小到一事一念，人生中所遇到的所有问题，几乎都可以从鲁迅的杂文中得到启示。由于鲁迅杂文有着极强的可读性，极大的感染力，这种与社会与人生的普遍联系又是极易沟通的。深刻的思想，丰富的理论含量，甚至深奥的人生哲理，在鲁迅杂文中不是以一般的理论描述的方式表达出来的。鲁迅杂文之中的“理”，生发于社会人生的具体存在现象，再通过具象表达出来，这一“具象”便成为鲁迅与读者之间的桥梁。

《海燕》。1936 年 1 月创刊于上海，鲁迅主持的最后一个刊物，与胡风、黎烈文、聂绀弩等合办。鲁迅题写刊名。鲁迅一生共主编刊物十三种，列名编委七种

因此，鲁迅之“理”往往不是理论之“理”，而是文学之“理”。实现理论逻辑关系的中介是文学的形象和文学的语言。这是鲁迅杂文创造出来的独有的传达思维过程、传达思想成果的方式。这正是人们把鲁迅杂文称为诗与论结合，称为“诗化哲学”的原因。鲁迅的杂文是经得起时代检验的，也是经得起反复阅读的。而且，读他的杂文，常使我们生出这样的疑问：与我们进行心灵的充满激情对话的这位可亲可敬令人折服的先生，究竟是一位文学家呢，还是一位思想家？抑或是一位哲学家？

鲁迅以他的八百多篇杂文，创造和发展了中国的现代杂文，郁达夫说鲁迅的杂文“提供了前不见古人，而后人绝不能追随的风格”。

要赶快做

逝世前一个半月，鲁迅写了一篇文章，题目叫作《死》，文中写道：

> 从去年起，每当病后休养，躺在藤躺椅上，每不免想到体力恢复后应该动手的事情：做什么文章，翻译或印行什么书籍。想定之后，就结束道：就是这样罢——但要赶快做。这“要赶快做”的想头，是为先前所没有的，就因为在不知不觉中，记得了自己的年龄。却从来没有直接的想到“死”。

其实，“要赶快做”，是贯穿鲁迅一生的做人做事的原则。他生来注定就是一个人生之路上匆匆急行的不停做事、不知道疲倦的“过客”。他一生都在和时间竞赛。只不过因病耽搁了要做的事的时候，他的“要赶快做”的想头更为强烈罢了。当他意识到自己病的严重，意识到了“死”的时候，他更要和死神竞赛了。

从 1935 年下半年开始，鲁迅的身体衰弱得很快。常低烧不退，肩胁疼痛。进入 1936 年以来，他几乎一直处于病苦之中。鲁迅学过医，医生朋友也警告过几次，肺

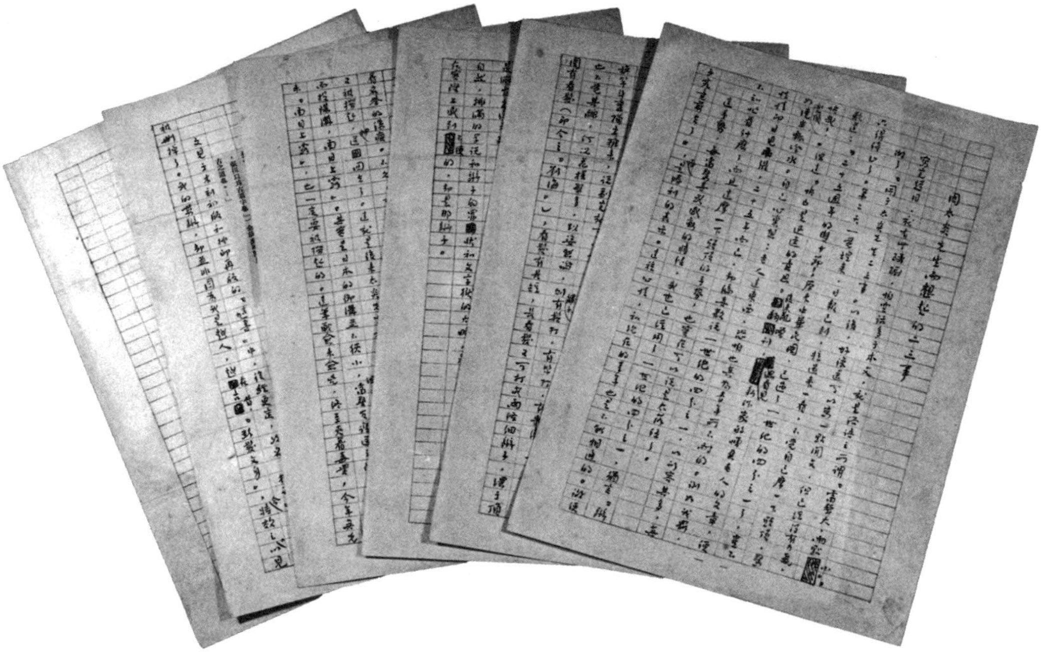

鲁迅一生中最后的未完文稿——《因太炎先生而想起的二三事》。1936 年 10 月 17 日写

结核病情之严重，他自己是非常清楚的。这年 7 月，在给母亲的信中说：“男自五月十六日起，突然发热，加以气喘，从此日见沈重，至月底，颇近危险，幸一二日后，即见转机，而发热终不退。到七月初，乃用透物电光照视肺部，始知男盖从少年时即有肺病，至少曾发病两次，又曾生重症肋膜炎一次，现肋膜变厚，至于不通电光，但当时竟并不医治，且不自知其重病而自然全愈者，盖身体底子极好之故也。现今年老，体力已衰，故旧病一发，遂竟缠绵至此。”8 月，鲁迅在致杨霁云的信中说：“我这次所生的，的确是肺病，而且是大家所畏惧的肺结核”，并说二十多年来，发过四五回，这回因为年龄的关系，两个多月了还不能停止服药。即便在这种状况下，只要不倒，鲁迅还是

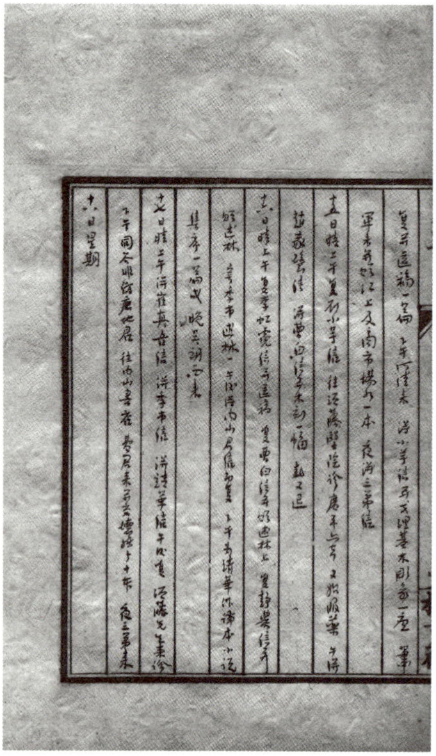

1936 年 10 月 18 日，鲁迅未记完的最后的日记

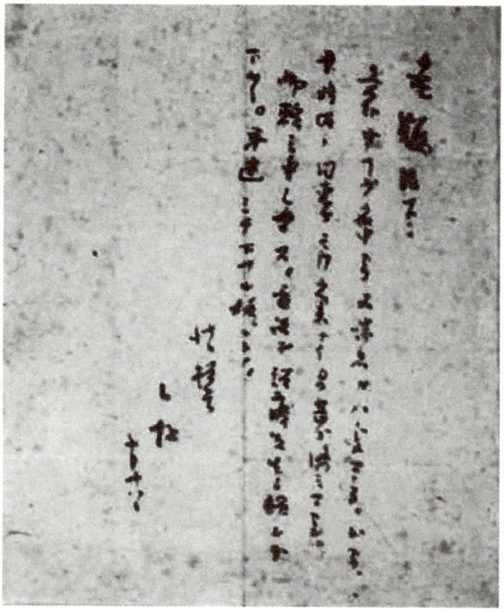

鲁迅的绝笔——10 月 18 日晨写给内山完造的日文便条。24.7cm × 20.5cm。现存北京鲁迅博物馆。便条中译文：“老板几下：没想到半夜又喘起来。因此，十点钟的约会去不成了，很抱歉。拜托你给须藤先生挂个电话，请他速来看一下。草草顿首 L 拜 10 月 18 日。”

在做事，而且是“要赶快做”。他在致王冶秋的信中说：“日日译作不息，几乎无生人之乐。”

就在 1936 年的九个多月的时间里，鲁迅编校了自己的两部书稿；筹划了《译文》的复刊及自己的三十年著述汇编；自编自印了《凯绥·珂勒惠支版画选集》《〈死魂灵〉一百图》；编校了瞿秋白遗作《海上述林》上、下卷；编辑了《苏联版画选集》《〈城与年〉插图本》；共为所编之书及“左联”五烈士之一的殷夫遗作等十一部书写了序言；翻译了果戈理《死魂灵》第二部；写信约七十封，其中两封是认真回答一位素不相识的中学生颜黎民提出的关于读书学习问题的。到了8月，鲁迅体重已降至约三十九公斤，并因肺支气管破裂而开始吐血。8月至9月，他尚作文十二篇；10月9日至19日逝世前的短短十天内，他又作文四篇，最后一篇未写完。有些文章书信是在连一张纸也拿不起来的情形下，口述请许广平、冯雪峰代笔的。

最了解鲁迅在病中怎样工作的是最为鲁迅担忧的许广平。明知死之将至而不肯治病，偏要和死亡竞争的工作状态、精神状态，使许广平产生了非常可怕的感觉。是啊，在生命的最后十个月里，卧病八个月，其中有一个多月连笔也拿不起来，居然能够做出平均每月出版一本书还多的成绩，连许广平都疑心是非人力之所能的。鲁迅逝世后，许广平在悲痛中涌出来的是描述鲁迅如何做事如何工作的词句：“……你曾对我说：‘我好象一只牛。吃的是草，挤出的是牛奶，血。’你不晓得，什么是休息，什么是娱乐。工作，工作！死的前一日还在执笔。如今……希望我们大众锲而不舍，跟着你的足迹……”

伟人之死

1935年11月，鲁迅全家应苏联驻上海总领事馆之邀，出席庆祝“十月革命”十八周年的电影招待会，史沫特莱见到鲁迅，立刻产生出一种“鲁迅身体很不好”的“直觉”。这“直觉”很强烈，致使她不得不再三同鲁迅，同鲁迅周围的人们讨论这个问题，坚决地请鲁迅认真考虑她提出的去苏联疗养的建议，并请茅盾一定要和鲁迅切切实实地谈一谈，劝劝鲁迅。可是，鲁迅的“直觉”是不觉得有什么不好，说起史沫特莱的“直觉”来，总是幽默地笑着。当然，鲁迅觉得能去休养也可以，并谈到休养期间他就有机会完成中国文学史的著作了。到年底，当史沫特莱接洽妥当的时候，鲁迅决定还是不出去为好。朋友们同他争论多次，终没能说动他。接着，胡愈之代表党组织转达苏联邀请鲁迅去休养的建议，鲁迅也谢绝了。鲁迅自以为自己的病没有致命危险，手头又有那么多事要做，况且，敌人早造谣说他拿卢布了，若去，不正授人以柄吗？

史沫特莱的“直觉”是对的。1936年3月，鲁迅病发一回，进入5月下旬，他实在支持不下去了，成天靠着藤躺椅，不言不食，脸色铁青。看到鲁迅病情严重，许广平焦急万分，与史沫特莱、茅盾、冯雪峰、胡风商议，决定事先不征求鲁迅意见，由史沫特莱请当时上海最好的治肺病的美国专家托马斯·邓恩来家诊断。5月31日诊断的结果是“甚危”，托马斯·邓恩认为鲁迅是最能抵抗疾病的典型的中国人，如果是欧洲人，则早在五年前就已经死掉了。鲁迅听了，有些不以为意。到7月初，拍摄X光胸透肺部照片，证明美国医生托马斯·邓恩的诊断极为准确。

因割治盲肠不能行走的宋庆龄得到鲁迅病重的消息，立即写信恳请鲁迅入院治疗："我恳求你立即进医院去医治！因为你迟延一天，你的生命便增加一天的危险！你的生命并不是你个人的，而是属于中国和中国革命的！！为了中国和中国革命的前途，你有保存、珍重你身体的必要，因为中国需要您，革命需要您！"宋庆龄这么一封恳切的信，也没能让鲁迅住进医院。鲁迅仍由着自己的性子在家中医治。

如此不把自己的病当回事认真对待，不能不说是鲁迅一生中对自己犯下的极大的错误。这错误，多半是习惯性的。或许是对过于漠视自己生命的鲁迅的惩罚吧，"死"的阴影正在急速地朝着鲁迅围拢过来，"死"的意念也随之袭上鲁迅心头。

9月，鲁迅接连写了两篇文章，一篇是《死》，另一篇是《女吊》。在《死》里，鲁迅说："大约我们的生死久已被人们随意处置，认为无足重轻，所以自己也看得随随便便，不像欧洲人那样的认真了。"鲁迅说，他自己向来正是这"随便党"里的一个，直到今年大病，日夜躺着，无力谈话，无力看书，连报纸也拿不动的时候，竟有时要想到"死"了。想到死，连带着想到写遗嘱，并写下了有名的遗嘱七条。又想到欧洲人临死时的请别人宽恕，自己也宽恕了别人的仪式，而鲁迅则不："我的怨敌可谓多矣，倘有新式的人问起我来，怎么回答呢？我想了一想，决定的是：让他们怨恨去，我也一个都不宽恕。"在接着写下的《女吊》里，一个从小看熟的、家乡戏剧中的带复仇性的，比别的一切鬼魂更美、更强的女吊死鬼呼之欲出。

10月初，印刷精美、装帧豪华的《海上述林》拿到手里时，鲁迅说了这么一句话："这一本书，中国没有这样讲究的出过，虽则是纪念何苦（瞿秋白别名。笔者注），其实也是纪念我。"

翻译了《中国小说史略》的日本朋友增田涉专程从日本赶来探望鲁迅，隔了五年重见，在增田涉眼里，躺在病床上的鲁迅，"风貌变得非常险峻，神气是凛然的，尽管是非常战斗的却显得很可怜，像'受伤的狼'的样子"。

1936年10月8日，鲁迅赴八仙桥青年会参观“中华全国木刻第二回流动展览”，并与青年木刻家们座谈，时距逝世仅十一天。鲁迅在展览会上。沙飞摄

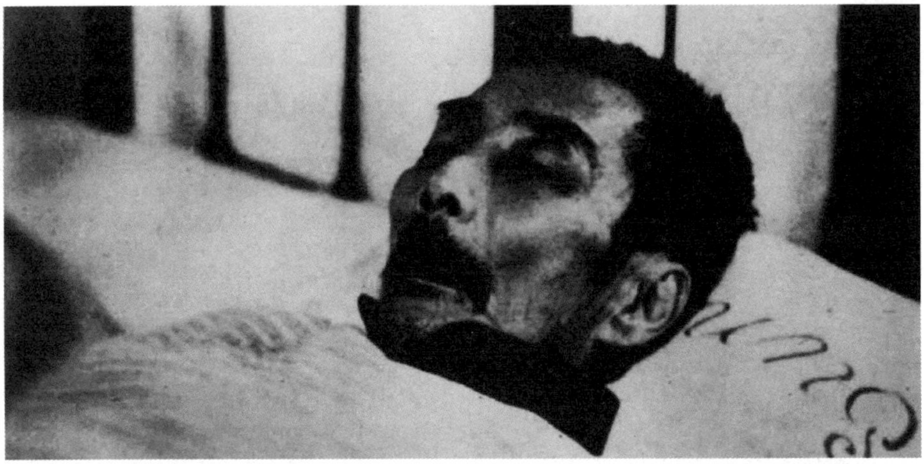

1936 年 10 月 19 日晨 5 时 25 分，鲁迅在上海大陆新村 9 号寓所逝世

10 月，第二回全国木刻流动展在上海展出。10 月 8 日，在展出的最后一天，鲁迅终于不顾一切地拖着病体，独自一人到相距很远的八仙桥青年会参观展览，并与青年木刻家们会谈。鲁迅谈起话来，简直不像久病之人，但在间歇中，他呼吸急促，嘴唇颤抖，脸色苍白，一副难以支持的病态。青年们看在眼里，急在心中，既感动不已，又万分难受，劝先生休息，先生不肯，一直支撑了三个多小时。

10 月 17 日，许广平劝阻无效，鲁迅一人冒风外出看望日本朋友鹿地亘，可是谈话的内容几乎始终是与死相关联的事情，关于自杀，关于古今幽灵，关于日本的鬼和中国的鬼。这天的风很大，鹿地亘目送鲁迅远去。鲁迅的深色长衫的衣裾被风高高吹起。

当天晚上，鲁迅病势急变，咳嗽困难，气喘加剧，不能安寝，连斜靠在床上休息也不可能，只能抱膝而坐。第二天八点多钟，日报到了，鲁迅要了过去，一边喘息，一边看《译文》的广告。排在第一篇的是他译的《死魂灵》。他看了好久好久……

10 月 19 日晨 5 时 25 分，黎明前的黑暗终于把鲁迅卷走了。

鲁迅忌日

魯迅先生喪儀

10月22日举行鲁迅丧仪。胡风、巴金等十六位作家扶灵柩上车。
瞻仰鲁迅遗体和送葬的有一百五十六个团体约万余名群众

民族魂

鲁迅停止呼吸约半小时，冯雪峰、萧军、内山完造、鹿地亘夫妇闻讯赶到，随即宋庆龄亦到。在宋庆龄的参与下，商定了治丧委员会名单。治丧委员会由蔡元培、马相伯、宋庆龄、毛泽东、内山完造、史沫特莱、沈钧儒、茅盾、萧三、许寿裳、曹靖华、胡愈之、胡风、周作人、周建人等组成。《鲁迅先生讣告》中特别声明："依先生的遗言'不得因为丧事收受任何人的一文钱'，除祭奠和表示哀悼的挽词花圈等以外，谢绝一切金钱上的赠送。"治丧委员会之外，另成立了由巴金、鲁彦、黄源等三十余人组成的治丧办事处，办理丧事一切事务。当日，鲁迅遗体移至万国殡仪馆。1936 年 10 月 20 日开始，各界瞻仰遗容。21 日下午入殓，棺木为宋庆龄所赠。冼星海谱写了挽歌。全国二十七个学联二十四万名学生的献词为：鲁迅先生不死，中华民族永生。22 日下午 2 时 30 分起灵，胡风、巴金、黄源、黎烈文、孟十还、靳以、张天翼、吴朗西、陈白尘、萧乾、聂绀弩、欧阳山、周文、曹白、萧军等青年作家及日本作家鹿地亘扶柩上车，送葬行列以"鲁迅先生丧仪"特大横幅为前导，依次为挽联队、花圈队、挽歌队、遗像、灵车、家属车、执绋者、徒步送殡者和送殡汽车。行列两旁，骑马的印度巡捕、徒步的中国警察武装戒备。4 时 30 分抵达墓地，举行葬仪。蔡元培、沈钧儒、宋庆龄、内山完造、章乃器、邹韬奋发表演说，萧军代表治丧办事处和译文、作家、中流、文季等杂志社致辞。灵柩上覆盖白色旗帜一面，上书"民族魂"黑色大字，上海民众敬献，由沈钧儒题写。冼星海谱写的沉重哀茫的挽歌响起，鲁迅的灵柩轻轻落进墓穴。

在举行丧仪的这一天，中国共产党中央委员会、中华苏维埃人民共和国中央政府，为追悼和纪念鲁迅，从遥远的陕北发出三份电报，一致许广平，一致国民党中央委员会与国民党南京政府，一致全国同胞和全世界人士。电文说："本党与苏维埃政府及全苏区人民，尤为我中华民族失去最伟大的文学家、热忱追求光明的导师、献身于抗日救国的非凡领袖、共产主义苏维埃运动之亲爱的战友，而同声哀悼。"电文说鲁迅"做了中华民族一切忠实儿女的模范，做了一个为民族解放、社会解放、为世界和平而奋斗的文人的模范"，"他在中国革命运动中，立了超人一等的功绩"。电文声明，中国共产党中央委员会和中华苏维埃人民共和国中央政府为了永远纪念鲁迅先生，决定在苏区下半旗志哀，在各地方和红军部队中举行追悼大会，设立鲁迅文学奖金基金，建立鲁迅纪念碑，收集鲁迅遗著，翻印鲁迅著作等。电文向国民党当局提出为鲁迅举行国葬、付国史馆为鲁迅立传、设立鲁迅研究院、出版鲁迅全集、废止一切禁止言论出版自由的法令等项要求。

墓碑。"鲁迅先生之墓"由鲁迅年仅七岁的儿子海婴题写

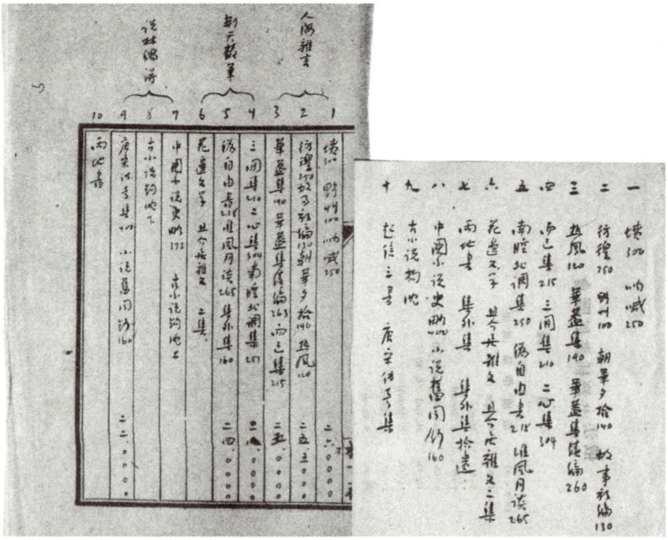
一 坟300 呐喊250
二 彷徨250 野草110 朝花夕拾140 故事新编130
三 热风160 华盖集140 华盖集续编260
四 而已集215 三闲集210 二心集304
五 南腔北调集250 伪自由书218 准风月谈265
六 花边文学 且介亭杂文 且介亭杂文二集
七 两地书 集外集 集外集拾遗
八 中国小说史略400 小说旧闻钞160
九 古小说钩沉
十 起信三书 唐宋传奇集

鲁迅自拟“三十年著述”编目手稿，写于1936年

逝世一个多月前，鲁迅在“遗嘱”中写道：“赶快收敛，埋掉，拉倒”，“不要做任何关于纪念的事情”。他知道，不管一个人的一生多么轰轰烈烈，不管他的丧仪多么隆重，也无非是“收敛，埋掉，拉倒”而已，很快就会被后人遗忘，很多显赫一世的人物都是如此。可是，希望被别人遗忘的鲁迅得到了永生。他遗留下来的文字，渗进字里行间的他的人格、思想、灵魂，风吹不跑，水冲不走，火烧不掉。对此，鲁迅其实也还是有些自信的。他曾经说过：“自问数十年来，于自己保存之外，也时时想到中国，想到将来，愿为大家出一点微力，却可以自白的。”1936年初，他就有过汇编自己三十年著述的打算，并自拟了几种编目。当年夏天，他悄悄对从杭州赶来探望他的许钦文说：“我整整写了三十年，约略算起来，创作的已有三百万字的样子，翻译的也有三百万字的样子了，一共六百万字的样子，出起全集来，有点象样了。”他还把考虑过的编排全集的方式也告诉了许钦文。鲁迅最珍视的是他用心血写成的文字，鲁迅留给后世的最宝贵的遗产，也是他的文字——他的人格、学识、智慧的结晶。

除创作的三百多万字和翻译的三百多万字外，鲁迅还写下了三百多万字的

《鲁迅全集》(1—20卷)，鲁迅先生纪念委员会编，复社1938年出版

辑校古籍的文字。三十年来，鲁迅用他那一支支“金不换”的毛笔，为后人留下了经得起历史淘汰和文化筛选的上千万字的精神财富。在这上千万字中，中国古代文化研究、外国文化研究、中国新文化创造三个方面各占三分之一。在这并非有意的组合中，包含着意味深长的启示：不仅昭示着鲁迅之所以伟大、丰富、深刻、永恒的全部原因，昭示着鲁迅著作之所以成为现代经典的全部原因，也说明只有具备古今中外文化的坚实根基，才有可能建筑起足以傲然于世的中国现代文化的巍峨“金字塔”。

1938年，《鲁迅全集》首次出版，蔡元培在总序中写下这样的赞语：“感想之丰富，观察之深刻，意境之隽永，字句之正确，他人所苦思力索而不易得当的，他就很自然的写出来，这是何等天才！又是何等学力！”郁达夫在谈到鲁迅的伟大，鲁迅著作的价值时说：“要了解中国全面的民族精神，除了读《鲁迅全集》，别无捷径。”不仅是与鲁迅同时代的人，也不仅是一个领域里的人，不止一次地感受到，如果中华民族没有鲁迅，中国的20世纪没有鲁迅，中国的现代思想文化领域就缺少了一种坚硬稳固的基础，就缺少了一种坚强有力的支持，犹如没有挺立的大树的旷野。

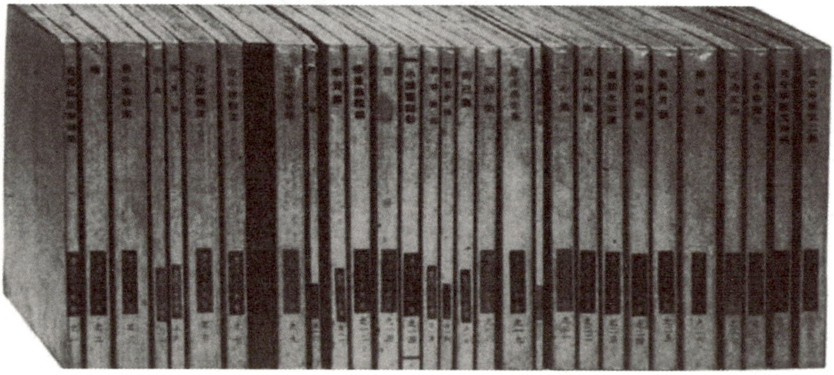

《鲁迅三十年集》（1—30 集），鲁迅先生纪念委员会编，鲁迅全集出版社 1941 年出版

中国的 20 世纪是需要伟人也是产生了伟人的时代。伟人的心是相通的。

1938 年出版的二十卷《鲁迅全集》送到陕北，送到毛泽东手中后，在艰苦卓绝的斗争中，在决定中国命运的转战、决战中，不管环境多么艰难困苦，毛泽东宁肯丢掉其他东西，也要把《鲁迅全集》带在身边。在那个时代，他就对鲁迅做出了极高的评价。评价之高，超过了他一生中对任何人的评价。他说鲁迅“是一株独立支持的大树，不是向两旁偏倒的小草”；他说“鲁迅的骨头是最硬的，他没有丝毫的奴颜和媚骨”；他说“鲁迅是中国文化革命的主将，他不但是伟大的文学家，而且是伟大的思想家和伟大的革命家”；他说“鲁迅是在文化战线上，代表全民族的大多数，向着敌人冲锋陷阵的最正确、最勇敢、最坚决、最忠实、最热忱的空前的民族英雄”；他说“鲁迅的方向，就是中华民族新文化的方向”。鲁迅在创建中国现代文化方面，在奠定中国现代文化精神方面的贡献是无与伦比的。历史已经证明，并将继续证明，鲁迅的方向，的确是中华民族新文化的方向。鲁迅的精神，是中华民族自立于世界民族之林的精神。

鲁迅年表

1881 年 9 月 25 日，生于绍兴城内，取名樟寿，字豫山（后改名树人，字豫才）。

1887 年，入家塾读书。

1892 年，入三味书屋读书。幼时常随母亲鲁瑞到农村中的外祖母家。

1893 年，祖父周福清因科场案入狱，为避牵连，往乡下亲戚家避难数月。

1894 年，父亲周凤仪病重，为治父病，常出入于当铺和药店。

1896 年，父亲病逝，终年三十六岁。

1898 年 5 月，赴南京考入江南水师学堂。10 月，改考入江南陆师学堂附设的矿务铁路学堂。开始阅读新书新报，如严复译述的《天演论》等。

1902 年 1 月，从矿务铁路学堂毕业。3 月，公费赴日本留学。4 月，入东京弘文学院。课余常参加中国留日学生的反清民族民主革命活动。

1903 年，剪辫，摄“断发照”，作《自题小像》，发表《中国地质略论》，翻译儒勒·凡尔纳的《月界旅行》《地底旅行》。

1904 年 4 月，从弘文学院毕业。9 月，进入地处日本东北偏僻小城的仙台医学专科学校学医。

1906 年 3 月，从仙台医学专科学校退学，至东京，一面从事文艺活动，一面学习德语。夏，奉母命回绍兴与朱安完婚。

1907 年，与许寿裳、周作人、苏曼殊等筹办《新生》杂志，因经费短缺未能如愿。在《河南》月刊发表《人之历史》《文化偏至论》等。

1908 年，与许寿裳、钱玄同、周作人等请章太炎在民报社讲文字学，每周一次，约半年。

1909 年 3 月，与周作人合译的《域外小说集》第 1 册出版；7 月，第 2 册出版。8 月，回国。9 月，赴杭州任浙江两级师范学堂教员。

1910 年 9 月，任绍兴府中学堂监学兼博物学教员，课余开始辑录古籍。

1911 年 10 月，辛亥革命爆发。11 月，任浙江山会初级师范学堂监督。

1912 年 2 月，赴南京任教育部部员。5 月，随教育部到北京，住宣武门外绍兴县馆内。8 月，被教育部任命为佥事、社会教育司第一科科长；公余辑校古籍，研究佛学，收集、研究金石拓本。

1918 年 5 月，在《新青年》发表白话小说《狂人日记》及新诗《梦》等。9 月，开始在《新青年》短评栏“随感录”发表杂感。

1919 年 11 月，与周作人一家迁入八道湾 11 号新居。12 月，返绍兴迁家至北京。

1920 年 8 月，应聘兼任北京大学、北京高等师范学校讲师。

1921 年 12 月，小说《阿 Q 正传》开始在《晨报副刊》连载。

1922 年 1 月，任北京大学研究所国学门委员会第一届委员。12 月，编订小说集《呐喊》，次年 8 月出版。本年出版译作《爱罗先珂童话集》《工人绥惠略夫》《现代小说译丛》《一个青年的梦》。

1923 年 6 月，与周作人合译的《现代日本小说集》出版。7 月，与周作人关系破裂，应聘兼任北京女子高等师范学校讲师，译作《桃色的云》出版。8 月，由八道湾 11 号迁居砖塔胡同 61 号。10 月，肺病发。12 月，《中国小说史略》（上册）出版。

1924 年 5 月，迁居阜成门内西三条 21 号。6 月，《中国小说史略》（下册）出版。7 月，赴西安做暑期讲学，在西北大学讲《中国小说的历史的变迁》。11 月，参与组织的《语丝》周刊创刊。12 月，译作《苦闷的象征》出版。

1925 年 3 月，开始与许广平通信。4 月，发起成立莽原社，创办《莽原》周刊。5 月，与女师大教员联名发表宣言，支持女师大学生的斗争。7 月，组织创办以翻译出版外国文学为主的未名社。8 月，被教育总长章士钊非法免除佥事一职，即向平政院递交诉状，控告章士钊。9 月，肺病复发，数月后始愈。11 月，杂文集《热风》出版。12 月，译作《出了象牙之塔》出版；编定杂文集《华盖集》，次年 6 月出版。

1926 年 3 月，“三·一八”惨案发生，参加刘和珍、杨德群追悼会；作杂文《死地》；为避政府通缉，离家到莽原社等处避难月余。8 月，应聘赴厦门大学任国文系教授兼国学研究院教授；小说集《彷徨》出版；辑录小说史料集《小说旧闻钞》，而后出版。9 月，开始撰写《中国文学史略》（后改题《汉文学史纲要》）。10 月，编定杂文集《华盖集续编》，次年 5 月出版。编定杂文集《坟》，次年 3 月出版。

1927 年 1 月，应聘于广州中山大学，并任该校文学系主任兼教务主任。3 月，由中大迁居白云路白云楼。4 月，国民党右派发动“四一五”事变，因营救被捕学生无果愤而辞职；编定散文诗集《野草》，本年 7 月出版。5 月，编定回忆散文集《朝花夕拾》，次年 9 月出版。9 月，离开广州赴上海。10 月，抵上海，与许广平住虹口景云里 23 号。11 月，主编由北京迁至上海的《语丝》。12 月，应蔡元培之邀，任国民政府在南京设立的大学院的特约撰述员；编选《唐宋传奇集》上册出版，次年 2 月下册出版。

1928 年 1 月，所译《小约翰》出版。6 月，与郁达夫合编的《奔流》月刊创刊。8 月，与许广平游杭州。12 月，与柔石等编的《朝花》周刊创刊。本年，所译《思想·山水·人物》和杂文集《而已集》出版。

1929 年 5 月，赴京探亲。9 月，儿子海婴出生。本年，所译《近代美术史潮论》《现代新兴文学的诸问题》《壁下译丛》《艺术论》《文艺与批评》出版，合译《近代世界短篇小说集》出版。

1930 年 1 月，与冯雪峰合编的《萌芽月刊》创刊。2 月，作为主要发起人，参加中国自由运动大同盟成立大会。3 月，出席中国左翼作家联盟成立大会，被选为执行委员，并作讲演；为避国民党政府通缉，离家避难。4 月，所编《巴尔底山》旬刊创刊。5 月，迁居北四川路拉摩斯公寓。6 月，译作《文艺政策》出版。7 月，译作《艺术论》出版。8 月，译毕《十月》，1933 年出版。9 月，出席由“左联”等发起的祝其五十寿辰秘密纪念会。12 月，译毕《毁灭》，次年 9 月出版。

1931 年 1 月，因柔石等被捕，携全家离寓所避难。2 月，所编德国版画集《梅斐尔德木刻士敏土之图》出版。4 月，所编“左联”机关杂志《前哨》出版。8 月，举办木刻讲习会。

1932 年，因“一·二八”战事，离家避难。2 月，与茅盾等签署《上海文化界告世界书》，抗议日本帝国主义侵略暴行。夏秋间，会晤在上海治病的红军将领陈赓。11 月，赴北平探亲，在北京大学等五所大学做五次讲演。本年，杂文集《三闲集》《二心集》出版。

1933 年 1 月，出席中国民权保障同盟成立大会，被选为上海分会执行委员；合译《竖琴》出版。2 月，作散文《为了忘却的纪念》。4 月，迁居大陆新村 9 号。12 月，与郑振铎合编的《北平笺谱》出版。本年，《鲁迅自选集》《两地书》《伪自由书》出版。

1934 年 3 月，合译《一天的工作》出版；所编苏联版画集《引玉集》出版。本年，《南腔北调集》《准风月谈》出版；所编中国木刻选集《木刻纪程》出版；与郑振铎重印《十竹斋笺谱》第 1 册印成。

1935 年 2 月，编定《中国新文学大系·小说二集》并作序。5 月，《集外集》出版。12 月，著历史小说《理水》等；编定《故事新编》，次年 1 月出版。本年，编定《花边文学》《且介亭杂文》《且介亭杂文二集》；出版译作《表》《死魂灵》《俄罗斯的童话》；译毕《坏孩子和别的奇闻》，次年出版；编定《〈死魂灵〉一百图》，次年出版。

1936 年 1 月，编定《凯绥·珂勒惠支版画选集》，5 月出版。2 月，与茅盾联名致电中共中央委员会，祝贺长征胜利。3 月，编定《〈城与年〉插图本》；肺病加剧。4 月，抱病编定瞿秋白译文集《海上述林》。5 月，病重，卧床不起。6 月，与巴金等联名发表《中国文艺工作者宣言》。8 月，口授并改定《答徐懋庸并关于抗日统一战线问题》。10 月，与巴金、茅盾、郭沫若、林语堂等联名发表《文艺界同人为团结御侮与言论自由宣言》。10 月 19 日，逝世于大陆新村 9 号寓所。